무분별한 경쟁, 시험, 통제 등
근대성 강박에서 벗어나기 위한 철학적 성찰

구성주의를 넘어선

복잡성 교육과
생태주의 교육의
계보학

Inventions of Teaching

씨
아이
알

BRENT DAVIS 저 / 심임섭 역

감사의
말씀과 헌정

2002~2003학년도 가을 학기에, 나는 Alberta 대학교 중등교육과에서 Dennis Sumara, 그리고 Elaine Simmt와 함께 EDSE608('인지, 그리고 교육과정')을 공동으로 가르쳤다. 원래 10년 전 Tom Kieren이 개설한 이 과정은 박사과정 세미나로, 모두 교육자들과 교육학 연구자들의 특별한 관심으로 구성된 인지에 관한 최근의 철학적, 이론적, 그리고 경험적 연구를 검토하고자 하는 것이다.

공동 교수로서 Dennis, Elaine, 그리고 나는 시작하기 전에 참여하는 사람들 모두가 책임을 공유하는 그 어떤 집단적 과제를 중심으로 우리의 연구 일부를 구성하자고 하였다. 그 과제가 무엇이 될지는 우리가 실제로 몰랐지만, 전망에 따라 분류함으로써 집단적 작업을 지원하는 유용한 연습은 그 과정이 진행됨에 따라 알파벳 순서로 핵심적 어휘를 정리하는 것이라고 느꼈다.

우리가 거의 시작하려고 했을 때부터, 알파벳순으로 어구를 정의한 목록은 구조가 잘 만들어지지 않을 것임이 명백했다. 용어들이 그러한 배열에 저항하는 것처럼 보였다. 대신 용어들은 등장한 시기와 적용된 사고방식에 따라 군집을 이루었다.

용어의 집합을 만들고 집합을 배열하는 과정에서, 다른 학문적 전통 간의 깊은 유사성에 더 주의를 기울이게 되었다. 다른 말로 하면 조금은 역설적으로, 집합을 이룬 용어들은 그 정의에 대한 우리의 주목을 단어 및 구문의 진화와 공진화로, 특히 지식, 학습, 그리고 교수행위에 대해 다르게 생각하는 방법들을 만들어낸 견해가 교체되고 출현하는 순간과 흐름으로 향하게 했다. 등장하기 시작했던 생각의 가지들을 이해하고자 노력하는 과정에서, 이 책의 골격이 된 계보학 수형도의 처음 버전을 제안하였다.

나는 그 세미나와 2003년 겨울 학기에 Dennis와 함께 가르친 잇따른 특별 주제 과정에서 참가자들이 더 기여하도록 구성하기 위한 노력으로 이러한 세세한 점에 대해 상술하였다. 한 사람이 한다는 것은 매우 문제가 있는 방법이라고 생각하여, 집단적으로 이해가 이루어진 어떤 사건을 계기로 이 책의 계획이 창발하였다. 따라서 Dennis와 Elaine이 개념을 만드는 데 수 없이 공헌한 것에 감사하면서, Darcey Dachyshyn, Mildred Dacog, Lara Doan, Khadeeja Ibrahim-Didi, Eun-Jeong Kim, Mijung Kim, Helena Miranda, Elizabeth Mowat, Immaculate Namukasa, Francie Ratner, Darren Stanley, David Wagner, 그리고 Martha Zacharia 등이 제공해준 역할에 대해 또한 감사드리고자 한다. 마찬가지로 이 저작에 담긴 생각이 만들어지도록 각자 중요한 방식으로 기여한 동료들인 Tom Kieren, Joyce Mgombelo, Gloria Filax, Linda Laidlaw, Rebeca Luce-Kapler, 그리고 Susan Walsh에게 감사드린다.

이 책은 Canada Research Chairs 프로그램과 캐나다 사회과학 및 인문학 연구협회의 재정적 지원으로 만들어질 수 있었다.

나의 동반자인 Dennis Sumara가 말로 표현할 수 없는 방식으로, 없어서는 안 될 다른 도움들을 아낌없이 주었다. 이 책을 그에게 헌정한다.

역자 서문

이 책은 캐나다 캘거리 대학교 사범대학 수학교육과 교수인 Brent Davis가 2004년도에 저술한 『Inventions of Teaching : A Genealogy』를 완역한 것이다. 당시 Davis는 앨버타 대학교에 있었다. Davis는 이 책 외에도 현재 캘거리 대학교 사범대학 학장인 Dennis Sumara와 함께 『Complexity and Education』(2006)을 발간하였을 뿐 아니라 복잡성 교육을 선도적으로 제안하고 개발하여 전문적으로 다루는 온라인 국제 학회지인 『Complicity: An International Journal of Complexity and Education』 (http://ejournals.library.ualberta.ca/index.php/complicity)을 창설하였다. 지금까지 복잡성 교육에 관한 다수의 논문을 발표하는 등 복잡성 교육에 관한 실천과 연구를 이끌어온 권위자 중 하나이다.

내가 Davis의 주 저서인 『Inventions of Teaching』을 번역하게 된 원인 遠因은 '탈근대성'이라는 문제의식을 갖게 된 것이고, 이러한 문제의식은 '근대성'에 대한 회의로부터 온 것이었다.

우리나라가 산업화 시대와 민주화 시대를 거쳐 본격적으로 탈근대사회로 접어들기 시작한 1990년대와 그 이후 21세기 초엽에 우리 교육은 여전히 근대성에 발목이 잡혀 있음을 깨닫게 되었다. 근대성이라는 유령은 정부의 정책으로는 1995년 이른바 5.31 교육개혁이라는 신자유주의 형태로 화려하게 변신하여 지금까지 여러 가지 형태로 그 기조를 유지하고 있다. 교사 운동은 산업 노조주의Industrial Unionism의 관행을 고수하려는 입장과 이에서 벗어나 전문직 노조주의Professional Unionism, 나아가 Bob Peterson(Rethinking School 1997)이 제시한 사회정의 조합주의Social Justice Unionism와 같은 방식을 시도하고자 하는 입장과 흐름이 서로 갈등하고 갈피를 잡지 못하고 있는 상태에서 현실감의 부족, 극단적인 비타협, 유연하고 창조적인 의제 설정 및 도전의 부재 등으로 국민의 신뢰와 지지를 잃어가고 있었다. 특히 글로발라이제이션과 함께 진행된 탈근대사회에서 OECD의 PISA 담론이나 이른바 3대 핵심역량 담론 등이 국가나 교육청의 교육정책보다 더 집요하게 실제 교육 현장을 구석구석 지배하는 상황이 전개되었다. 설상가상으로 1997년 IMF와 그 이후 전개된 주주자본주의의 전반적 실현은 사회양극화를 가져왔고, 이는 경쟁과 차별화를 축으로 하는 신자유주의 교육정책과 상승작용하면서 입시위주의 경쟁 교육을 일상적이고 미시적인 파시즘적 상황까지 몰고 갔다.

이러한 와중에 자기주도학습 담론, 기초학력 담론, 핵심역량·핵심성취 담론 등은 근대성 담론의 형태로 마치 새로운 개혁 담론인 것처럼 학교 현장을 지배하기 시작했다. 무분별한 경쟁, 시험, 통제 등 근대성 강박을 극한으로 몰고 가는 신자유주의 정책의 하나인 표준화 검사standardized test는 수많은 부작용과 비판으로 이른바 일제고사 파동을 불러왔음에도 진행 중이고, 역시 신자유주의 정책 실현의 핵심적 방식인 목록화·세분화·수치화를 통한 통제의 일환으로 진행되는 학교 평가를 비롯한 다양한 평가가 학교 현장을 숨 가쁘게 만들고 있다.

한편 학교 현장에서는 이러한 근대성 강박에서 벗어나고자하는 생성적 실천, 스피노자가 말한 코나투스와 같은 생명력이 마치 새순이 돋는 것과 같이 약동하는 모습도 보이고 있다. 분명히 근대성은 균열되고 있었다. 물론 근대성과 탈근대성은 이분법적이 아닌 착종된 상태로 진행된다.

과거, 적어도 1980년대까지 학교의 거의 모든 일은 국가, 교육청, 학교 관리자에서 교사로 이어지는 폐쇄적인 관료주의적 위계질서와 그 속의 학교에 따라 결정되었다. 1990년대에 등장한 학교 붕괴 또는 교실 붕괴라고 하는 현상은 다름 아닌 이러한 질서의 교란이고 균열이었던 것이다. 질서의 교란과 균열은 부정적이든 긍정적이든, 바람직한 형태건 왜곡된 형태건 학교가 제도 또는 교육의 내용이나 방법 면에서 외부를 향해 열리면서 일어난 현상이다.

학교운영위원회가 구성되고, 학교의 운영이나 재정 면에서 지자체 및 지역사회, 학부모의 선택과 주장이 이전과는 다르게 영향을 미치기 시작했다. 미래의 소비자, 미래의 주권자, 미래의 생활인으로 현재가 끊임없이 유보되어야 했던 학생들은 삶 자체가 자본주의적 상품 시장에 포섭되면서 현재의 소비자, 현재의 생활인, 현재의 인격인이 되기 시작했다. 두발, 복장 규제나 체벌 등을 포함하는 학교 교칙이나 학생 인권 조례를 놓고 학교가 갈등하기 시작했다. 알바를 하는 학생들의 노동권 문제가 거론되기 시작했다.

도처에서 넘쳐나는 지식과 정보는 언제부턴가 학교를 압도하기 시작했다. 학생들은 학교가 아닌 곳에서, 자신의 삶을 통해 체험하고 듣고 터득한 것을 수업시간에 질문하거나, 이미 재미없고 공허하게 된 수업시간을 알게 모르게 거부하기 시작했다. 이는 학생의 삶과 분리된 문서화된 국가 교육과정과 칸막이식 교과 체제에 대한 거부인 것이다. 학교는 체험학습이나 수행평가, 블록 수업, 프로젝트 수업, 팀티칭, 수업 공개, 탈북자와 다문화 가정의 자녀 등 소수자 관련 교육과정 운영, 7차 교육과정 및 교육과정의 재구성, 교사 평가, 자율학교 제도나 교장공모제의 도입, 융합 과학이나 최근의 융복합 교육과정의 검토 등으로 대처하는 모습을 보였는데, 이와 같은 현상들이 다름 아닌 학교의 탈근대적 변화와 관련된 것들이다. 학력고사에서 수능, 수능에서 스펙, 스펙에서 삶의 창조성을 알아보고자 하는 스토리로 입학 전형의 중심축을 변화시키고자 한 것 역시 마찬가지이다.

20세기의 마지막 10년과 21세기의 첫 10년을 전후한 우리 교육의 상황은 이와 같았다. 물론 이러한 현상들은 학교를 둘러싼 이해관계자들의 입장에 따라 때로는 사회적으로, 때로는 학교 안에서 엄청난 갈등을 유발하며 진행되기도 한다. 탈근대 대한민국의 21세기에 대한 교육희망은 여전히 산고를 겪고 있는 중이다.

나는 교사로서, 학교 현장에서 이러한 현상들을 접하고 실천적으로 맞서는 한편, 2004년 대통령자문교육혁신위원회 전문위원, 2005년 (사)한국교육연구소 소장, 2006년 「새로운 학교 연구 모임」 활동, 2007년 참교육연구소 교육담론실장, 2009년 핀란드 등 북유럽 학교탐방, 2010년 서울시교육청 학교혁신추진자문단 연수분과 전문위원 활동, 2011년부터 시민교육철학 연구회 활동 등을 통해 몇몇 뜻을 같이하는 교사들과 함께 복잡성 교육을 중심으로 새로운 교육 담론에 대한 모색을 꾸준히 해왔다. 그러한 모색의 일환으로 최근까지 탈근대 철학 및 사회학, 그리고 이와 관련된 교육학에 대해 천착했다. 이러한 공부는 스피노자, 니체, 베르그손, 들뢰즈, 푸코 등으로 이어지는 한편, 네그리와 하트, 듀이와 비고츠키, 마뚜라나와 바렐라, 그리고 결국에는 복잡성 과학에서 복잡성 교육 및 생태주의 교육으로 이어져 갔다. 이 책을 번역, 출간하게 된 것도 위에서 말한 바와 같은 우리의 교육 현실 및 그 안에서 이루어진 나의 활동의 결과 중 하나인 것이다.

이상 나와 내가 접한 우리의 교육 현실에 대해 언급한 이유는 역자로서 Davis의 이 책을 설명하기 위한 것이다. Davis는 수많은 교육 철학 입장 중에서 자신은 복잡성 교육과 생태주의 교육의 입장에 있음을 분명히 하고 있다. 그리고 이 책은 그러한 입장에서 교육 철학이 계보학적으로 어떻게 전개되어 왔는가를 매우 명쾌하고 간명하면서도 깊은 수준으로 논하고 있다. 분명히 자신의 입장을 밝히는 한편, 수많은 입장들의 뿌리 및 갈래, 즉 연관성에 대해 논하고 있는 것이 이 책의 요체이며 강점이다. 그가 말한 것처럼 인간은 결코 합리적이지 않다. 오히려 많은 모순된 사고를 하고 있다. 그러면서 그가 주로 공격의 대상으로 삼고 있는 것은 다름 아닌 근대성, 즉 형이상학적 합리주의와 경험주의 이다. 이것이야말로 지금까지 학교를 지탱하고 있는 철학적 인식론적 기둥인 것이다. Davis는 여기서 그치지 않고 구성주의 담론을 넘어선 간객관적 인식론과 복잡성 교육 및 생태주의 교육이라는 비전과 전망을 제시하고 있다. 물론 원 저서에서 Davis는 간주관적 인식론인 구성주의에 대해 마뚜라나처럼 분명히 비판적 입장을 취하지 않았을 뿐 아니라 William Doll Jr.(2008)나 David Kirshner와 David Kellogg (2009) 등과 같이 피아제나 비고츠키를 복잡성 과학 내지는 간객관적 인식론의 입장에서 보지 않고 여전히 구성주의자로 보고 있다. 왜 그랬는지는 역자도 의문으로 남는다. 이러한 역자의 생각과 이 책에서 Davis가 주장하고자 하는 바의 핵심을 간객관적 인식론의 제창자인 마뚜라나의 입장으로 번안·요약하여 제시하면 다음과 같은데, 이는 다름 아닌 교육에서 근대성의 지양 및 간객관적 인식론으로의 변화이다.

현 정부조차도 '창조경제'를 부르짖고 있듯이, 21세기는 개인의 삶이나 국가, 기업 활동 등에서 '창조성creativity'이 화두로 떠오르는 시대이다. 각 학교 현장에서도 여러 가지 형태로 창조성 교육(흔히 창의성으로 표현되거나 창의성에 머무르고 있기는 하지만)이 강조되는 추세이다. 하지만 그 창조성 또는 창의성이라는 것이 기껏해야 7차 교육과정이나 개정 2009 교육과정의 기본 원리라고 주장되는 구성주의의 한계에 머무르고 있다.

구성주의는 개인적 구성주의든 사회적 구성주의든 철학적으로 간주관성의 범주에 해당하는 것으로 간객관성이 '소통과 네트워크에 의한 지식과 삶의 창조'를 말하는 것인 반면, 구성주의는 어디까지나 그 창의성이 주로 '학습자의 몸 안에서 구성되는 아이디어 등'을 의미한다는 면에서 인식론적 한계에 봉착하게 되었다. 1960년대부터 서방 세계의 교육과정 원리를 지배하며 맹위를 떨친 구성주의는 1990년대 우리나라에서 강력하게 영향력을 발휘하여 7차 교육과정의 기본 원리가 되었는데, 교육과정을 편성하는데 적어도 이론적으로는 형이상학적인 합리주의와 경험주의를 넘어서고자 한 것이 구성주의의 성과라고 할 수 있다. 그렇다면 일견 긍정적 의미로 보이는 합리주의와 경험주의는 무엇이 문제인가?

합리주의와 경험주의는 학교에서 배우는 진리 내지 지식은 이미 완벽하게 체계화된 것으로 본다. 이러한 관점은 서방 세계의 철학사에서 플라톤주의와 데카르트의 합리주의 또는 흄이나 베이컨의 경험주의적 입장을 계승한 것이다. 즉, 우리가 학교에서 공부해야 할 지식은 우리가 살고 있는 이 세상the World에 있는 것이 아니라 관념적으로 상정한 저 세상out of the World에 있다고 본다. 공부라는 것은 저 세상에 있는 완벽한 지식으로부터 엄밀한 논리적 과정을 거쳐 연역된 체계화된 지식을 공부하는 것이다. 이것이 바로 데카르트가 생각한 합리주의이고 그러한 지식에 딱 들어맞는 것이 수학 과목이다. 그래서 학교에서 여전히 수학은 특권적 지위를 누리고 있는 지도 모른다. 그러나 엄밀한 논리적 추론에 따라서도 도저히 참인지 거짓인지 알 수 없는 명제들이 집합론 등 수학에서 발견되면서 합리주의는 무너지게 된다. 경험주의 입장에서 보면 저 세상에 있는 완벽한 지식에 도달하는 방법은 같은 경험을 반복하여 같은 결과가 나오는지 알아보는 것이다. 이것이 과학교과에서 강조되어온 과학적 실험이다. 그러나 여기서 수많은 변인은 통제되어야 하고 그럴수록 학교 공부는 실제 삶과는 동떨어지게 된다.

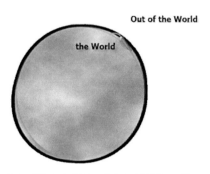

합리주의와 경험주의 학습 이론의 인식론 모형

이러한 한계를 극복하기 위해서는 '저 세상out of the World'을 제거해야 하는 것이다. 학교에서 배우는 지식은 완벽한 저 세상의 것이 아니라 불완전한 이 세상에 있는 것이다. 저 세상이 제거된 구성주의 학습이론의 인식론 모형을 나타낸 그림과 같이 이 세상에는 주체로서 학습하는 인간이 있고, 인간 밖에 인간이 배워야 할 지식의 근원으로 객관적인 세상이 있다. 학습이라는 것은 객관the Object을 주체the Subject가 구성하는 것이다. 개인적으로 구성한다고 보는 것이 급진적 구성주의이고, 사회적으로 구성한다고 보는 것이 사회적 구성주의이다. 피아제 등 걸출한 교육학 이론가들이 이러한 구성주의의 입장을 취한 것으로 해석되어왔다.

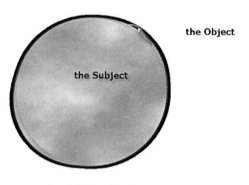

구성주의 학습 이론의 인식론 모형

그러나 문제는, 개인적으로 구성되었건 사회적으로 구성되었건 주체 안에 구성된 그것이 제대로 구성된 지식인지 누가 판단하느냐 하는 것이다. 결국은 판단하는 인식론적인 권력자가 필요하고, 권력자에 의해 창조성은 왜곡되고 억압될 수밖에 없다. 주체 밖에 '객관'을 상정하는 이상 이러한 인식론적 한계는 필연적인 것이다. 마뚜라나 등은 이러한 문제제기를 통해 '간객관적 인식론'을 제기한다.

마뚜라나는 아래 그림과 같은 모형을 제시한다. 우선 존재론적으로 주체the Subject도 객관the Objective, 객체the Object도 객관the Objective이다. 물론 여기서 말하는 객관은 구성주의에서 말하는 객관과는 다르다. 마뚜라나는 구성주의의 객관과 구별하기 위해 '괄호 친 객관'이라는 표현을 사용한다. 그리고 두 객관은 구조적으로 접속structural coupling되어 있다. 주체는 삶을 통해 다양한 여러 객관들과 접속하고 소통한다. 그러면서 그 자신도 변하지만 그를 둘러싼 다른 객관들도 변하고 진화한다. 여기서 주체가 변하고 학습하고 진화하는 것은 그 자신이 어떤 구조로 되어 있느냐에 따라 결정된다structurally determined system. 즉, 학습자는 구조화되는 구조화된 구조structuring structured structure(Dyke)이다. 학습을 통해 주체도 변하고 객체도 변하며, 우주 전체가 변한다. 학습은 주체와 객체의 관계가 아니라 객관과 객관의 관계이다. 그래서 간객관적이다interobjectivity. 학습은 이제 삶이 된다. 학습은 단순히 학습자의 뇌나 신체에 구성하는 것이 아니라 행함이 되고 삶이 된다(Learning is Doing is Being).

이러한 간객관적 사고로의 인식론적 변화에는 두 개의 큰 흐름이 있다. Davis는 이를 복잡성 사고complexity thinking와 생태주의ecology로 보는 것이다. 20세기 중반 물리학과 생물학의 일부 연구에서 시작된 복잡성 사고의 역사는 인공두뇌학, 정보 과학, 체계 이론system theory, 인공지능, 지각변동 이론, 심리학에서의 결합설, 프랙털 기하학, 비선형 동역학 등으로 이루어져왔다. 최근에는 소련의 붕괴, 주식 시장의 경향, 지구에서 생명의 탄생, 눈의 진화, 마음의 창발 등, 그리고 세포, 기관, 개인, 사회 집단, 문화, 사회, 종, 생물권

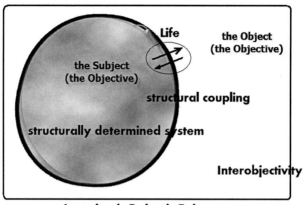

Learning is Doing is Being

간객관적 인식론의 학습 모형

등 포개진nested 조직인 살아 있는 적응체제adaptive system들에 대한 연구 등으로 발전되어왔다.

복잡성을 연구하는 과학자들complexivist은 그러한 적응하고 자기조직화하는 현상을 학습하는 체제learning system로 본다. 즉, 학습이란 지속되는 회귀적인 적응 노력으로 역동적인 환경에서 자신의 체제의 응집력(일관성, 통일성, 생명coherences)을 유지시켜 나가는 것이다. 새들의 무리, 생각의 확산, 문화운동의 전개 등 스스로 유지되는 현상self-maintaining phenomena들은 그 부분들을 초월transcend한다. 그들은 개별 인자들에서는 나타나지 않는 집단적 가능성을 나타낸다. 자기 조직적이고 자기스스로 유지되는 체제는 목표나 계획이나 지도자 없이 만들어지고 진화한다.

또 하나의 흐름인 생태주의 담론은 윤리적 노하우를 추구한다. 생태주의는 복잡성complexity을 넘어 연관성complicity으로 나아가는 것이다. 이러한 변화는 생태계에서 인간의 역할, 유전공학에서 의지의 문제, 의식에서 생물학적 진화의 문제, 지구 행성에 충격을 주는 기술의 등장 등에 따른 것이다. 특히 교육에서 윤리적 행위는 펼쳐지는 개인적, 집단적 정체성, 그리고 문화적 생물권적 공간에서 마음 충만하게 참여하는 태도an attitude of mindful participation이다. Sylvia Ashton-Warner가 말한 대화conversing나, Nel Noddings가 말한 배려caring의 윤리, Max van Manen's의 교육학적 심사숙고, Chet Bowers의 생태 정의eco-justice, 해석학적 듣기hermeneutic listening 등이 생태주의 담론과 관련된 교수teaching의 개념이다.

간객관적 인식론을 바탕으로 복잡성 사고에 의한 수업을 실제 교실 수업에서 구현하고자 할 때, 요체는 학습 집단에서 어떤 지향점을 향하면서 지식을 창조해나가는 것이다. 일종의 집단 지성의 발현을 실제 수업에서 이루어내는 것이다. 이제 학습은 지식을 주입하는 것도 아니고, 지식을 구성하는 것도 아니라 지식을 창조하는 것이다. 창조적인 지식을 만들어내기 위한 수업의 원리는 어떠해야 하는지 알아보자(Davis, Sumara, Sullivan 등).

인간의 삶이 예측 불가능하고 수많은 변인이 작용하듯이 학습이 이루어지는 과정도 마찬가지이다. 이는 최근 본격적으로 연구되는 비고츠키나 복잡성 사고 이론, 적시 학습이론, 집단지성 이론에서 제기하는 바이다. 그리고 이때의 지식은 학습자와 분리된 외부에서 만들어진 체계화된 지식이 아닌 학습자의 삶과 결합된 지식이다. 선형적이고 논리적이며 결과가 예측 가능하게 전개되는 기존의 학습이론과는 달리 이러한 학습이론에서는,

- 예측 가능한 학습 목표를 상정하지 않는다. 다만 지향점이 있을 뿐이다.
- 아울러 학생들은 고정 불변의 지식을 내면화하기보다는 각자의 삶에

기반을 둔 각자의 지식을 창조해간다. 이것이 진정한 의미의 창조성이다.

- 그리고 이렇게 만들어진 각자의 지식은 존중되고 소통과 네트워크를 통해 집단 지성으로 발전하면서 또 다른 지식을 만들어간다.
- 이러한 과정은 무한히 전개되며 동일한 일은 반복되지 않는다.
- 그렇다고 해서 학습 과정이 제멋대로이거나 통제가 필요 없는 것은 아니다. 과정 그 자체를 통해서 통제가 되는데 이른바 탈중심화된 통제decentralized control이다.

복잡성 교육에서 수업은 교사가 미리 작성된 교육과정의 주제를 통해 학생들을 집단적 인지 단위로 만들어 복잡성이 창발되도록 조직화하는 것이다. 이러한 과정에서 필요한 것은 다양성diversity, 중복성redundancy, 작동시키는 통제liberating constraints, 탈중심화된 통제decentralized control 등이다.

- 다양성 : 개별 학습자의 가능성을 능가하는 복잡한 상호 작용을 가져오기 위해서는 어느 수준의 다양성diversity이 존재해야 한다. 그러한 다양한 변이는 혁신적인 반응의 원천이 된다. 예를 들어 엄청난 양의 표현되지 않은 DNA의 양(DNA 염기서열 중 단백질을 만들기 위해 아미노산으로 번역되는 엑손Exon은 5%도 안 되고, 나머지 95% 이상은 유전 정보가 없는 인트론Intron 등이다), 공동체가 성립하기 위한 어느 정도의 직업 능력들, 지구의 생물학적 다양성 등이다. 복잡성 체계가 어려움에 부딪히면 이러한 다양성을 통해 적절한 해결책이 모색된다.
- 중복성 : 그러한 다양성은 그 시스템 내의 다른 인자들에 따라 이해 · 인

식·감지될 수 있을 때만 유용하다. 이는 두 번째의 중요한 조건, 중복성redundancy을 가리킨다. 결합된 행위, 즉 구조 접속이 일어나려면 인자들은 상호작용이 가능한 충분한 공통된 기반을 가져야 한다. 일부 인자들이 제 기능을 못하더라도 다른 인자들이 역할을 하여 체제를 공고히 유지하려면, 인자들이 서로 달라야 하기보다는 같은 점을 공유해야 한다는 것 역시 사실이다. 학급에서 다양성이 만들어진다 해도 적당한 중복성 또한 갖추어져야 한다. 예를 들어 세계 정치에 대한 생산적 토론이나 분수 개념에 대한 탐구 등에 참여하기 위해서는 이슈에 대한 어떤 친숙함이나 공통된 경험이 필요한 것이다. 그러한 배경 또는 그러한 배경을 발전시키기 위한 기회의 준비가 교육적 의사 결정에서 하나의 중요한 범주이다.

- 작동시키는 통제 : 그러한 중복성으로부터 나오고 적절한 다양성들이 분출되도록 하는 수업을 개발하는 것이야 말로 중요한 문제이다. 예를 들어 분수의 덧셈에서 조각들이나 종이를 자르고, 접고, 맞추는 작업을 통해 공통된 경험의 기반을 마련하고, 학습자의 관심과 이해에 맞는 행위들을 하도록 하는 공통된 어휘의 기반을 만들 수 있는 것이다. 그러한 작업은 통제의 부과, 정확히는 작동시키는 통제liberating constraints를 수반한다. 이는 어떤 학습 집단에서도 나타나는 경험과 능력과 흥미의 다양성을 표현하기 위한 충분한 개방성을 허용하면서 학생들이 행동하게끔 충분한 조직을 제공하도록 하는 행위의 지침이며 제한이다. 작동시키는 통제는 과도하게 미리 규정되어서는 안 된다. 왜냐하면 창발되는 복잡 현상의 결과는 완전히 예측될 수 없기 때문이다. 마

찬가지로 작동시키는 통제는 아무렇게나 하게 내버려두는 것을 의미하지는 않는다. 실제로 모든 제한을 없애 버리면 복잡성은 창발되지 않는다.

- 탈중심화된 통제 : 최소한 부분적으로 행위가 창발되어야 하는데, 즉 행위는 참여하는 과정 속에서 만들어지는 것인데, 여기서 나오는 것이 복잡성이 창발하기 위한 네 번째 조건인 탈중심화된 통제decentralized control 이다. 수업 장면에서 발생하는 이해와 해석은 미리 완전히 기술될 수 없다. 즉, 어느 정도까지 학습은 미리 결정된 학습 목표나 선형적 학습 계획 또는 경직된 전략에 따라서가 아니라, 그때 그때 공유된 과제를 통해 창발되고 유지된다. 복잡성은 예측할 수 없다. 탈중심화된 통제의 조건이 교사 중심의 수업에 대한 비난이나 학생 중심의 수업에 대한 지지로 해석되어서는 안 된다. 오히려 탈중심화된 통제는 양자에 대한 비판, 즉 학습이 개인 수준에서 이루어진다고 보는 것에 대한 비판인 것이다. 복잡성 과학이 주장하듯이 학습 능력은 복잡계의 특질이다. 그렇다면 수업이라는 복잡계의 성질은 지식을 만들고 이해를 발전시키는 것이다. 그렇다면 초점이 학생이나 교사에 맞춰지는 것이 아니라 학습의 집단적 가능성에 맞춰져야 한다.

Senge(2000)는 근대 학교가 성립할 수 있었던 이유, 즉 학교 근대성의 전제로 다음과 같은 다섯 가지를 들고 있다.

1. 학생은 뭔가 부족한 존재이고 교사는 그 부족함을 바로 잡는다.
2. 학습은 몸 전체가 아니라 머리에서 이루어진다.

3. 모든 사람은 당연히 같은 방식으로 배워야 한다.

4. 학습은 학교 밖 세상이 아닌 교실에서 이루어진다.

5. 학생들은 똑똑한 아이와 바보 같은 아이로 나누어진다.

나아가 이러한 전제가 가능했기에 학교가 다음과 같은 원리와 내용으로 운영이 된다고 지적하였다.

1. 전문가에 의한 학교 통제

2. 분할 가능한 지식

3. 학교에서 가르치는 것은 진리라는 확신

4. 개별적으로 이루어지는 학습 및 학습을 증진시키기 위한 경쟁

원 저자인 Davis와 역자인 내가 저술과 번역이라는 방식으로 복잡성 교육과 생태주의 교육에 공감을 하게 된 이유는, 이러한 근대성의 강박 내지는 허구성에 대한 깨달음일 것이다.

C O N T E N T S

교수행위의 발명:
교육 철학의 계보학적 구조

01

인간의 지성으로부터 나오는 질문은 모두, 그 질문 자체가 제시한 답으로 해결될 수 없다. 역사를 보면 해결될 수 없다는 것을 알 수 있다. 그럼에도 사람들은 해결될 수 있다고 확신한다. 그러나 사실, 지적인 진보는 보통, 질문이 가정한 답과 함께 질문이 완전히 폐기되어야 이루어진다. 그러한 폐기는 질문들이 쇠퇴하고 긴급한 관심사가 바뀐 결과이다. 우리는 그 질문들을 해결한 것이 아니라 넘어선 것이다.

- John Dewey[1]

10년 전에 임용 전 교사 양성 프로그램에서 학생들로 하여금 교육의 본성에 대한 질문에 답하게 하는 확실한 한 가지 방법은, 그들로 하여금 교수행위^{teaching}라는 단어와 동의어라고 생각하는 말을 각자 찾아서 논의하는 것이라는 동료의 제안을 시험해보기로 작정하였다. 동의어 반의어 사전을 사용하여 *caring, conditioning, disciplining, educating, emancipating, empowering, enlightening, facilitating, guiding, indoctrinating, inducting, instructing, lecturing, managing, mentoring, modeling, nurturing, pointing, structuring, telling,* 그리고 *training* 등을 포함한 목록을 준비하였다.

동료가 확신했듯이 강의를 듣는 학생들은 열정적으로 참여하였다. 그런데 그들의 활동은 나의 순진한 예상대로 되지 않았다. 의견의 불일치나 모순으로 일어나는 비판적인 질문이 없었다. 오히려 모두 교수행위는 다양한 모습으로 나타난다는 상식적인 결론으로 모아지는 것처럼 보였다. 교사들은 여러 가지 방식으로 가르친다.

나는 이 모든 것이 교수행위가 될 수는 없다는 쪽으로 논의가 진행되기를, 즉 교수행위가 **무엇인지는** 정체성, 학습, 학교 등에 대한 일반적인 전제를 따라 고려해보면 비로소 이해가 될 것이라고 기대했다. 불행하게도 학생들의 행위가 보여주듯이 이러한 개념들의 관계를 밝혀내는 작업은 동의어와 은유를 조사하는 것만으로는 안 된다. 그 작업은 특히 이 책에서 논의되는 이 세상의 본성, 지식의 근원, 그리고 우리는 어떻게 알게 되는지 등 세 가지 주요 흐름의 관점에 대한 상식적 믿음을 파헤쳐보는 것이다.

그러한 믿음들은 근대 문명의 등장 속에서 지속적으로 정제되고 때때로 재정립되어왔다. 교수행위를 규정하는 틀이 급진적으로 변해왔어도 교수행위를 지칭하는 단어는 쉽게 없어지지 않는다. 그로 인해 오늘날 교수행위에 대한 논의는 교수행위와 관련된 단어를 만들어낸 정서와 결코 완전히 분리될 수 없는, 그 단어들이 침전된 지층을 파헤쳐보아야 한다. 예를 들어 교수행위를 가리키는 *instructing*과 *facilitating*이라는 이 두 단어가 전제하는 학습이 충돌하고 심지어는 모순됨에도 불구하고, 같은 문장에서 발견되는 것은 이상할 것이 없다. 이 책을 만들게 된 동기도 영어 사용권에서 어떻게 교수행위를 지칭하는 오늘날의 단어들이 **발명되었는지**[invented] – 이 말의 원래 의미가 'came upon'[2]이다 - 를 알아보고자 하는 것이다.

즉, 이 책은 지난 수천 년간 주로 어떠한 신념과 상식이 교수행위를 발명하게 하였는가를 이해하고자 하는 것이다. 그를 통해 교수행위를 지칭하는 말의 외연 또는 내포를 따라 몇 가지 개념적 의미를 추적할 것이다. 특히 힘차게 새로운 모습의 교수행위를 이해하고자 했던 역사적 순간과 그러한 이해가 하나의 개념으로 만들어지는 역사적 순간을 밝히고자 한다. 그러한 작업은 교수행위에 관한 다양한 말들이 만들어지고, 정착되고, 재정립될[3] 때 그 전제와 주장의 근거가 된 어원들을, 검토된 서구 사상의 주요 흐름과 연결시키면서 진행될 것이다.

선형적 역사 V
비선형적 계보학

처음에 이 책은 교수행위 개념의 역사에 관한 것이 될 것으로 생각했다. 그러나 역사적, 철학적, 이론적, 그리고 어원에 따라 정보를 분류하면서, 그 어떤 연대기적 분류보다는 핵심 개념이 발생한 분기점을 따라 조직하는 것이 더 좋을 것이라고 생각했다. 즉, 이 책은 하나의 역사가 아니라 여러 개의 역사다. 더 정확히 말하면 계보학이다.

가장 일반적으로 하나의 **역사**는 어떤 것이 어떻게 지나갔는가에 관한 것이라고 이해한다. 예를 들어 어떤 전쟁이나 어떤 종에 대한 역사는 주어진 사건이나 형태에 대한 전편前篇으로 보통 연대기적으로 진행된 체계적 이야기이다. **계보학** 또한 어떤 출현에 대한 기록이라는 면에서 비슷한 것이다.

그러나 표준적인 역사와 달리 계보학은 보통, 동시에 발생된 것의 흐름들을 추적한다. 역사가 수직선數直線의 이미지라면 계보학은 나무의 이미지이다. 따라서 이 책은 이야기의 선형적 구조가 아니라, 신념이나 철학에서 나타난 중요한 분기점들을 따라 나타낸 비선형적 구조이다.

한 과family의 혈통과 달리 어떤 개념의 발생에 계보학적 개념을 적용할 때 어떤 조정이 필요하다. 예를 들어 과와 달리 개념은 연속적인 세대에 걸쳐 발생하지 않는다. 어떤 생각의 진화는 번성, 쇠퇴 또는 융합 등으로 언제든지 결정적인 순간에 분지가 이루어질 수 있다. 따라서 어떤 시대에 교수행위에 대한 개념이 등장하는 것을 연대기적인 어떤 방식으로도 유용하게 해석하거나 나타낼 수 없다. 이러한 점에 대해 앞으로 논의하겠지만, 계보학을 날짜나 사람에 따라서가 아닌, 사람들이 말하고 행동하는 방식의 변화에 따라 극적으로 생각이 변한 순간들 및 핵심적인 철학과 이론의 발전에 따라 조직하는 것은 매우 많은 의미가 있다.

이런 이유로 이 책의 계보학은 공식적으로 서양 철학이 시작되는 기원전 첫 번째 세기가 아닌 다윈의 19세기 중반에 시작한다. 제2장에서 상술하겠지만, 다윈은 이 세상에 대한 새로운 사고방식을 제시했다. 그는 적어도 플라톤 시대 이후 번창한 세상의 모형과는 다른 것을 극적으로 제안하였다. 학습과 교수행위에 관한 당대의 사고방식에 대한 다윈의 영향은 매우 혁명적이었다.

이어지는 장에서 그 밖의 핵심적인 이론들의 전개를 다룰 것이다. 3장과 9장에 걸쳐서는 신비주의, 종교, 분석적인 철학, 그리고 분석적인 과학적 전통으로부터 만들어져온 교수행위와 학습모형들에 초점을 맞춰 논의하였다. 10장에서 16장까지는 다윈 시대 이후 구조주의, 후기 구조주의, 복잡성 과학, 그리고 생태주의 담론을 지향하는 이론들을 다루었다.

이 책이 선형적으로 정렬된 논의라기보다는 끊임없이 분지하는 가지처럼 서술되었기 때문에 이 책의 구조를 한 눈에 볼 수 있는 하나의 지도를 부록 A에 제시하였다. 논의가 어느 정도 진행되었고, 어디로 가고 있는지를 알아볼 수 있게 하기 위하여, 그 지도의 부분적 이미지를 홀수 쪽마다 그려 놓았다(페이지를 넘길 때마다 나무는 자라게 되어 있다). 또한 부록 B에 공부에 도움이 되게 하기 위해 이 책의 논의 구조와 유사한 프랙털 기하학에 대한 내용을 첨부하였다.

계보학적 나무의 개념은 사물이 진정 무엇인가를 보여주기 위한 모형이 아니라, 대단히 많은 정보를 조직하기 위한 유용한 도구라는 점이 매우 중요하다. 분기하는 사상의 흐름을 나타낸 모형은 그 흐름이 언제나 분리된 채로 있지만은 않는다는 사실을 결코 놓치지 않는다. 그들은 종종 서로 감겨서 잡종으로 해석되는 새로운 것을 만들어낸다(외과 수술 및 실제 나무에서 이러한 과정은 '가닥의 결합'인 접합이라고 한다). 정서가 교차하고 재교차하는 것을 보여주는 더 좋은 예는 더욱더 망상 모양과 같을 것이다. 이러한 방식의 제시는 곧바로 세부적인 해석보다는 좀 더 폭넓은 움직임에 초점을 맞추면서 사상의 작은 가지들을 무시하는 쪽으로 나아갔다. 매우 이상하게도, 바로 이러한 문제가 책을 집필할 때가 아닌 나무 이미지를 만드는 중에 분명하게 인식되었다. 그것은 실제 나무의 사진으로부터 생각하게 된 것이지만, 큰 가지의 대부분을 다듬고, 즉 지워버리고 원래의 그림을 만들어내 최종적인 이미지를 얻게 되었다.[4] 이 책을 만들기 위해 일종의 개넘적 가지치기를 하였다. 그러나 여기서의 의도는 생각의 모든 다양성을 제시하는 것도 아니고, 모든 지식의 뒤얽힌 관계를 그려내고자 하는 것도 아니다. 오히려 가장 동떨어진 생각들조차도 대개는 서로 연결된 것이라는 것을 강조하면서 몇 개의 사상으로 추려지는 관련된 개념들을 풀어보고자 하는 것이다.

이 책의 장은 일부러 간명하게 나누었다. 아무튼 교수행위에 대한 개념들을 광범위하게 조망하고자 했다는 인상을 주기 싫다. 그렇다. 이 책은 예를 들어 nurturing, enlightening, modeling 또는 empowering 등으로 교수행위를 부르고자 했던 다양한 의견과 전제들을 소개하고자 하는 것이다(논의를 간명하게 하기 위해 많은 상세한 부분을 권말의 주와 부록 C, 용어해설에 담았다).

단어 군의 가지각색의 의미를 이해하고자 하는 이 연구의 의도는 교수행위 개념의 분류 구조를 만들고자 하는 것이 아니다. 오히려 목적은 다원을 통해 촉발된 사고의 변화에 걸맞게, 개념들 사이의 분기와 함께 상호 연결을 이해하고자 하는 것이다. 이어지는 절에서 어떤 생각으로 이 책을 구성하게 되었는가를 논할 것이다. 이러한 논의는 그 후에 이어지는 논의를 위해 반드시 필요한 것은 아니므로 2장으로 건너뛰어도 무방하다.

이분법적 사고 V
계보학적 사고

생물은 판별한다. 예를 들어, 단세포 생물 조차도 분별하는 능력이 있어 더 많은 음식물이 있는 쪽으로 나아간다.

우리 인간은 우리 자신이 지구상에서 가장 뛰어난 분별력이 있다고 규정하는 경향이 있다. 스스로 부여한 이 지위는 우리가 모든 종들 중에서 가장 **지적이라고**^{intelligent} 종종 생각하는 것을 보면 알 수 있다. intelligent는 '~ 중에서 뽑다', '판별하다'라는 뜻으로 *inter-*와 *legere*가 결합된 라틴어에서 온 것이다.

세상을 구별해서 보는 능력은 생물학적으로 만들어진 것이고 문화적으로 강화된 것이다. 생물학에서 뇌의 '이항연산기호'에 대한 최근의 신경학 연구는 인간으로 하여금 세상을 양극단으로 보도록 촉진하는 폭넓은 능력이 존재함을 보여준다.[5] 바로 그렇기 때문에 우리의 지각계는 사물을 분별할 뿐 아니라 분별된 것을 증폭시키고, 때로는 그 어떤 객관적이지도 않고 측정할 수도 없는 의미를 우기게 된다. 두 개의 간단한 시각적 시험을 통해 이점을 보여줄 수 있다.[6] 예를 들어 회색의 구역이 연달아 있는 다음 그림은 밝은 쪽은 점점 더 밝아지고, 어두운 쪽은 점점 더 어두워지는 것처럼 보인다.

사실 잉크의 농도라는 면에서 보면, 각 구역은 균일하게 칠해져 있다. 더더군다나 인접한 구역 간의 옅고 진함의 차이는 실제로는 보이는 것만큼 그리 크지 않다. 연필 하나를 경계선에 갖다 대면, 이웃한 구역이 거의 같은 정도로 칠해져 있음을 알 수 있다.

두 번째 예로 더욱 공감이 가는 다음 그림을 보자. 대부분의 사람이 여기서 완성된 원을 보며 그것은 배경보다 더 밝게 보이고 돌출되어 보이기까지 하다고 생각할 것이다.

반복하지만 여기서의 요점은 우리의 지각 체계는 때때로 있지도 않은 경계를 설정하고 종종 경계를 과장한다는 것이다. 생존의 관점에서 이러한 경향은 충분히 이해된다. 환경 속에서 경계는 가장 필요한 정보이다. 시각, 청각, 후각, 미각, 그리고 촉각 등 우리의 감각이 경계를 찾아내고 과장하는 쪽으로 나아가도록, 우리는 기대하게 되어 있다.

인간은 이러한 지각적 성향을 개념적 습성으로 확장시켜왔다. 우리는 끊임없이 개념적 구별을 만들고 때로는 그것을 과장한다. 이러한 습성은 실제로 우리 자신을 만들어가기 위해 자신과 집단을 규정하는 과정에 반드시 필요하다. 구별하는 우리의 능력을 최대로 발휘하도록 만드는 도구 중의 하나가 우리의 지성, 즉 언어이다. 우리는 이러한 유연하고 강력한 기술을 사용하여 이름 짓고, 대조하고, 비유하고, 연결하고, 나누는 그 밖의 행위들을 통해 세상을 짜 맞춘다.

우리가 세상을 만들어나갈 때 사용하는 구별에 대해 다른 방법으로 생각 할 수 있다. 예를 들어 지난 수천 년 동안 서방 세계에서는 이러한 구별이 세상을 정확히 표현한 것이라는 믿음이 우세했다. 이러한 믿음이 지지한 것은 과학 용어로 **이분법적 사고**^{dichotomization}라고 하는 것이다. 이는 그리스어 *dikha+tomie*, '두 개의 부분$^{two\ parts}$'에서 유래한 것으로, 이분법적으로 사고한다는 것은 사물의 경계를 분명히 나누어서 서로 배타적인 범주를 만들어낸다는 것이다. 7장에서 보다 상세하게 논하겠지만, 거의 모든 근대 수학과 많은 근대 과학은 이 세상에서 우리가 마주치는 형태와 현상은, 이분법적 사고의 과정을 통해 명확한 범주로 나누어질 수 있다는 전제로 짜인 틀이다.

겹치지 않는 범주로 이 세상을 바라보는 것이 이 세상을 분별하는 유일한 방법은 아니다. 지난 수백 년에 걸쳐 주목을 받고 등장한 방법이 **계보학적으로 사고하는 것**^{bifurcation}이다. '두 개로 갈라진$^{two-pronged\ or\ forked}$'이라는 뜻의 라틴어 *bi-+furca*에서 온, 계보학적으로 사고한다는 것^{bifurcation}은 두 조각으로 분리하기보다는 두 개의 부분으로 가지를 만들어가는 것이다. 이렇게 가지의 이미지를 만드는 목적은 사물의 구별이 만들어진 근본적 이유나 근거를 강조하고 알아보고자 하는 것으로, 실제로 그러한 구별이 **누구에 의해서 어떤 이유로** 만들어졌는가를 부각시키고자 하는 것이다.

여기서 하나의 예를 들어보는 것이 좋겠다. 검은색과 흰색을 구별하는 가장 기본적인 경우를 생각해보자. 이분법으로, 검은색/흰색(슬래쉬는 분명하게 나눈다는 것을 의미한다)은 다음과 같은 벤다이어그램과 같이 나타낼 수 있다.

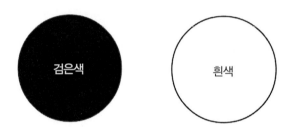

이 그림에서 검은색과 흰색은 겹쳐지지 않는다. 이러한 독특한 분류에 어울리는 물체나 주제는 둘 중의 하나가 될 뿐 결코 둘 다가 될 수 없다. 반대로 계보학적 사고는 검은색과 흰색을 하나의 갈라진 가지로 나타낼 수 있다.

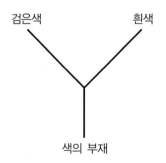

이러한 이미지는 무슨 일로 이와 같은 구별이 이루어졌는지를 묻게 만든다. 예를 들어 검은색을 흰색으로부터 분리한 하나의 이유는 색이 없는 현상을 분류하기 위한 것일 수 있다.

이러한 방식의 제시는 새로운 가지를 만들어내고, 이어서 그 가지도 분지된 한 쪽이라는 것을 알 수 있게 할 것이다. 예를 들어 '색이 없는 경우'는 가시광선 스펙트럼의 분석에서 만들어진 하나의 가지인 '색이 있는 경우'에 주목하도록 만든다. 계속해서 '색이 있는 경우'는 미처 알지 못했던 이 범주에 맞는 분류를 어떻게 해야 할지 고민하게 만든다. 가능한 하나의 분류는 '따뜻한 색과 차가운 색'이다. 만들어진 그림은 다음과 같다.

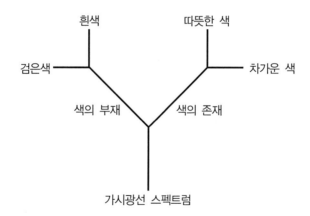

이렇게 가지치기를 하다보면 프랙털 구조가 만들어진다(부록 B 참고). 프랙털 구조는 특정 영역으로 확대해 들어가도 그 모양이 단순해지지 않고, 축소시키면서 영역을 확대해도 마찬가지이다. 예를 들면 '가시광선 스펙트럼'은 '가시광선 외의 전자파 스펙트럼'에 대한 생각을 불러일으키고, '차가

운 색'은 의도하는 어떤 목적에 따라 몇 개의 다른 가지를 만들어내는 줄기의 역할을 할 수 있을 것이다(이러한 점에 대한 논의를 위해서 의도적으로 검은색과 흰색의 구별과 관계된 사회적이고 문화적인 문제를 외면했다. 그러한 주제는 나중에 10장부터 13장에 걸쳐 다루게 될 것이다).

'목적하고자 하는 바를 언제나' 앞에 내세우는 것은 이분법적 사고와 계보학적 사고의 차이를 이해하는 데 필수적이다. 이분법적 사고는 그것이 이 세상의 사물들을 실제대로 이름표를 붙이는 과정이라는 전제, 즉 관찰은 관찰자와는 독립된 것으로 보는 전제에 뿌리를 두고 있기 때문에, 윤리적으로 중립적이고 객관적인 과정으로 간주되는 경향이 있다. 더더군다나 이분법이라는 말은 마치 가능한 해석의 모든 범위를 망라하는 것처럼 보일 수 있다. 위/아래, 죽다/살다, 남성/여성, 진실/거짓, 교사 중심/학생 중심, 나/다른 사람, 개인/집단 등을 생각해보라.

반면 계보학적 사고는 어떤 국부성들이 구별을 만들어내는지에 주목한다. 여기서 **국부성**^{partiality}은 구별을 만들어내는 편견과 구별의 불완전성 모두를 말하는 것이다. 즉, 계보학적 사고는 구별을 유발하는 편견과 구별에 의해 주입되는 성향을 모두 부각시키고자 하는 것이다. 검은색과 흰색의 예에서 보인 바와 같이 계보학적 사고는 더 넓은 해석의 망으로 스스로를 넘어선다. 이러한 관점을, 우리가 믿는 것은 무엇이고 우리는 어떻게 이러한 식으로 생각하게 되었는가 하는 상호 뒤얽힌 질문을 지향하는 해석학적인 것이라고 볼 수도 있다.

가지가 만들어지는 이미지는 생각의 진화에서 어떤 질적으로 중요한 점을 부각시키는 데 유용하다. 구별이 만들어진 근본적 이유를 부각시키는 것에서 더 나아가, 가지치기의 이미지는 검은색과 흰색, 교사와 학생, 그리고 권한 부여와 권한 박탈과 같은 용어 쌍들이 얼핏 보이는 것보다는 공통된 점이 많다는 것을 강조한다. 계보학적인 자세는 동일함 및 공통된 전제와 관계된 것인 반면 이분법적 태도는 다른 점만 주로 보고자 하는 것이다.

가지치기 이미지는 새로운 형태로 때때로 빠르게 증식하는 것에 대해 말하고자 할 때 유용한 시각적 은유이다. 이러한 종류의 그림에서 새로운 수준마다 가능한 수는 두 배가 된다. 즉, 매 순간, 분별이 이루어져 나누어지는 부분마다 새로운 가능성은 지수함수적으로 성장할 잠재력이 있는 것이다. 이러한 가능한 수는 교수행위의 본성에 관한 신념의 현재 수만큼인, 가지를 치면서 갈라지는 지점의 수를 초월하여 한없이 만들어질 수 있다. 이 책에서는 교수행위에 대한 현재의 개념들 중 수많은 다양성의 대부분을 지난 수천 년에 걸쳐 만들어져 온 한 줌의 특징들로 추적할 수 있게 하였다.

이미 눈치를 챘겠지만, 이 책에서는 보통 이분법을 나타내기 위해 사용하는 사선(/)과는 달리 가지치기를 나타내기 위해 대문자 브이(V)를 사용하였다. 이렇게 하기로 한 중요한 이유는 V자로 가지치기 이미지, 즉 계보학적 사고의 개념을 연상시키고자 함이다. 두 번째 이유는 vs.처럼 V는 종종 *versus*의 약어로 사용되는데, versus는 라틴어로 현재는 대조나 갈등을 칭하기 위해 사용하지만 원래는 분해가 아닌 돌기, 굽히기 또는 감기와 관계된 것이다(이러한 의미들은 동계 연어인 *converse*나 *diverse*에 더 잘 보전되어 있다). 이 책에서는 versus의 고대적 의미가 더 잘 들어맞는다.[7]

후속되는
장들

이 책을 구성하는 논의는 선형적으로 배열되어 있지 않기 때문에(그래서도 안 되지만), 앞으로 전개될 장들의 내용과 순서에 대해 간단히 언급을 해보겠다. 부록 A에 제시된 변형된 형태의 계보학적인 나무 이미지로 시작할 것이다. 다음 그림에서 핵심적인 가지치기를 확인하고 각각에 해당하는 장들을 원 안에 표시하였다. 가지 끝에 표시된 숫자들은 특정한 정서로부터 등장한 교수행위의 개념을 검토한 장들을 나타낸 것이다.

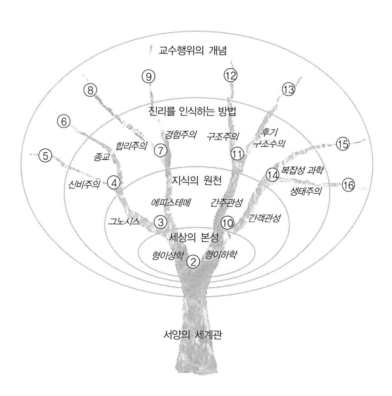

2장은 세상의 본성에 대한 서양의 두 가지 중요한 관점을 대조시켰다. 처음으로 생겨난 것은 저 세상의 형상과 실체를 통해 해석과 설명의 틀을 만든다. 두 번째 것은 이 세상에서 일어나는 것에 따라 우주를 이해한다. 이어서 자세히 설명하겠지만 이러한 분지는 **형이상학** V **형이하학**이다.

3장에서 형이상학 안에서 일어난 더욱 자세한 정서의 분지를 살펴볼 것이다. 거기서의 논의는 고대에서 정신적 지식^{spiritual knowledge}과 실질적 방법^{practical know-how}을 분별하는 틀을 따랐다. 영어에서는 이러한 범주를 나누는 말이 없어, 이러한 분지를 칭하는 고대 그리스어인 **그노시스**^{Gnosis} V **에피스테메**^{Episteme}를 사용하였다.

4장은 정신적 지식인 **그노시스**와 관련된 문화적 전통의 주요한 두 범주인 **신비주의** V **종교**에 대해 다루었다. 이러한 논의를 따라 5장과 6장에서 서양의 신비주의와 종교적 전통에서 각각 만들어진 교수행위의 동의어들을 조사하였다.

7장에서는 실질적 방법인 **에피스테메**로 돌아왔다. 밝혀진 바와 같이 근대의 분석적 철학과 근대의 분석적 과학은 한때 대단치 않게 생각했던 이러한 범주의 지식에서 연원한 것이다. 이렇게 등장한 몇몇 역사를 제시하면서, **합리주의** V **경험주의**의 가지치기에 대해 언급할 것이다. 이러한 논의 다음에 합리주의자들의 분석적 철학(8장) 및 경험주의자들의 분석적 과학(9장)과 관계된 교수행위의 개념들을 검토할 것이다.

이 책의 후반부는 수형도의 다른 한쪽에서 만들어진 가지와 관련된 것으로, **형이하학** 관점에서 틀지어진 세상의 개념과 관련된 것이다. 10장에서 2개의, 연관되었지만 분기하는 사상의 흐름이면서 또한 형이상학적 전제를 제거한 **간주관성**^intersubjectivity V **간객관성**^interobjectivity에 대해 다룰 것이다. 이러한 흐름의 첫 번째는 지식과 진리가 사회적 동의라는 관점에서 이해되고, 두 번째의 것은 지식과 진리가 이 세상이 진화함에 따라 발생하여 자리를 잡게 되는 가능성이라는 관점에서 틀지어진 것이다.

11장에서 **간주관성**을 신봉하는 몇 가지 담론들을 자세히 다룰 것이다. **구조주의** V **후기 구조주의**의 가지치기를 중심으로 이러한 담론들을 논할 것이다. 이어서 이러한 용어들은 구성주의 및 사회적 구성주의 담론(12장), 그리고 문화 이론 및 비판이론(13장)과 연관된 교수행위를 논하는 데 사용될 것이다.

14장에서 **복잡성 과학** V **생태주의**의 가지치기를 통해 **간객관성** 담론의 두 줄기를 탐색할 것이다. 이러한 논의는 다양하게 갈라지는 교수행위 개념을 15장과 16장에서 마지막으로 검토하기 위한 준비이다.

부연 설명

그 어떤 저술처럼 이 책도 세상을 이해하기 위한 나름대로 하나의 방법에 기반을 둔 것이라는 점을 강조해야 할 것이다. 특히 복잡성과 생태주의 담론(14~16장을 보라)에 입각한 것이다. 이 책에서 신봉하는 이러한 학문적 움직임의 핵심 주제는 객관성(10장을 보라)이라는 관념에 대한 비판이다. 분지하는 정서들에 대해 상당히 균형 잡힌 설명을 하고자 하였지만, 이 책의 주장과 해석이 무성향인 것은 아니다.

이 책은 실제 짜임새를 통해 이 책의 나름대로의 관점을 부각시키고자 했다. 앞으로 전개될 비선형적 가지치기라는 중심 주제는 복잡성 및 생태주의적 정서에 근원한 것이다. 이러한 짜임새로 이루어졌기 때문에, 이 책은 제시된 바에 따라 완전히 다른 순서로 쓰인 것처럼 읽어도 된다는 것이다. 다른 순서로 어디서 읽는 것이 좋은지를 각 장의 마지막에 제시하였다. 아울러 약간의 상호 참조를 집어넣었다.

02

서양의 세계관:
형이상학 ∨ 형이하학

다윈에게는 거의 모든 것이 다 다르게 보인다. 또 실제로 그래야 한다. 다윈의 이론은 위대한 과학 이론이다. 그러나 그게 다가 아니다. 진화론을 강력히 반대한 창조론자들은 한 가지 면에서만 옳다. 다윈의 위험한 생각은 진화론을 옹호하는 대부분의 현명한 사람들조차도 아직 받아들이지 않은 것을 우리의 가장 기본적인 믿음의 구조로 만들어버린다.

Daniel C. Dennett[1]

다윈의 『종의 기원』은 1859년 출간되자 큰 반향을 일으켰다. 이는 누구든지 예상했던 바이다. 이 책은 당시 기성 종교의 세계관과 정서에 대한 노골적인 도전이었다. 지금도 어떤 학교는 진화론과 함께 창조론도 가르쳐야 하고, 나아가 창조론을 모두 배워야 한다는 논쟁에 휩싸여 있다.

『종의 기원』에 대한 대중적 열광은 다윈 이론의 혁명적 개념을 무색케 하였다. 다윈이 예견했듯이, 그가 제시한 것은 주로 과학과 관련된 것이지 종교 및 종교와 과학의 관계에 관한 것이 아니었다. 다윈은 신이 생물을 만들었다는 믿음에 대한 도전을 넘어선 것이었다. 종이 변하고 다양화되는 기작을 제기함으로써 그는 과학적 실재에 대한 뿌리 깊은 권위에 이의를 제기한 것이다. 그의 이론은 기존의 세계관에 대한 도전이었고, 그 과정에서 학문을 가로지르는 대변동이 촉발된 것이다. 이러한 지적 변동 속에서 지식, 학습, 그리고 교수행위와 관련된 주제도 예외는 아니었다. 실제로 진화론의 영향을 받지 않은 학문이나 대중적 담론은 거의 없다.

이 장의 목적은 두 개의 대립되는 세계관을 살펴보는 것이다. 하나는 형이상학적 틀이고 다른 하나는 세계가 작동하는 것을 이해하기 위해서는 형이하학적 방식이 적절하다고 믿는 틀이다. 이 두 가지 정서에 대해 차례로 논의할 것이다. 이 장의 마지막 절은 두 틀의 공통된 기원과 현재의 서로 다른 흐름에 대한 논의이다.

형이상학:
이 세상은 이미 결정된 것

'*metaphysics*'라는 용어는 기원전 4세기 아리스토텔레스가 그의 학문체계를 나누고 자연과학theoretical science을 구성하기 위해 사용하였다.[2] 이 단어의 어원은 그리스어 '*meta+ta+phusikos*'로, 문자 그대로 '이 세상 너머에 있는 그 무엇'을 뜻한다. 아리스토텔레스에게 형이상학에 대한 연구는 이 세상에 존재하는 형태와 현상을 지배하는, 영원히 변치 않는 법칙과 원리를 알아내고자 했던 것과 관련 있다.

아리스토텔레스 시대 이래로 형이상학은 원래적 의미에서 벗어나 사용되고 적용되어왔다. 사실 현시대의 사용법은 극적으로 변했다. 예를 들어 논리적이고 합리적인 현재의 사전적 의미로는 진리와 지식의 원천으로서, 종교, 신비주의, 그리고 초자연적인 것을 말한다. 그러나 겉으로 보기에는 다른 신비주의, 종교, 논리적이고 합리적인 관점 모두 진리가 이 세상 너머에 이상적이고 비물질적인 형태로 존재한다고 믿는다.

이러한 문제에 관해서는 아리스토텔레스는 그의 스승인 플라톤의 영향을 많이 받았다. 이데아에 관한 플라톤의 이론에 따르면, 이 세상의 물질적인 것들은 이상 세계에 존재하는 완전하고 영원한 형상의 불완전한 복사물이다. 우리처럼 불완전하고 변화하는 존재는 이상 세계에 직접 접근할 수 없는 것이 명백하다. 그러나 플라톤은 이상 세계는 정교한 논리적 사고를 통해 연역될 수 있다고 주장했다.[3] 이러한 사고방식의 고전적인 예는 원의 개념이다. 완벽한 원은 이 세상에 존재하지 않지만 쉽게 상상할 수 있고 정의할 수 있다. 게다가 이 세상에는 태양, 달, 오렌지와 같이 완벽한 원은 아니지만 완벽한 원이 되고자 노력하는 많고 많은 원들이 있다.

플라톤은 이상과 현실 사이의 이러한 대비를 모든 지구상의 물체에 적용한다. 그에게는 내 무릎 위의 고양이는 고양이임을 증명하는 것이다. 무릎 위의 고양이는 결코 완전히는 아닐지라도 이상적인 고양이의 반영인 것이다. 아리스토텔레스는 essence(본질적 속성 - 역자)란 개념을 더해 플라톤의 이러한 생각을 더 잘 이해할 수 있게 했다. 그는 이 세상의 모든 물질은 두 개의 속성을 갖고 있다고 가르쳤는데, essential(그리스어로 'to be')과 accidental(라틴어로 'to happen')이 그것이다. 에센셜은 저세상의 완벽함을 반영한 속성이고, 액시덴털(우발적 속성)은 같은 형상의 구성원들이 여러 가지로 변화하는 속성들이다. 예를 들어 샴고양이와 발리고양이 모두 고양이임의 본질적 속성을 보여주지만, 털의 길이라는 우발적 속성에 따라 달라진다. 샴고양이와 도베르만 핀셰르는 짧은 털이라는 우발적 속성을 공유하지만 하나는 고양이임이라는 본질적 속성을 충족시키지 않는다.

변화를 물질적 영역에서만 일어나는 현상이라고 보는 독특한 관점 때문에, 본질적 속성이라는 개념을 만든 것이다. 플라톤과 아리스토텔레스는 변환의 두 범주를 설정하였다. 첫 번째가 에센셜을 향해 나가는 변화로서, 이는 **발달**^{development}이라는 개념으로 볼 수 있다. 모든 살아 있는 것들은 이상적 형상을 추구하므로, 자연적 발달은 완전함을 향해 나아가는 진보로 보았다.⁴ 다른 말로 하면, 우주는 어떤 궁극적 설계를 따라 나아가는 목적론적인 것이다. 변환의 두 번째 범주는 주로 우연적 속성에 따라 일어나는 다른 모든 물질적 변화를 말하는 것이다. 이는 무작위적이고, 자연적 발달로부터 이탈하거나 발전을 교란시키는 하자 있고 부패한 것이다.

그렇다면 과학은 주로 형상을 분류하는 것이라고 할 수 있다. 즉, 본질적 특성의 정의를 통해 세상을 분석하고 이러한 특성을 사용하여 분류학을 구성하는 것이다(**과학**^{science}이 인도유럽어의 **가위**^{scissors}, **앞니**^{incisor}와 **분화**^{schism}에 어원을 두고 있다는 것은 의미심장하다).⁵ 유기체의 발달과 같이 이 세상에서 잘못된 것이 무엇인가를 과학적으로 추적하는 연구는 곧 진리라는 이상을 향하고 있는지를 보는 것이다.

아리스토텔레스가 사용한 **형이상학**^{metaphysics}이라는 용어가 어떻게 종교적이고 신비적인 전통과 융합되게 되었는지를 이해하는 것은 어렵지 않다.

플라톤의 이데아라는 영역은 완벽한 신에 의해 통치되는 천국과 개념적으로 크게 다르지 않다. 나아가 이데아 영역이 불완전하게 반영된 물질적 세상은 인류가 신의 은총으로부터 떨어져 나왔다는 믿음과 맞아 떨어진다.[6]

요약하면 형이상학적 태도의 요지는 때로는 육체적 경험을 인도하기도 하는 초월적인 이데아 영역을 신봉하는 개념이다. 그러한 영역은 논리적 연역이나 영혼의 단련과 같은 어떤 정신적 노력으로 도달할 수 있다는 믿음이다. 또한 완전함을 향해 나아가지 않는, 진보가 아닌 변화에 대한 혐오이며, 형상에 대한 이분법적 사고를 기반으로 한 지식을 지향하는 태도 등이다.

형이하학:
창발되는 세상

일반적으로 플라톤의 저작을 번역할 때, 그리스어 '*edios*'는 '*idea*'가 된다. 다윈이 살았던 1800년대 중반에는 '*species*'로 번역되는 경향이 있었다. 그 용어들은 모두 어원학상으로 관련이 있다. idea와 *edios*는 '보다(to be)'라는 그리스어 *idein*에서 유래한 것이고, species는 '보다(to look)'라는 라틴어 *specere*에서 유래한 것이다. 이는 *spectator*나 *spectacle* 등과 연관이 된다(3장에서 서술하는 바와 같이, 형이상학적 담론의 특징 중 하나는 vision-이나 light- 등과 연결된 비유를 많이 사용한다는 것이다).

'종의 기원'이라는 다윈의 제안은 당시로는 급진적인 것이었다. 언급한 바와 같이, 종이라는 생각은 시작도 없고 변하지도 않는다는 것을 전제로 하였다. 다윈은 바로 이러한 영원성과 완전함을 종에서 제거한 것이다. 이러한 과정을 통해 다윈은 유기체 사이의 차이를 편의적으로 이해하기 위한 기존의 분류 체계를 일시적이고 문제가 있는 것으로 절하하였다. 이상 세계의 완전함과 영원함의 허구성을 밝히고자 한 것으로 매우 급진적인 사상이었다. 그는 영원불변한 아리스토텔레스의 분류학, 과학 역시 일시적인 것으로 보았다.

형이상학적 관점과는 정 반대로 다윈은, 변화는 정상적인 것이고 창조와 그 가능성을 만드는 것으로 보았다. 이러한 생각으로 그는 플라톤의 이상 세계와 결별하였다. 다윈의 프레임에 의하면 고양이들은 고양이임을 추구하는 것이 아니다. 고양이들은 그들의 상황을 조직하면서 그들의 생김새를 끊임없이 고쳐나가는, 즉 장엄한 진화의 안무 속에서 다른 삶의 형태를 찾아가는 것이다. 다윈은 지적인 설계자의 감독 없이, 종이 시간을 두고 변할 수 있다는 **형이하학적** 기작을 설명한 것이다.[8] 자연은 스스로 자신을 무작위로 재조합하는 것과 같은 방식으로 혁신해나간다는 것을 그는 제시한 것이다. 나아가 자연은 진화가 계획에 의한 것이 아니듯이, 임의로 가능성의 경계를 영원히 확장해나가, 자연의 창조물로 새로운 공간을 채워나면서 새로운 종을 계속 실험해나가는, 언제나 어떤 다른 것으로 되어가는 과정으로 보았다.[9]

진화론은 기존의 견고한 고정관념을 깨는 것에서 더 나아간다. 진화론은 과학을 한다는 것이 무엇인가에 대해, 특히 당시의 생물학과 지질학에 도전하였다. 다윈에 의해 주장된 변화의 개념은 다름보다는 상호 관계성에 관한 것이다. 고대 그리스 시대부터 맹위를 떨친 이분법적 사고는 변화 가능성에 대한 고려와는 거리가 먼 것이다. 재차 강조하건데, 진화론은 다름보다는 관계를 중시하는 것이다. 고양이와 호랑이 또는 구릉이나 산맥의 차이 등은 여전히 과학에서는 중요하겠지만, 진화론에서는 그 차이의 기원이 무엇인가를 중요하게 생각한다. 이 책의 용어를 빌면, 이제 이분법적 사고 대신에 진화가 다른 갈래로 왜 일어났는지 알아보는 것, 분류학보다는 계보학과 연결망이 대세가 된 것이다.

이러한 흐름에도 불구하고 처음부터 다위니즘을 형이상학적으로 해석하려는 경향이 계속되어왔다. 이러한 경향의 명백한 사례는 '적자생존'을 마치 생물이 서서히, 조금씩 완전함을 향해 나아가는 현상으로 보는 것에서 찾을 수 있다. **적자**^fit^가 생존했다고 해서 그 생존한 자가 **최적자**^fittest^라고 다윈이 주장한 것은 아니다. 특정한 맥락에 적응한 생물이 다른 것보다 어떤 최상의 상태를 갖추었기 때문이라고 다윈이 주장한 것은 아니다.[10]

또한 다윈이 진화론을 혼자서 만들어낸 것은 아니다. 아리스토텔레스가 에센스라는 개념을 만들어낸 것처럼, 다윈의 진화론도 당시 사회 문화가 만들어낸 것이라고 볼 수 있다. 예를 들어『종의 기원』이 출간되기 약 30년 전에 Charles Lyell이『지질학의 원리^Principles of Geology^』를 발간하였는데, 그는 지형의 자연적 모습은 신이 만든 것이 아니라 지질학적인 힘에 의해 서서히 만들어지고 변화해온 것이라고 주장하였다. 1800년대 중반부터 언어학자들은 공통된 기원으로부터 유럽 언어들이 갈라져 나온 것을 보여주기 위해 수형도^樹型圖^를 개발하였다. 생물학적 진화에서는 Denis Diderot, Jean-Baptiste Lamarck, 그리고 Erasmus Darwin 등이 이미『종의 기원』보다 반세기 이전부터 서로 다른 종의 공통된 기원에 대해 조사하였다. 이러한 일련의 성과들이 생명의 창발 자체에 대한 다윈의 논문이 나올 수 있는 관심과 무대를 마련해준 것이었다.[11]

다윈의 이론이 출간되자 식물학, 동물학, 그리고 천문학 등 다른 과학 분야에 영향을 급속히 미쳤다. 『종의 기원』 출간 50주년을 기념하는 글에서 존 듀이는 과학에서 이미 다윈이 아리스토텔레스를 이겼다고 말하였다. 그러나 듀이가 그 글을 썼던 당시까지 철학이나 인문학 분야에서 다윈의 영향은 아직 미약하였다.[12] 듀이의 분석 이후 지난 세기 동안 상황은 극적으로 변하였다. 현시대의 사고방식에 대한 다윈의 영향을 연구한 최근의 조사에서 Daniel Dennett는 진화론이 어떻게 형이상학을 대신하여 거의 모든 학문과 대부분의 대중적 담론의 상식적 배경이 되었는지를 보여주었다.[13] 이는 10장에서 보다 세밀하게 다룰 것이다(그는 또한 옹호자와 반대자 양측에서 다윈의 생각이 적용되거나 잘못 적용된 것에 대해 논하였다. 후주 10을 보라).

진화론이 이렇게 광범위하게 받아들여진 것에는 컴퓨터 기술의 등장과 발달이 중요한 역할을 하였다. Dennett가 지적하듯이 시뮬레이션이 가능한 보다 강력한 컴퓨터의 개발로 보다 복잡한 진화의 모형이 가능해진 것이다. 다른 기술과 일반적 지식 및 문화의 진화에 박차를 가한 전자공학이 수천 년이나 이언eon보다는 인식 가능한 월이나 년 단위에서 일어나는 진화의 증거들이 이론가들에게 제공되도록 공헌하였다. 1990년대 후반 닷컴들과 여러 e산업들의 증가가 좋은 예이다.

그러나 진화론이 광범위하게 수용된 중요한 이유는 화석 기록 이상의 실질적인 증거의 축적 때문이다. 예를 들어 DNA 연구로 다양한 생명들의 관련성을 강조할 수 있었다. 심지어 종 형성의 살아 있는 증거, 즉 한 종에서 명백히 다른 종으로의 점진적인 변이도 제시할 수 있게 되었다.[14]

같은 뿌리 다른 갈래

다윈의 이론이 플라톤과 아리스토텔레스 관점의 허를 찔렀다는 사실은 어떤 면에서 역설적이다. 다윈이 비록 실재란 무엇인가에 대한 어떤 뿌리 깊은 신념을 깨버렸지만, 그것은 고대 그리스부터 맹위를 떨친 서구 학문적 담론의 틀 안에서였다. 그의 이론은 형이상학에 뿌리를 둔(3장과 7장을 보라) 합리적 사고와 경험적 증거의 엄격한 기준을 따라야 했다. 그렇다면 진화론은 과학적 질문에 대한 긍정이면서 동시에 과학이 만들어진 정서에 대한 도전이었다. 플라톤과 다윈은 같은 토양에 뿌리를 둔 것이다.

이 책의 중요한 목적이 학습과 교수 모형 이론의 현재적 한계를 이해하고자 하는 것이므로, 교수학습에 대한 논의에서 형이상학과 진화론의 개념적 단절을 논하는 것이 어떤 면에서 중요한가를 강조하며 이 장을 마치고자 한다.

적어도 정규 교육에서 형이하학을 지향하는 이론에서 형이상학을 지향하는 이론을 분리하는 데 제기되는 가장 중요한 논점은 변화와 발달에 대한 관점이 서로 다르다는 점일 것이다. 성장을 위한 변화는 어떤 이상적인 형상에 도달하기 위한 것이라고 보는 형이상학적 관점은, 학습을 불완전한 아동이 완전한 성인으로 질서정연하게 나아가도록 계획하는 발달 모형과 교육과정 구조에 공식적으로 적용되어왔다.

진화론적 틀은 변화를 선형적인 과정이 아니라 생물학적인 전개로 본다. 개인적인 발달인 성장도 어떤 완전한 목표를 향해 나아가는 것이 아니다. 미래 언젠가에 발현되기 위해 대기 중인 이상적인 인간은 없다. 생물학적이고 문화적인 경험을 통해 끊임없이 창발하는 주체성이 있을 뿐이다. 진화론적 관점이 형이상학적 관점과 가장 큰 차이는 진화란 정해진 미래의 어떤 목표로 나아가는 것이 아니라 그때그때 주어지는 상황에서 가능성을 만들어가는 것으로 보는 것이다.

이 책의 후반부에서 논하겠지만, 형이상학적 사고와의 결별은 학습을 발달의 과정으로 보기보다는 생명력을 유지하기 위한 끊임없는 적응으로 보는 것에 있다. 이러한 틀은 학습자와 학습하는 대상을 분리하지 않는다. 학습자와 상황은 분리된 것이 아니라, 서로 얽혀 있는 것이다. 뿐만 아니라 학습은 외부의 것을 습득하는 것이 아니라 다른 대부분의 가능성과 경로를 대신하여 어떤 특별한 가능성을 행하고 택하는 변형의 과정이다. 나아가 학습은 축적하는 과정이라기보다는 회귀적인 정교한 시행착오의 과정이다. 학습이라는 새로이 만들어지는 사건은 가능성의 새로운 전망을 열어나가면서 이미 배운 것을 변화시킨다.

진화론적 틀로 교수행위가 무엇인지를 말하는 것은 더 어렵다. 무엇보다 교수행위가 학습의 원인이라는 상식을 부정해야 하기 때문이다. 학습이 교수행위에 의존하긴 하지만 교수행위에 의해 결정되지 않는다. 그래서 지난 수십 년간 교수행위와 관계된 새로운 말이 만들어지기 시작했다. 교수행위를 학습의 직접적 원인보다는 학습이 이루어지기 위해 필요한 참여participation

나 촉진하기facilitating, 할 수 있게 하기enabling, 모델 역할modeling, 역능을 향상시키기empowering, 기회나 계기를 만들어주기occasioning 등으로 보는 것이 그 예이다.

학습과 교수행위를 둘러싼 논점들은 앞으로 반복해서 다룰 것이다. 존재에 대한 형이상학적 관점과 형이하학적 관점의 중요한 개념적 단절 몇 가지를 다시 언급하면서 이 장을 마치고자 한다. 존재론적 차이가 어떻게 다른가에 초점을 맞춘 이분법적 논리(잘라내기)의 개발에 의존하는 것이 형이상학이다. 존재론적으로 현상들이 어떻게 연관되어 있는지와 관계된 분지bifurcation의 논리(가지치기)를 따르는 것이 형이하학이다. 형이상학적 담론에서 우주는 이미 완성되었거나 계획된 것, 따라서 이상적이고 필연적인 것으로 이해된다. 형이하학적 입장에서 창발을 주장하는 관점은, 우주가 다양화되고 변형되면서 펼쳐지는 것으로 본다. 형이상학적 전통은 시각적 은유 - insight, clarity, enlightenment - 와 유클리드 기하학의 이미지 - lines, distinct regions - 를 사용하는 경향이 있는 반면, 창발론적 해석은 청각적 은유 - voice, discourse, resonance - 와 프랙털 이미지 - tree, webs - 를 사용하는 경향이 있다. 이와 밀접하게 관련된 것으로, 형이상학적 전통에서는 변화도 상승(예를 들면, 보다 높은 영역으로의), 앞으로 나아감(목표를 향해 진보한다는) 또는 미래의 개념으로 설명한다. 형이하학에서는 변화를 밖으로 향하거나, 다방면으로 향하거나 또는 현재의 개념(예를 들어, 가능성의 현재 영역으로의 확산)으로 설명한다.

마지막으로 형이상학과 진화론적 관점을 나누는 핵심적인 것은 지각perception에 대한 각각의 관점이다. 전자는 지각을 흠과 실수를 만드는 통로로, 주체를 세상과 분리시키는 것으로 보지만, 후자는 주체와 바깥세상을 연결해주고 하나가 되게 만드는 인터페이스로 본다. 지각은 신체들의 공통된 경계인 것이다. 이에 대해서는 뒤에서 재론할 것이다.

　이 세상의 성질에 대한 서구 사상의 두 흐름에 대해 앞으로 많은 자세한 논의가 이어질 것이다. 논의의 대부분은 많은 사람들이 갖고 있는 지식의 성질에 대한 믿음을 다루는 3장과 10장에서 이루어질 것이다. 3장 이후에는 다양한 형이상학적 관점에 대해서, 10장 이후에는 진화론적 원리에 대해 보다 철저한 논의가 이어질 것이다. 밀도 있는 논의를 돕기 위해 이 책을 구성했으므로 두 흐름을 함께 읽어가도 좋다.

형이상학:
그노시스 V 에피스테메

03

*하느님께서 우리로 하여금 외눈박이 시각과 뉴턴의 잠에서 깨어나게
해주시기를!*[1]

- William Blake[1]

이 행은 Blake가 Thomas Butts에게 1802년에 보낸 시 편지의 한 구절로,
서구 사회에서 과학의 등장으로 생겨난 불안을 지적하기 위해 종종 사용하
는 것이다. 이러한 불안은 신 대 뉴턴, 종교 대 과학, 초월 대 환원, 그리고 마
법 대 진상과 같은 말로 흔히 표현된다.

Blake가 그 글을 쓸 때, 과학은 집단적 상상력을 장악하고 있었다. 진리
를 재단하는 종교적 말씀과 전통은 과학으로 대체되었다. 과학의 빛이 비
추면서, 삶의 근원과 진리의 본성에 대한 고대적 설명은, 복잡한 현상들의
의미를 단순화하는, 점점 더 진부하고 고지식한 시도로 보이기 시작했다.
한때 아무 일 없이 Blake에게 공존하였던 지식에 대한 믿음과 이성이 균형

을 잃어버린 것이다.

더 정확히 본다면, 다른 두 앎의 범주가 붕괴된 것이다. 영어로 이를 지적하기는 꽤 어렵다. 왜냐하면 다른 언어는 두 개 또는 그 이상의 다른 범주를 가리키는 용어가 있는 반면, 영어는 **지식**^{knowledge}이라는 말로 모든 형태의 앎을 나타낸다. 예를 들어 프랑스어 *connaisance*와 *savoir*는 둘 다 영어로 knowledge로 번역되지만, 다른 것을 가리키는 말이고 대부분의 영어 사용자에게 그 다른 차이가 쉽지 않다. Connaisance는 개인적으로 의미가 있는 상황에서 사용된다. 'Je le connais'('나 그 사람 알아, I know him')라는 문장은 친숙함에서 나아가 잘 알고 있음을 나타내는 말이다. 반면 savoir는 구체적인 사실을 알고 있음을 말할 때 사용한다. 'Je le sais'(대략 '나 그거 알아, I know that'의 의미)라는 문장은 어떤 정보를 인식하고 있다는 개념이다.

지식의 범주에 대한 이러한 구별이, 영어에서는 그렇게 분명하게 형성되지 않았지만,[2] 서양 사상사에서 중요한 역할을 하였다. 실제로 유사한 구별

---

1) 윌리엄 블레이크의 1795년 작 '뉴턴'

뉴턴은 몸을 완전히 굽힌 채 바닥의 종이에 컴퍼스로 그린 도형을 쳐다보고 있다. 실제 그 자세로 도형을 그린다면 허리는 끊어질 듯하고 얼굴에는 피가 쏠릴 것이다. 블레이크가 뉴턴에 대한 존경의 뜻으로 그린 그림이 아님을 시사한다. 그림에서 뉴턴은 단순한 도형이 세상의 이치를 담은 진리라고 믿는 듯 진지해보인다. 블레이크는 뉴턴이 복잡한 세상을 기하학으로 표현할 수 있다고 믿은, 단순한 사람이었음을 전하려는 속셈이었다. 블레이크는 '신이여, 제발 우리를 깨어 있게 해주옵소서. 외눈박이 시각과 뉴턴의 잠으로부터….'라고 뉴턴을 비판했다(신성미, 동아닷컴, 2012.12.22, http://news.donga.com/).

이 지난 수천 년간 가장 중요한 철학의 변화 중 하나에서 중요한 위치를 차지하였다.

계몽주의 시대 이전에는 종교적이거나 신비주의적 앎과 논리적이고 합리주의적인 앎이 공존하는 데 어려움이 거의 없었다. 역사적으로 두 가지 양식 모두 불필요한 것이거나 모순되는 것이라기보다는 필수적이고 상호보완이 되는 것으로 보았다. 그들이 아무 이상 없이 공존할 수 있었던 핵심은 그 각각이 적용될 수 있는 영역을 나눈 분명한 구분, 말하자면 이분법적 사고였다. 고대 그리스에서는 **그노시스**와 **에피스테메** 둘을 나누었다. 그노시스는 불어의 *connaisance*, 그리고 신비적이고 종교적인 믿음의 영역에 해당하는 것이며 존재의 문제와 의미의 물음에 대한 것이다. 형상의 창조와 창조적 해석을 보증하는 공예품 등 **포이에시스***poiesis*와 관계된 것이다. 논리적이고 합리적인 사유 양식에 기반을 둔 일상의 앎인 에피스테메는 이 세상이 어떻게 돌아가는 것에 대한 실용적인 문제에 초점을 맞춘 것이다. 오늘날 사용하고 있는 단어인 *technique*와 *technology*에 그 원래의 의미가 잘 보존되어 있는, 직업적 지식이나 기술을 말하는 **테크네***techne*2)로 알려진 생산의 방식과 관련된 것이다.[3]

---

2) techne는 일반적인 규칙(rule)에 관한 지식에 따라 일정한 기술(skill)에 입각한 인간의 제작활동 일체를 가리키는 것이었다. 쉽게 말하면, 인간이 무엇인가를 만들어내는 production 및 manufacture 활동 전부를 techne라고 부른 것이다. techne라는 활동을 위해서는 솜씨뿐 아니라 기술도 필요했다. 그리하여 생산 및 제작의 기술이나 규칙에 정통하는 지식도 역시 techne의 범주에 속했다. 그리고 techne 활동들은 정의 속에 규칙이란 개념이 반드시 포함되어 있어서 모두 합리적인 성격을 지니고 있었다. … 지금의 art에 속하는 활동들이면서 당시 techne라고도 불렸던 것들은 회화와 조각, 건축 등이었다. 또한 의술이나 용병술 또는 항해술, 웅변술, 기하학 등의 기술적 활동이나 지식은 지금 art의 영역에 속해 있지 않은 것으로 간주되지만 당시에는 techne라고 불렸다. 반면 지금의 art에 해당하는 시와 음악, 무용 또는 춤, 연극 등은 당시 techne에 속하지 않

그노시스와 에피스테메는 원래 반대되는 것이 아니었다. 그들은 서로 다르면서 겹쳐지지 않는 목적에 사용되는 것으로 이해되었고, 따라서 모두 필요한 것이었다. 그것이 1600년대에 극적으로 변하였다. 철학의 새로운 사조가 등장하여 서로를 맞서게 하였고, 합리적 사고와 관련된 에피스테메가 승리하는 것으로 나타났다. 그럼에도 불구하고 동시대의 신비주의와 종교의 사조가 보여주듯이, 그노시스에 해당하는 정신적 진실에 관한 관심은 결코 없어지지 않는다.

이 장의 주요 목적은 이러한 구별을 탐색하고 한때 보완적이었던 그노시스와 에피스테메의 관계가 현재의 적대적 관계로 전환된 것에 대해 조사하는 것이다.

그노시스:
지식과 의미

우선 지적해야 할 것은 역사적으로 그노시스와 에피스테메에는 다른 존재 방식에 대한 설명이 이루어졌다는 것이다. 그노시스는 존재의 의미에 초점이 맞춰진 것이며 좀 더 시적인 장르와 가까운 것이고, 신화, 우화, 은유, 풍유, 의인화, 비유 등 인간이 명시적이고 직접적으로 이해하는 능력을 넘어선 어떤 것들이 있다는 것을 인정하는 상징적 도구들과 관련이 있다. 실용적이고 일상적인 문제와 더 관련이 있는 에피스테메는 연쇄적인 선형

앗다(두유, '예술의 어원-art(아트), techne(테크네)와 musike(뮤지케)의 사이 어디', http://blog.naver.com/PostList.nhn).

적 추론 및 문자적 표현과 더 잘 어울리는 것이었다.

신화나 우화와 같은 상징적 이야기들은 사실이 중요한 것이 아니다. 역사적으로 그것들은 우주, 생명, 인간, 그리고 문명의 근본을 되돌아보는 데 사용되어왔다. Joseph Campbell은 우리가 신화를 통해 우리 존재의 근본과 접하게 된다고 말하였다.[4] 실제로 신화는 인간이 어떻게 해야 하는가를 알려주며, 논리와 이성으로는 할 수 없는 방식으로 우리로 하여금 비유, 상징, 그리고 은유들을 사용하여 의미가 무엇인지 알게 해주는 힘이 있다. Karen Armstrong이 더 발전시킨 바와 같이 한 사회의 신화는 그 구성원들에게 일상생활에서 일어나는 사건들의 의미를 부여하여 집단의 영속성과 보편성을 유지하게 해준다.[5] 신화는 그럴듯한 우주의 모습을 제공하여 윤리적·교육적·사회적·심리적 목표를 세우게 해준다. 예를 들어 신화는 옳고 그름의 윤곽을 제시하고, 상과 벌을 약속함으로써 사람들로 하여금 행동의 기준을 지키도록 고무한다. 신화는 한 사회에서 체계적인 규범을 만들어 구성원들이 어떻게 규칙을 지켜 자신을 발전시켜갈지에 대해 가르친다. 마치 삶 속에 규정되어 있듯이 신화 속에 묵시적으로 존재하는 이러한 규범들은 사회적 결속과 집단의 효율성을 촉진시킨다. 신화는 사람들에게 이 세상을 해석하는 도구만이 아니라 이 세상을 변화시키는 도구도 제공한다.

그렇다면 결국 그노시스는 맥락을 만들고 목적을 설정하며 의미를 부여하는 이야기를 통해 이루어지는 거대한 물음과 관계된 것이다. 요정이 나오는 동화, 민속 신앙, 그리고 다른 대중적 이야기와 같은 형태들은 깊은 통찰과 집단적 문화, 그리고 생물학적 역사가 보존된 것이다.[6] 쉽게 예측할 수 없는 자연의 힘을 사람과 매우 유사하게 의인화하고 신격화하는 것은 인간이 어찌할 수 없는 사건들을 감수하고 설명하는 데 유용한 상징적 도구이다. 넓게 보면, 다양한 형태의 시각 예술과 공연 예술도 그러한 목적을 위해 사용된다.

오늘날 에피스테메 중심의 학문 세계에서 예술은 묘한 위치에 있다. 실제로 나 자신도 그림, 연극, 음악 또는 다른 예술 작품을 접했을 때 늘 처음 떠오르는 생각은 작가의 의도가 무엇인가 하는 것이다. 화가, 작가 또는 작곡가가 무엇을 말하고자 한 것인가?

이러한 질문은 예술가가 완성된 작품에 함께 짜여 있는 여러 요소들을 완전히 통제하고 완전히 알고 있다는 전제하에 성립하는 것이다. 그노시스가 에피스테메와 좀 더 균형을 이룬다면, 표현된 형태의 그림, 음악, 시, 우화, 그리고 조각품은 그렇게 좁게 해석되어서는 안 된다. 한 예술가의 개인적 의도라는 개념은 사실상 의미가 거의 없다. 다른 시대 다른 곳에 사는 사람들은 그러한 작품들이 개인적 견해를 표현했다고 보는 것이 아니라 집단적 의미를 만들려는 노력과 관련되었다고 볼 것이다. 신화와 같이 예술은 문자적 표현이 아니라 그 자신을 초월하려는 노력이며, 합리적 설명을 능가하는 순간과 사건으로, 우리로 하여금 가능성을 넘어서도록 하려는 것이다.[7] 철학자 Hans-Georg Gadamer는 예술이 예술이 되기 위해서는 2중의 기능을 충족해야 한다고 제안하면서 이 점을 지적하였다. 첫째로 **재현**^{represent}해야 한다. 즉, 예술을 접하는 사람에게 뭔가 익숙한 것을 떠오르게 해야 한다. 두 번째로 **표현**^{present}해야 하는데, 그것을 만든 예술가조차도 접근 못할 수도 있는 새로운 해석의 가능성을 표현해야 한다는 것이다.[8]

이 점은 지난 수천 년간 전해 내려온 문헌에 수록된 것처럼 더욱 먼 옛날에 성행한, 역사에 대한 태도에서 더욱 많이 볼 수 있다. 구술 역사가 처음으로 기록된 것을 보면 분명히 알 수 있듯이, 원래 과거에 대한 연대기적 기록은 연결되는 일련의 사건들이라는 관점에서가 아니라 때때로 암송과 주제로 표현된 영원한 진리를 명시하는 것이었다. 역사적 이야기들은 이러한 영원한 요소를 앞에 내세우기 위해 짜 맞춰진 것이다.[9] Herodotus의 『역사』가 하나의 좋은 예이다. 현대 사람이 읽으면 이러한 문헌은 아마도 잡담, 풍문, 그리고 공상을 포함하여 사실과 허구를 비연대기적으로 섞어놓은 잡동사니로 보일 것이다. 물론 이러한 오독은 훌륭한 역사는 실질적인 목적들을 꾀하기 위해 일련의 사건들을 추려놓은 것이라는 근대적 전제에 바탕을 둔 것이다. 다음 장에서 논의하겠지만, 고대 문헌을 문자 그대로 읽는 현대적 경향, 즉 에피스테메에 의한 그노시스의 배제는 그들 자신의 역사를 전혀 모르는 사회적·종교적 흐름이 형성되었기 때문이다.

그렇다면 그노시스는 존재를 이해하기 위한 노력으로 다양한 상징적 도구를 이용하는, 사고의 한 방법으로 이해되어야 한다. 그림, 조각, 음악, 그리고 의식 공연과 같은 표현 형태와 같이 신화나 풍유와 같은 그노시스의 요소들은 문자 그대로 해석하거나 분석적으로 읽으려 해서는 결코 안 될 것이다. 따라서 대홍수나 올림포스 신전의 신들을 입증하기 위한 역사적이고 과학적인 증거를 강요하는 것은 이러한 이야기들의 본성과 목적을 모르고 하는 짓이다. 그노시스와 에피스테메를 혼동하는 것이다.

실제 더 나쁜 것은 그노시스에 내재된 창조적 정신을 에피스테메의 경직된 기준에 맞추는 것이다. 신화는 엄격하게 문자 그대로 해석될 필요가 없다.

에피스테메 :
일상생활에 필요한 지식

그노시스가 지혜와 윤리적 행동을 지향하는 것이라면, 에피스테메는 이 세상에서 잘 살기 위한 합리적이고 실용적인 능력을 위한 지식이다. 어떤 의미에서 지식의 한 범주로서 에피스테메는 현세의 정보, 사실, 방법 등만을 다룬다. 또 다른 의미에서 에피스테메는 앎의 핵심이다. 결국 효과적이기 위해서는 어떻게 사물이 작동하는지를 어느 정도 기본적으로 알아야 한다. 그노시스가 초월적이고 직관적인 것의 깊이와 신비를 살피는 것이라면, 에피스테메는 경험의 직접적이고 의식적인 면에 초점을 맞춘 것이다. 에피스테메의 진실은 문자로 표현되고, 그 표현은 거의 언제나 선형적이고 원인 - 결과, 또는 가설 - 결과의 방식으로 진술된다. 숟가락을 떨어트리면 마루에 떨어지고, A가 C보다 큰 B보다 크면, A는 C보다 크다.

그노시스가 상징적 고안물과 예술에 의지하는 반면 에피스테메는 논리적 사고와 실용적인 방법을 더 좋아한다. 그노시스가 결국 사물의 이치를 되돌아보며 큰 질문을 던지는 식이라면, 에피스테메는 미래의 가능성에 대한 질문을 찾고 연구하는 것이다.

Armstrong은 고대에는 그노시스와 에피스테메 둘 다 필수적이었을 것으로 본다.

> 어느 하나가 없으면 다른 하나가 빈약해진다. 그러나 둘은 매우 분명히 달라 신비적인 담론과 합리적인 담론을 혼동하는 것은 위험하다. 그 둘이 하는 일은 다르다.[10]

그노시스의 이야기 짜임새와 은유적 기반은 에피스테메의 인과적 짜임새와 논리적 기반을 보완해준다. 에피스테메 지식의 범주는 실용적인 문제에 매우 많이 사용되지만, 비극이나 도덕, 그리고 가치를 이해하는 데는 도움이 안 된다. 그러나 이러한 에피스테메에 대한 한계가 17세기와 18세기에 제거되었다.

이러한 변화는 수학자이면서 철학자인 René Descartes(1596~1650)의 저작에 의해 가장 분명하게 이루어진 것으로 보인다. 그는 종종 근대철학의 **핵심적인 창시자**로 불린다. 실제로 데카르트는 에피스테메와 그노시스의 균형을 무너뜨렸을 뿐 아니라, 에피스테메 그 자체만으로도 충분하게 만든, **인식론적 전환**이라고 하는 대중적 정서의 광범위한 변환을 이끌어낸 많은 사람들 중의 하나다. 이성의 빛은 이 세상을 해석하기 위해 별로 중요하지도 않은 민속신앙의 도움을 받을 필요가 없어진 것이다. 이러한 관점은 몇 명만 예를 들면, 영국의 Francis Bacon, George Berkeley, Thomas Hobbes, David Hume, John Locke, 그리고 독일의 Immanuel Kant, Gottfried Wilhelm von Leibniz, 네덜란드의 Hugo Grotius, 이탈리아의 Galileo Galilei 등과 같은 선각자들도 공유하였다.

데카르트는 1637년 『방법 서설*Discourse on Method*』[11]에서 전개된 위대한 통찰을 통해 엄격한 논리가 가진 힘을 인정하였다. 이러한 추론의 방식은(처음의 가정이 올바르다면) 정확한 결론을 가져올 뿐 아니라 진정한 학문에서 엉터리 신비주의를 제거하는 것이었다. 데카르트는 당시의 과학을 합리적 주장, 전해 내려오는 주장, 그리고 신비주의적 실념론이 혼동된 것으로 보았다. 그의 계획은 거짓으로부터 진리를 퍼내오는 것이었다. 그리고 그는 유클리드 기하학을 전형으로 한 논리적 접근을 도구로 삼았다.

당시 데카르트의 작업은 완전히 고대 그리스에 뿌리를 둔 것이었다. 그가 과학적 통찰의 기반에서 상징과 예술을 제거하였지만, 지식의 범주로서 그노시스를 제거하지는 않았다. 더군다나 지식은 앎의 주체와 독립된, 이미 만들어져 존재하는 비물질적 형태라는 문화적으로 고착화된 형이상학적 전제에 의문을 갖지는 않은 것으로 보인다. 그는 플라톤이나 아리스토텔레스와 마찬가지로 확실하고 영원한 것에 도달하기 위해서는 오로지 단련된 정신이 있어야 한다고 생각했다. 그 핵심은 **분석적 방법**^{analytic method}이다. 그리스어 *analusis* '분해하다^{dissolving}'에서 유래한 분석적 방법은 진리에 도달하기 위해서는 모든 명제를 그 뿌리가 되는 전제까지 환원하여 확고한 지식의 체계로 재조립하는 것이다. 이것이 바로 보편적 법칙, 기본적 입자, 즉 기초를 연구하는 방법이다.

데카르트는 17세기 초에 이러한 주장을 하였다. 19세기 초에 이르자 분석적 방법에 대한 확신은 극도에 이른다. 이는 수학자 Pierre Simon de Laplace의 거침없는 주장에 분명히 나타난다.

> 어느 순간의 자연계를 움직이는 모든 힘과 모든 물질의 위치를 파악하는 지적인 존재가 있다고 하면, 충분히 거대한 지적인 존재가 이러한 자료를 분석해 들어간다면, 이 지적인 존재는 우주의 거대한 운동과 가장 가벼운 원자의 운동을 하나의 공식으로 통합할 것이다. 이 지적인 존재에게는 확실하지 않은 것이 없을 것이고 그에게는 미래도 과거도 현재와 같이 다 보일 것이다.[12]

이 문장은 우연은 결코 없다는 결정론의 전형적인 주장으로 종종 인용된다. 앞으로 일어날 모든 일은 이미 이루어진 것에 의해서 분명히 진행될 것이다.

그노시스와 에피스테메의 관계에서 보면, 라플라스 말이 진실로 중요한 것은, 미래를 결정된 것으로 볼 뿐 아니라 전통적으로 그노시스의 영역인 과거도 결정된 것으로 본 것이다. 이 인용문은 '충분히 거대한 지적인 존재'라는 어떤 상위의 존재에 대한 여지를 남겼지만, 그러한 존재는 우주의 법칙에 의해 만들어질 것임이 명백하다. 결정을 내리고 말 것도 없다. 미래는 물론 과거도 현재에 의해 결정된다. 논리적 사고는 현재의 모든 것을 풀어 인생의 의미를 추론하는 데 부족함이 없어진 것이다.

그 당시 데카르트의 분석적 방법이 지식과 진실에 다가가는 유일한 새로운 방법은 아니었다. Francis Bacon(1561~1626)은 1620년 그의 『신논리학 *Novum Organum*』[13]에서 비록 동일한 형이상학적 전통에 머물렀지만, 방법적으로 정반대의 관점을 제시했다. 베이컨은 확실성에 이르는 유일하고 신뢰할 만한 방도로 주의 깊고 통제된, 그리고 언제나 반복할 수 있는 실험을 주장한다. 합리주의와 경험주의의 긴장이라고 대중적으로 알려진 이 문제는 7장에서 핵심적으로 다루어질 것이지만, 여기서는 데카르트의 합리주의와 베이컨의 경험주의가 실로 같은 인식론의 가지에서 뻗어 나온 것임을 강조하고자 한다. 둘 다 신비주의와는 거리가 멀고, 둘 다 고대 그리스의 형이상학에 뿌리를 둔 것이며, 그리고 둘 다 우주의 작동을 결정하는 것으로 보이는 기본 원리를 밝히고자 했던 것이다.

같은 뿌리,
다른 가지

그노시스와 에피스테메의 개념은 처음에는 우주를 완전하고 미리 계획된 것으로 본다는 전제 하에 정해진 것이다. 지식의 두 범주가 보완적이기보다 모순적으로 보이기 시작할 때조차 내걸린 형이상학적 전제는 계속 지배하고 있었다.

그들의 공통된 개념적 기원의 몇몇 흔적은 여전히 그들이 공유하고 있는 은유에 어느 정도 분명하게 나타나고 있다. 예를 들어 빛[light]과 전망[vision]에 기초한 개념들은 그노시스와 에피스테메를 묘사하는 데 많이 사용되고 있다. 빛[light]으로서의 진리[truth], 통찰, 꿰뚫어보다[insight]는 의미의 이해[understanding], 설명하다[illuminating]는 의미의 교수행위[teaching], 보게 되다[come to see]는 의미의 학습[learning], 총명함[brightness]이라는 의미의 지성[intelligence], 밝기나 탁월[brilliance]이라는 의미의 재능[genius], 관점이나 시각[perspective]이라는 의미의 의견[opinions] 등이 있다. 빛에 관한 이야기가 둘 모두에게 중심이라는 것 또한 놀라운 일이 아닐 것이다. 예를 들어 그노시스를 옹호하는 신화에는 어둠으로부터 빛을 구한다든지, 불의 선물 등의 얘기로 가득 차 있다. 따라서 과학의 역사에서 뉴턴의 빛의 성질, 모순적인 이해로 보일 수 있는, 빛이 파동이나 입자 모두가 될 수 있다는 것, 또는 아인슈타인이 빛의 속도(c)를 그의 공식($e=mc^2$)에서 질량과 에너지에 연결시킨 것에 유의하는 것이다.

그노시스와 에피스테메는 핵심적인 은유, 특히 역동성을 묘사할 때 사용하는 개념을 중심으로 갈라진다. 초월성과 복잡성에 관계된 그노시스는 생장이나 뒤얽힌 관계, 어떤 의도 등을 말하는 생명에 대한 은유나 의인화에

보다 경도되는 경향이 있다. 본래 일상생활의 방법에 관계된 에피스테메는 보다 기계적인 은유에 경도되는 경향이 있다. 데카르트는 생물적인 개념을 무시하는 것에 의해 이러한 습성을 유지하여 우주와 건강한 인간을 잘 만들어진 시계에 연결시켰다. 당시 시계는 가장 진보적인 기계 기술이었다. 그러한 흐름은 오늘날에도 계속된다. 종종 실제처럼 적용되는데, 컴퓨터가 우주와 인간의 생각을 비유하는 데 많이 사용된다.[14]

그노시스와 에피스테메는 언어에 대한 관점 또한 달리한다. 문자와 관련된 사실에서 에피스테메는 어휘의 기능적인 측면을 묘사한다. '생각을 글로 적으시오'나 '올바른 말을 고르시오'와 같은 평범한 어구가 분명히 보여주듯이 에피스테메를 염두에 둔 생각은 이 세상과 이 세상에 대한 사람의 생각은 별개의 것이고, 이 세상은 그것을 표현한 말에 의해 영향을 받지 않는다. 이러한 믿음은 언어의 '대응 이론*correspondence theory*'을 암시한다. 말은 실제로 의미의 작은 조각들을 담아 말하는 사람들 사이로 전달되는 이름표인 것이다. 이러한 개념은 진실은 저 밖에서 적절한 어휘의 그물에 의해 포착되기를 기다리고 있다고 보는 것과 같다.

논의한 바와 같이, 그노시스는 언어에 대한 보다 시적인 관점과 관련된다. 신화나 우화의 요점은 세상에 이름표를 붙이는 것이 아니라 이름 붙여진 세상의 의미 있는 배경을 엮어나가는 것이다. 이러한 목적을 위한 말 만들기는 *spelling*이나 *grammar*와 같은 단어의 역사가 보여주듯이 어떤 종류의 신비로운 힘[15]을 가진 것으로 종종 생각되었다. 마법의 주문이라는 뜻과 한 단어를 이루는 문자의 순서라는 두 개의 뜻을 가진, 고대에서 내려온 두 개의 의미를 가진 spell은 단어가 어떤 힘을 가졌다는 믿음이 있었음을 암시한다. 이제는 비록 일상용어에서 사용하지 않지만, 중세 영어에서 *grammarye*가 '마술을 거는 힘spell-casting power'이라는 의미를 가진 것을 보면, *grammar*의 경우도 유사하다. 이러한 사례는 무엇인가에 대해 말할 때 늘 조심하라는 충고에 담긴 의미처럼 무엇인가를 만들어내고 변형시키기도 하는 말의 힘에 대한 믿음을 보여주는 것이다. 이러한 충고는 거의 모든 전통적인 서양 종교에서 눈에 띄며 맹세와 저주를 둘러싼 금기의 기반이 되는 것이다. 이러한 관점과 다른 것은 역시 언어의 대응 이론에 기초한 에피스테메와 관련된 것에서 온 것이다(언어의 다른 이론과 관련된 논의는 11장을 보라).

두 지식의 차이점을 보여주기 위한 다른 방법은 그노시스-예술과 에피스테메-과학 전통 내에서 제기된 문제의 종류를 대비시켜 보는 것이다. 전자의 경우 좋은 문제 제기는 의미 및 지혜와 관련된 것이다. 그러한 것이 바로 답이 나오는 것은 아니라 할지라도 적절한 행위나 특정 환경에서의 바른 삶을 지향하게 되는 것이다. 후자는 지혜와는 덜 관련이 있고 능력이라는 문제에 더 초점이 맞추어졌다. 여기서 좋은 문제 제기는 확실한 답이 있는 것이고, 그 답을 안 사람이 환경을 더 훌륭하게 통제할 수 있게 하는 것이다. Morris Berman은 근본적인 문제 제기가 다른 것으로 변했다고 보는 관점에서, 17세기에 시작된 집단적 정서의 변화에 대해 묘사하였다. 그것은 그노시스와 관계된 '왜?'라는 질문은 시대에 뒤진 것이 되고, 에피스테메와 관련된 '어떻게?'라는 질문이 점점 중요시되었다는 것이다.[16] 나아가 Berman은 20세기에 '어떻게?'가 우리의 '왜?'로 되었다고 주장한다. 그 대신 그노시스-예술은 '우리가 해야 하나?Should we?'라는 질문과 관계되었을 것이고, 에피스테메-과학은 '내가 할 수 있을까?Can I?'라는 질문과 관계되었을 것이다.

이러한 질문의 주체인 그노시스의 *we*와 에피스테메의 *I*는 하나 이상의 공통된 전제와 분지된 결론의 범주가 있음을 나타낸다. 형이상학적 전통에서 신비주의와 합리주의 모두 인간 개인을 힘과 실존의 기본적인 단위로 본다. 실제 *individual*이라는 단어는 문자 그대로 '분할 불가능indivisible'이나 '환원 불가능irreducible'을 의미한다. 그것은 처음에 수학 용어로 표명된 개념으로, 모든 합성수는 소수의 곱으로 나타낼 수 있고, 소수는 나누어질 수 없다는 고대의 발견과 연관된 것이다.[17] 우주가 수로 엮어져 있다고 보는 우주론이나 수에서 우주가 자아졌다고 보는 어떤 입장에서는 개별성이라는 개념은 본질 개념과 연결된다. 인간에게 적용하면 분할 불가능성 – 개별성을 상정하는 기획은 주체의 환원 불가능성만을 의미하는 것이 아니라 관념적으로 주체를 이상적이고 영원한 것으로 보는 것이다.[18]

인간을 개인의 관점에서 생각하는 경향은 계속 성행한다. 사실 개별성을 전제로 하는 것은 데카르트 철학의 기반이다(7장을 보라). 그노시스와 에피스테메에서 개인의 지위는 약간 다르다고 한다. 의미에 초점을 맞춘 그노시스는 개인을 신성으로 충만한 우주에 참여하는 자로 만든다. 개인에 초점을 맞추지 않는다. 개인은 우주적 드라마의 많은 연기자 중의 하나다. 그노시스는 *I*보다는 *we*를 강조한다. 신화의 중심적 역할의 하나인 문화적 서사, 그리고 그노시스의 다른 도구들은 사회, 문화, 그리고 환경 내에서 이루어지는 행위의 틀을 만든다. 대조적으로 에피스테메에서 개인은 이 세상과 절연되고 다른 사람들과 분리된 것으로, 더욱 더 이분법적 관점으로 해석된다. 에피스테메를 지향하는 담론에서 집단의 한 부분으로 여겨질 때조차도, 19세기와 20세기에 걸친 많은 사회학적이고 경제적인 연구에서 보여주었듯이, 개인은 하나의 기본적인 입자로 취급된다. 사실은, 그리고 사용 중인 기계론적인 비유와 부합하여 사회학, 그리고 경제학 연구자들은 종종 물리학자와 화학자들이 원자와 분자의 상호작용을 묘사하기 위해 사용한 확률론적이고 통계적인 도구와 동일하거나 유사한 종류를 자주 사용하였다. 최근까지도 에피스테메의 규칙 하에 사회적 집단은 주로 응집된 *we*라기보다는 *I*들의 합이라는 관점에서 보아왔다(이러한 특별한 주제를 둘러싼 정서의 변화에 대한 논의는 10장을 보라).

열거된 상호 보완성과 차이는 여러 가지 면에서 논의할 여지가 있는 것들이다. 적어도 현대 영어에서 데카르트와 그의 동시대인들에 의해 촉진된 그노시스에 대한 에피스테메의 선호는 분명하다. 특권적 수단으로서의 에피스테메가 그노시스를 잠식했을 뿐 아니라 용어를 없애버렸다. 그노시스에서 유래한 *knowledge*라는 단어는 그리스 사람들이 에피스테메와 관련시킨 그러한 종류의 앎을 주로 가리키는 데 사용된다. 실제로 '지식 산업', 그리고 '지식 기술자' 같은 말이 보여주듯이 그 말은 **함** ^{doing}보다는 오히려 **자료** ^{data}나 정보와 동의어로 자주 여겨진다.

이점에 대해 부언하기 위해, 그노시스에서 온 다른 말인 **인식** ^{cognition}이라는 단어를 생각해보자. 그노시스는 모든 다른 사물과 함께 우리가 거대한 색실 주단에 얽혀 있는 방법, 즉 우주의 짜임새를 가리킨다. 그러나 그렇기는 커녕 반대의 극단에서 인식은 이제 실제 세계와 동떨어진 주관으로 머릿속에 사로잡힌 기계적인 과정이라는 관점에서 가장 많이 이해된다.

현대에 와서 그노시스가 에피스테메의 그늘로 떨어져 버렸다 하더라도 집단의 정신에서 지워진 것은 분명 아니다. 이 점은 현재 그노시스에 대한 초월적 관심으로부터 나오는 교육적 규범과 아울러 신비주의적이고 종교적인 믿음 및 에피스테메에 대한 실용적 관심을 검토해보면 매우 분명해진다. 이것이 다음 6개 장의 주제이다.

이 장은 형이상학적 전통에서 갈라져 나오는 지식의 개념에 관한 것이다. 이는 보다 창발적이고 진화론적인 정서에 의해 촉진되는 지식의 다양한 개념에 대해 살펴보는 10장과 대비되는 내용이다. 이는 또한 그노시스(4장) 및 에피스테메(7장)와 관련하여 우리가 어떻게 알게 되는가, 즉 학습과 지식의 생산을 둘러싼 신념에 대한 논의를 위한 것이다. 이 각 장은 학습의 다양한 개념에 뿌리를 둔 교수행위에 대한 여러 가지 논의를 소개하는 역할을 하고 있다.

더 나아가 에피스테메와 그노시스의 분리에 의해 짜 맞추어지지 않은 세계관이 특히 14, 16장 등 이 책의 말미로 가면서 다루어지고 있다.

그노시스:
신비주의 V 종교

언뜻 보아, 근대 과학을 등장시킨 경로를 조사하기 전에 영성과 관련된
사상의 갈래에 대해 논하는 것이 이상하게 보일 수 있다. 어떤 전문적인 연
구 학회지의 내용을 조사해보아도, 신비주의와 종교는 단지 사라진 것이
아니라, 지식과 학습 및 교수행위를 둘러싼 현대 학문에서 이상한 것이 되
어버렸다.

실제로 신비주의에 대한 믿음은 여전하다. 교수행위와 학습에 대한 관점
도 마찬가지로 이 세상과 지식의 본성이 무엇인지에 대해서는 고대적 믿음
에 뿌리를 두고 있다. 예를 들어 최근의 통계 자료에 의하면 미국인의 90%

가 기적을 행하고 기도를 들어주는 인격신이 있다고 믿는다. 그리고 30% 가까이가 인간이 진화한 것이라는 사실을 완전히 부정한다.[2] 1975년에 이루어진 신비주의에 대한 어떤 연구에 의하면 미국인의 35% 이상이 자아를 초월하게 하는 영적인 힘을 경험했다고 한다.[3] 엄밀한 자료는 아니지만 해리 포터,『반지의 제왕』, 판타지 게임과 다양한 뉴에이지 사조의 흐름이 유행하는 것은, 신비주의가 사라지지 않는다는 것을 분명히 보여준다.

과학의 시대에 신비주의적 믿음이 활기차게 유지되는 것은 우리로 하여금 그노시스와 에피스테메가 대립한 기원을 살펴보지 않을 수 없게 한다. 원래의 약속과 달리 과학은 사물이 왜 존재하는가? 나는 왜 존재하는가? 아름다움이란 무엇이며, 사랑과 명예는 무엇인가? 등에 대한 **의미 있는** 답을 제공해주지 않는다. 반면 신의 개념은 답을 한다. 더더군다나 그러한 답은 스스로 조직화되는 세상의 질서가 서서히, 그리고 어떤 면에서 우연히 창발된다는 것에 대한 현대 과학의 설명보다 더 쉽게 이해된다.[4]

이 장의 주요 목적은 그노시스적 범주에 해당하는 지식에서 제기된 교수 행위와 학습에 대한 몇몇 관점을 해명함으로써, 우리는 어떻게 알게 되는가에 대한 문제를 둘러싼 신비주의적이고 종교적인 믿음의 역사적인, 그리고 현재의 스펙트럼을 살펴보는 것이다. 이 장에서 제시하는 두 갈래는 신비주의와 종교인데, 이는 동시대적이지만 영적인 사실에 대한 서로 다른 관점이다. 신비주의는 형이상학적 진리가 모든 형상과 현상에 원래부터 내재하고 있다고 보는 믿음과 밀접한 관련이 있다. 학습자는 직관적이고 초자연적인 방법 등으로 이러한 진리를 꿰뚫어본다. 반면 종교는 어떤 전지전능한 존재로부터 오는 진리를 중시한다. 이 경우 학습자는 신이 계시한 법과 식견에 복종해야 한다.

신비주의 :
직관에 의한 지식

초월적 영역에 대한 응시라는 개념인 직관적 인지는 인간의 실재에 대한 일상적 지각이 어떠한 것인가에 관한 독특한 관점이다. 인간의 지각은 잘못될 수 있고 신뢰할 수 없으며, 믿을 수 없는 것이 아니라면 쉽게 속을 수 있다. 이것이 정상적인 인간의 경험과 지각 능력을 넘어 존재하는 실재에 대한 믿음을 둘러싼 일련의 지각과 관련된 포괄적 개념으로서의 **신비주의** 관점이다.

신비주의는 매우 폭넓게 해석된다. 많은 기성 종교에서는 이러한 신비주의를 신비 요법 등으로 배척하고, 과학에서는 사람들을 혼란스럽게 하고 이상한 믿음에 빠트린다고 하여 조롱거리로 여긴다. 이러한 주장들에 대해 Evelyn Underhill은 신비주의와 관련된 그의 주저에서 다음과 같이 주장한다.

> *(신비주의는 - 역자) 하나의 의견이나 철학, 신비로운 지식을 추구하는*
> *것이 아니다. … 신비주의는 신의 완전한 사랑을 이루는 생명의 과정이*
> *며 … 절대자와 의식적으로 관계를 맺는 … 예술의 경지인 것이다.*[5]

절대성과 하나가 된다는 이러한 관념은 실제로 모든 서구 신비주의 전통에 공통된 것이다. 뒤에서 논의하겠지만 대부분의 비서구적 전통에서 이는 공통된 관념이다. 다음 장에서 논하지만, 이러한 많은 전통들은 초월적 목표 달성을 위해 잘 개발된 제도와 시스템을 갖추고 있다. 그리고 이와 같은 제도와 시스템은 지식과 학습 및 교수행위와 관련된 동시대의 믿음에 영향을 미쳐왔다.

서양의 신비주의는 의식이 있고 독자적으로 인격화된 그런 신보다는, 보다 범신론적 틀이기는 하지만 거대한 단일성, 절대성, 어떤 하나 또는 하나 됨을 추구한다. 신비주의적 전통에서는 단일성은 자연과 분리된, 자연보다 위에 존재하는 어떤 것이 아니라 자연 그 자체를 의미한다. 인간과 물질적 세상은 의도적으로 창조된 것이 아닌 신성이 표현된 것으로 본다.

서구의 신비주의는 대체로 피타고라스(기원전 569년경~475년경)로부터 온 것이다. 그는 자연과 수와 영혼의 신비주의적 연관을 주로 연구하는 철학과 신비주의(당시에는 이 둘의 구분이 없었다) 학교를 세웠다. 그러나 서구 신비주의에서 가장 중요한 인물은 영광스럽게도 피타고라스 사후 약 150년에 태어난 플라톤이었다. 실제로 서구 신비주의 업적은 대부분 **신플라톤주의자**의 것이 되었다. 신플라톤주의는 플라톤 사후 600년이 지난 기원후 3세기에 시작되었다. 신플라톤주의는 플라톤의 형이상학을 연구하여 종합하고 정교화는 것으로 시작하였다. 원래 그리스적인 것이었지만, 알렉산드리아, 이집트 등 여러 문화가 교류하는 곳에서 이러한 작업이 이루어진다. 따라서 로마, 유대, 동방, 그리고 여러 사조가 신플라톤주의로 나타난다. 훨씬 뒤인 15세기에 이르러 로마 가톨릭에서 절대적으로 받아들여져 기독교와 영향을 주고받는다.

신플라톤주의에서 궁극적이고 이상적인 실체는, 알 수 없는 무한하고 완벽한 하느님이다. 플라톤 철학과 달리 인간의 영혼은 이상 세계의 단순한 반영이 아니라 모든 존재를 포함하는 단일하고 거대한 질서의 일부분이 된다. 이상 세계와 물질계를 나누는 플라톤의 이분법적 사고는 특히 인간의 지각을 중심으로 계속된다. 신플라톤주의자들은 인간의 감각적 지각은 세속의 즐거움을 추구하는 것에 적합할 뿐, 믿을 수 없는 것으로 본다. 하느님을 알기 위해서는 신비적인 다른 수단이 필요하다. 의식적이고 스스로 판단할 능력이 있는 인간은 무지와 깨달음 두 가지를 모두 추구할 수 있다. **무지**^{*ignorance*}(어원이 말 그대로 'not gnosis'를 뜻하는)는 하느님과 분리된 잘못된 감각으로 육체의 타락한 욕망의 추구로부터 오는 것이다. 깨달음은 정반대로 절제를 통해 충만한 구원의 황홀경과 함께 오는 것이다. 즉, 신플라톤주의의 핵심은 플라톤의 이데아와 물질의 이분법에 따른 영혼과 육체의 이분법, 인간의 감각적 지각에 대한 뿌리 깊은 의심, 그리고 이 세상의 안락과 즐거움에서 분명히 벗어나야 기본적으로 감각에 의존한 존재로부터 자유로워질 수 있다는 확신이다(이 마지막 부분은 서구의 신비주의 및 종교 운동에서 공식적인 금욕주의로 다듬어진 것이다).

신플라톤주의의 주제는 신비주의이지만 그 뿌리와 방법은 원래 고대 그리스의 논리적 전통으로, 꽤 합리주의적이었다. 그러나 위 단락에서 서술한 것과 같이 신념 체계에 비해 논리는 부차적인 것이었다. 결국 수세기를 지나면서 신플라톤주의의 핵심적 논리는 많은 다른 문화로부터 온 다른 신비주의 전통이 문화적 신념 체계와 접목된 것처럼, 서서히 녹이 슨다. 이러한 전통에는 악마론, 점성술, 숫자 점, 예언술 등이 있다. 간단히 말하면, 합리적 방법에 대한 처음의 강조는 육체적인 것을 배제하고 정신에 대한 강조로 변형되었다. 이러한 정신과 육체의 급진적인 분리가 서양의 다른 유명한 신비주의와 가장 뚜렷이 구별되는 점이다.

이러한 움직임 중의 하나인 연금술^{hermeticism} 역시 기원후 알렉산드리아에서 등장한다(*hermeticism*이란 용어는 기원전 1400년에서 1000년 사이에 살았던 것으로 생각되는 고대 이집트 사상가 Hermes Trimegistus로부터 유래). 신플라톤주의와 마찬가지로 연금술 역시 알렉산드리아에 융성했던 다양한 문화들의 영향을 받았다. 신플라톤주의와 달리 연금술은 합리적 방법을 중시한 것이 아니었다. 오히려 절충주의적으로 다른 전통들을 탐구하고 받아들였다. 그래서 신플라톤주의와 연금술은 초월적으로 만물에 깃들어 있는 궁극적인 신성의 단일함을 포함한 몇 가지 핵심적인 주의와 전제를 공유하였다. 신플라톤주의와 유사하게 연금술은 인간의 위대함은 신성의 단일함에 귀속된다고 본다. 물론 그러한 과정은 상당한 노력을 필요로 한다. 유사성은 거기서 끝이다. 연금술의 신비적 절충주의에서 신성의 단일함으로의 귀속은 모든 사물을 조화롭게 포용하기 위한 것으로 금욕적이기보다는 낭만적인 것이다. 연금술은 초월적 영역에 이르는 길로 자기 부정이나 수행보다는 창조적인 변화를 제시한다.

대부분의 현대 서구 사람들은 연금술을 주석을 은으로, 납을 금으로 변화시키는 중세 시대의 기술로 알고 있다. 그러나 **연금술**은 인간의 영혼을 보다 높은 존재 형태로 변화시키는 신비주의적 기예였다. 연금술 또한 다른 여러 전통 중에서 도교 철학, 아리스토텔레스학파의 물질 합성 이론,[6] 중동의 천문학, 동양의 신비주의와 만나 알렉산드리아에서 발흥하였다. 연금술사들은 이세상이 본래 복잡하게 상호 연결되어 있다는 하나의 원리를 특별히 강조한 것이었다. 그렇다면 우주를 이해하기 위해서는 모든 사물의 깊은 연관성을 알아야 하는 것이다.

신플라톤주의와 연금술의 공통된 원리들을 강조해야 할 필요가 있다. 왜냐하면 그 원리들은 현재 다양한 신비주의적 실천에서 계속 등장하기 때문이기도 하고, 더 중요한 것은 현시대 지식과 학습, 그리고 개인의 정체성에 관한 논의의 배경이 되는 어떤 개념들을 명백히 제공하기 때문이다. 대부분의 대형 서점에서 신비주의 책이 과학책보다 더 많은 좋은 이유가 있다. 과학에서는 끝내 부정하지만, 이미 상식화된 원리들이 현재 대중적인 관심을 받고 있는 영적 교감, 초감각적 지각, 심령 현상 연구 등을 뒷받침하고 있기 때문이다. 지식이란 저기 어딘가에서 발견되기를 기다리고 있고, 마음속에 있어 읽혀질 수 있으며, 신체와는 관련 없는 정신적인 것이라는 확신은 모두 고대 신비주의 전통에서 말하던 것이었다.

종교:
계시를 통한 지식

학문적으로 종교가 신비주의와 다른 중요한 차이점이 있다. 종교는 지식이 내적 성찰을 통해 얻어지는 것이 아니라 밖에서부터(또는 더 일반적으로는 아마도 위에서부터) 강제로 주입되는 것으로 본다. 종교에서는 진리는 내재되어 있다가 발견되는 것이 아니라 신성이 계시되는 것이다. **근본주의**로 불리는 극단적인 대부분의 종교에서 신자들은 이러한 계시를 의심 없이 진실로 받아들여야 한다.

그렇다면 기성 종교에서 신비주의 운동을 반대해온 것도 놀랄 일이 아니다. 로마 가톨릭은 교회영지주의(Christian Gnosticism – 지식을 중시한 초기 기독교 시대의 이단 – 역자)와 신플라톤주의의 직관적 인지를 배척하였고, 정통 유대교는 유대교 신비주의를, 이슬람 주류는 이슬람 신비주의 수피즘을 배척했다.[7] 이러한 사례는 얼마든지 있다.

서구 주류 종교의 신은 창조주이면서 인간들의 일상에 개입하는 인격신이다. 유대교와 기독교, 이슬람의 신은 경전을 통해 세상과 교류한다. 신은 감정 등 인간의 성질을 갖고 있다. 이러한 인격신의 개념은 무엇을 믿든지 인간이 이해할 수 없는 궁극적 단일성을 상정한 신비주의와의 극적인 결별을 의미한다(신에 대한 불가지성은 동양적 세계관이기도 하다). 신의 개념이 인간이 이해할 수 없는 것을 상징적으로 나타낸 것인지, 경험적 실체를 나타낸 것인지는 여전히 다방면에서 논쟁 중이다. 종교에서 신개념은 모든 것을 설명해주는 것이다. 지식을 어떻게 알고, 윤리적 코드는 무엇이며, 율법체계가 어떠해야 하는지를 설명해준다.

물론 종교는 종교 그 자체로 시작된 것은 아니다. Karen Armstrong[8]이 상술했듯이 종교는 어떤 집단에서 숭배하던 것을 다른 집단이나 문화도 숭배하게 되고, 그 범위가 넓어지면서 다른 신념체계와 경쟁하고, 제도화되고 종파와 분파로 나누어지기도 한다. 달리 해석되기도 하고 새로운 문화적 감성에 적응하면서 변화한다. 신비주의적 전통에 비해 종교는 중요한 목적을 사회적으로 설정하는 데 기여하는 생각을 야기하면서 개인보다 집단에 초점을 맞추게 한다. 종교는 통상 신화의 공유를 통해 법과 도덕의 기반이 되어, 이기적이고 개별적으로 생각하기 쉬운 개인들을 집단으로 결속시킨다.

서양 종교의 공통된 특성에 대한 많은 저술이 있다. 최근의 저술은 주로 Carl Jung(1875~1961)의 풍부한 저술과 그를 이은 Mircea Eliade와 Joseph

Campell 등의 영향을 받은 것이다. 그들의 저술에서 말하고 있는 종교의 원형[9]은 역사 창조, 기적, 천상 세계에서 인간 세상이 분리되는 사건, 구속 사업, 묵시록 등을 그 특징으로 갖는다. 이 세상이 어떻게 만들어지고 어떻게 끝나며, 악이 어떻게 흥하고 어떻게 퇴치되고 하는 것이 연속적인 개념을 지향하는 신비주의적 설명과는 대조적으로 거의 언제나 적대적이거나 이분법적인 틀로 구성된다. 신화는 이러한 적대를 화해시키는 장치이다. 예를 들어 예수의 이야기는 순결한 신과 타락한 인간성과의 극복할 수 없는 차이의 틀로 구성된다. 예수는 인간이면서 동시에 하느님이기에 인간으로서 죽기도 하고 부활을 통해 영생을 얻기도 하는 것으로 해법을 제시한다.

이러한 주제는 서양 종교들에 반영된다. 사실 그러한 주제들은 동양의 마음챙김 전통이나 고대 서구의 신비주에도 풍부하다. 예를 들어 불교도 인간 고통의 근원인 욕심을 마음챙김이나 연민을 통해 제거하는 구원을 제시한다. 이러한 실천을 통해 사람은 우주와 하나 되는 숭고하고 적실한 상태에 더 가까이 갈 수 있는 것이다.[10] 인간 구원의 역사에서 등장하는 위대한 영웅과 신으로 그리스의 디오니시우스, 이집트의 오시리스, 시리아의 아도니스가 있다.

유일신을 믿는 서양과 근동의 주요 종교인 유대교, 기독교, 이슬람교는 몇 가지 심오한 것을 공유한다. 아마도 가장 중요한 것은 물질계로부터 분리된 초자연적인 최상의 존재로부터의 계시를 모두 중시한다는 것이다. 동시에 이 종교들은 모두 신을 의인화한다. 사실 다소 역설적으로 신은 현실적이고 육체적인 존재로 묘사되고 그림으로 표현되기도 한다. 신의 궁극적 본질은 인간이 결코 이해할 수 없다는 비중 있는 학문적 해석과 함께 이러한 주제에 대한 신학적 논쟁은 다양하게 전개되어왔다.

그러나 인간이 노력해도 표현할 수 없는 신의 개념에 대한 논의는 신학 밖에서는 매우 드문 것이다. Armstrong 등이 말한 그노시스와 에피스테메의 붕괴와 연결되면서,[11] 대중들은 신과 신의 말씀을 더욱 더 자구적으로 해석하게 되었다.

전 장에서 논의한 바와 같이 특히 과학을 지향하는 문화에서 등장한 합리주의적 방법으로 인해, 정신적 지식인 그노시스와 일상에서 필요한 방법적 지식인 에피스테메가 더 이상 정연하게 분리되어 진행될 수 없게 되었다. 지난 수세기 동안 서양에서 종교적 문헌들은 과학적 문헌들과 같이 논리적으로 분석되고 자구적으로 해석하는 식으로 읽혀져왔다. Armstrong 은 이러한 흐름에 대한 자세한 논의에서 유대교, 기독교, 그리고 이슬람에서 근본주의 분파들이 등장했다는 주목할 만한 설명을 제시한다.[12] 그 당시 세계 도처에서 근본주의자들이 종교적으로 부각되었고 정치적인 세력으로 등장하였다. 예를 들어 신도 1,500만 명의 가장 큰 기독교 종파인 미국의 남부 침례교에서 성경의 자구적 해석을 봉헌하였다. 일부 아랍국가가 이슬람 근본주의 종파에 의해 지배되고 있다. 이스라엘에서는 근본주의 종파가 그 신도 수에 비해 높은 비율로 정부에 입각하고 있다.

이러한 배경과 달리 **근본주의**라는 말이 최근에 등장한 용어라는 것에 주목할 필요가 있다. Armstrong에 따르면 근본주의라는 용어는 1920년대에 와서야 사용된 것이다. 단어가 종교적이 아닌 철학적인 말에서 유래된 것이라는 사실 또한 흥미롭다. 7장에서 더 논의하겠지만 기초니 근본이니 하는 개념은 모세나 예수 또는 마호메트보다는 플라톤이나 데카르트의 것이다. 인류가 쌓아온 어떤 업적보다도 현재의 근본주의는 내가 이 책에서 구성하고자 하는 수형도와는 어울리지 않는다. 이 경우의 이미지는 마치 딱딱한 뼈와 같은 것이다. 반면 수형도에서 갈라진 많고 많은 가지들은 겹쳐지고, 얽히고, 맞물린다.

같은 뿌리, 다른 가지

직관에 의한 지식을 주장하는 신비주의와 계시를 통한 지식을 주장하는 종교 모두 초월적 단일성을 상정한다. 신비주의는 신성이 모든 사물에 충만해 있고 현현하거나 모든 사물에서 신성이 나타난다는 식으로 얘기한다. 반면 종교는 통상 초월성을 이분법적 틀에 짜 맞춘다. 따라서 종교적 신화는 타락과 구원의 스토리 모두에서 중요한 내용이 될 수 있다. 공식적인 용어 사용에서 신비주의는 범신론, 종교는 유신론을 지칭하는 것으로 보인다. 신비주의에서 초점은 사물들 간의 긴밀한 연관이고, 따라서 지식은 주의 깊게 노력해야만 찾아지는 것이다. 종교를 믿는 사람들에게 지식은 발견되는 것이 아니라 주어지는 것이다.

역사적으로도 그렇고 현재에도 신비주의가 보다 더 독자적인 사고에 가치를 부여한 반면 종교는 사회적이고 문화적인 질서를 지향하기 때문에 종교가 신비주의보다 문화적으로 우월적 지위를 점해온 것은 당연하다(**이단**heresy은 본래 그 의미가 자유로운 사고free thinking라는 뜻임을 주목하라).

실제로 종교와 신비주의는 서로 맞지 않아서라기보다는 공통된 전제로 인해 긴장관계를 이룬다. 열광적인 신비주의자나 종교를 믿는 자들은 거의 모두 진리는 고정된 것이고 변치 않는 것으로 본다. 그들은 누구로 인하여 신성한 진리를 찾게 되는가에 대해서는 의견이 갈라진다. 신비주의는 진리를 찾는 것이 개인의 권리요 책무로 보지만 종교는 신이 우선적으로 결정할 문제로 본다. 따라서 신비주의와 종교 서로 상대방의 지식이 타당한 것이 아니라고 심각하게 의심한다. 신비주의적인 어떤 것에 대해서도 전반적으로 비난하는 현재의 근본주의 종교 분파의 사례는 이를 분명히 보여준다. 그들의 입장에서 보면, 논쟁 중에 있는 가장 오래된 번역본[13]이나 성경에 서술되어 있지 않은 영적인 진리를 주장하는 어떤 행위도 악마나 사탄의 짓이 된다. 신비주의 입장에서는 성경을 문자 그대로 읽는 것이야 말로 잘못된 것으로 본다.

　물론 이러한 차이는 각 신념체계 안에서는 화해할 수 없는 것이다. 그러나 외부 관찰자에게 그러한 불일치는 피상적으로 보일 수 있다. 신비주의나 종교 신봉자 모두 영적인 진리가 차원이 다른 높은 세상에서 온다는, 알아보지도 않은 가정을 근거로 주장한다. 플라톤의 형이상학과 일맥상통하는 이 다른 세상이란 육체적인 것에 우선하고 거의 언제나 육체적인 것과 분리되는 정신이 깃들어 있는 완전성, 일자, 그리고 초월적인 단일성이라고 하는 것이다. 신비주의와 종교가 갈라지는 지점은 세상을 어떻게 보는가도 아니고 지식을 어떻게 보는가도 아니라, 진리를 능동적으로 추구하느냐 아니면 수동적으로 기다려야 하는가이다. 이러한 차이는 꿈을 어떻게 생각하는가를 보면 분명하다. 역사적으로 둘 다 꿈을 초월적 영역으로 들어가는 관문으로 생각해왔다. 신비주의에서는 꿈을 직관적 인지가 이루어지는, 해석되어야 할 비유와 같은 것으로 보았다. 기성 종교의 경우 가브리엘 천사가 Mary라는 처녀에게 나타난 것[14]과 같이, 꿈을 신의 계시로 본다. 성경에서 다니엘의 고집 센 느부갓네살 왕에 대한 대처[15]도 해석이 필요한 직관적 인지가 아닌 신의 계시로 본다.

　정체성에 대한 문제는 더 논의해볼 가치가 있다. 신비주의나 종교 둘 다 개인의 정체성을 미리 주어지고, 불변이며, 영원한 것으로 본다. 이 주제에 대한 다양한 견해가 있다. 예를 들어 인간의 영혼이 육신이라는 형태로 완전성을 향해 윤회한다고 본다. 또 다른 종파에서는 생명의 기운인 인간의 영혼은 전능한 힘에 의해 운명 지어져, 어떻게 태어났고 어떻게 살아 왔으며 어떤 믿음을 갖거나 거부했느냐에 따라 영원히 지옥에 갈 수도 있고 천당에 갈 수도 있다고 보았다. 어쨌거나 공통적으로, 영혼은 분리될 수 있는 독자적인 것이지만 육체에 갇힌 순수한 존재의 핵이다.

　이러한 사고방식은 너무 널리 퍼져 있어 신비주의나 종교 밖에서도 상당히 그럴듯하게 받아들이고 있다. 예를 들어 이야기나 영화의 대중적 주제의 하나는 개인의 정체성을 어느 한 몸에서 다른 몸으로 옮기는 것이다(어린이의 것을 어른에게, 인간의 것이 동물에게, 때로는 기계가 작동하기도 하는 등). 도처에서 이러한 이야기들이 먹혀들어간다는 사실은 플라톤이 상정한 것과 문화적으로 깊이 관련된 것이다.[16] 이러한 관련은 학습과 교수 행위에 중요한 문제를 불러일으키는데, 신비주의적 관점을 취하느냐 또는 종교적 관점을 취하느냐에 따라 그 의미가 극적으로 변한다.

　이번 장에서는 정신적 지식인 그노시스의 관점이 나누어진 것, 즉 지식의 **원천**에 대해 논하였다. 앞에서 서술한 것과 같이 신비주의나 종교 내부에서 지식의 **본성**에 대해서 많이 논의한 것이 아니다. 7장에서 그노시스와 상보적인 에피스테메가 갈라져 나온 것을 다룰 것이다.

5장과 6장을 마지막으로 신비주의와 종교적 전통에서 각각 등장한 학습과 교수행위의 개념에 대해 살펴볼 것이다. 이 책의 목적이 가르친다는 것의 개념을 계보학적으로 추적하는 것이기 때문에 두 개의 장에서는 가지보다는 잎을 알아본다는 생각으로 논의를 전개할 것이다.

신비주의:
끌어낸다는 의미의 교수행위

05

돌멩이 하나도 교사가 될 수 있다.

- 부처님 말씀[1]

가르치다*teach*는 'sign'과 같은 의미의 영어 고어 *tacn*으로부터 온 것으로, 이 말은 어떤 물체나 사건도 잠재적으로 교사 역할을 할 수 있다는 것이다. 즉, 정확히 교수행위는 원래 학습자에게 일어난 효과를 말하는 것이지, 학습자에게 영향을 미치기 위한 고의적인 노력이 결코 **아니다**. 가르친다는 것은 섭동*perturbate*이었다. Gregory Bateson에 의하면 교수행위는 차이를 만들어내는 모든 차이다.[2]

그러한 방식으로 이해한다면, 그리고 이 책에서 분지로 이루어지는 모든 장에서 논의를 전개하듯이 어떻게 그렇게 광범위한 철학적 전통이 그렇게 쉽게 **교수행위***teaching*라는 단어를 독특한 방식으로 해석할 수 있는지 쉽게 이해가 간다. 그러나 깊은 의미를 묻는 그노시스와 잘 어울리는 그러한 전통들은 **교수행위**라는 단어에 의해 원래부터 제기된 넓은 의미에 가장 잘 들어맞는 것이다.

신비주의 전통에서 학습과 교수행위의 핵심적 전제는, 학습자가 이미 언제나 전체적인 창조의 일부분이지만, 이 거대한 단일성 속에서 어떤 식으로든지 그들이 있어야 할 곳을 잃어버렸거나 잊어버렸다는 것이다. 인생(또는 어떤 면에서 일련의 삶)은 단일성으로 나아가는 힘든 과정으로, 자주 일탈하기도 하고 어떤 때는 깊고 의미 있는 직관이나 통찰[3]에 의해 점철되는, 점진하는 진보적 과정이다.

신비주의에 의해 구상된 통찰epiphanies은 직관intuition을 향한 특별한 태도에 의해 일어나는 것이다. 그 용어의 가장 일반적인 의미 중에서 **직관**은 지식의 의미나 출전에 대한 직접적 지식 없이 무언가를 알게 되는(또는 무언가가 있다고 생각하는) 일을 말한다. 중세 영어에서 직관은 원래 'insight', 즉 안을 들여다본다는 것이고, 이는 후기 라틴어 'looking at'에서 유래한 것이다. 다양한 전통들이 자연과 직관의 기원에 대한 독특한 견해를 표명했으며, 이러한 견해는 동시대의 논의에서 제기된 학습과 교수행위에 대한 신념의 차이가 무엇인지를 밝히는 데 유용하다. 예를 들어, 그 개념을 처음으로 제기한 신비주의 전통은 직관을 순수한 합리적 분석을 넘어서는 앎의 방식으로 보는 경향이 있다. 직관은 우주와 직접 연결되는 순간이며, 자기 안에서 자신을 넘어서는 지식을 발견하는 사건이다. 다시 말하면, 그 사건은 재발견된 지식이라는 관점에서 이해되는 것이지, 처음부터 완전함으로부터 분리된 기본 전제에 대한 새로운 직관이나 성찰이 아니다.

사실상 모든 신비주의 전통에서 직관은 주의집중을 요하는 것이다(대부분의 다른 전통은 직관을 의심쩍어한다). 그러나 상황은 어렴풋이 알아차리는 것을 받아들일 정도로 결코 간단하지 않다. 거의 모든 신비주의 전통에는 열렬한 추종자들이 직관을 계발할 수 있고, 그 과정에서 우주 안에서 어느 정도의 단일성을 다시 이룰 수 있도록 직관을 단련(discipline, 라틴어 *discere*, '학습$^{to\ learn}$')하기 위한 엄격한 체제가 있다. 대부분의 경우, 이러한 체제에는 의식의 장악력을 느슨히 하는 몇 가지 수단이 있다. 서양과 동양의 신비주의에서 많은 사례를 볼 수 있다. 예를 들어 같은 이유로, 카발라 유태교$^{Kabbalistic\ Jews}$는 마음으로 수나 이미지를 복잡하게 조절하는 데 몰두하고, 기독교 수도자들은 다양한 종류의 자기 수행과 강도 높은 기도에 참여하며, 선의 수행자들이 의미 없는 선문답에 집중한다. 목적은 매 순간 생각나는 잡념을 제거하고, 세속에 대한 당면한 집착을 벗어나는 생각에 몰입하는 것이다. 이는 모두 신비적 단일성에 도달하기 위해서는 자아와 육체적 감각에 대한 집착에서 벗어나야 한다는 것이다. 다양한 수행에도 불구하고, 그 모든 것은 신비주의적 단일성에 도달하려면 자아의 제한적인 집착과 육체적 지각의 현혹에서 정신을 자유롭게 해야 한다는 공통된 믿음에 그 뿌리를 두고 있다. 이러한 구상은 학습을 이 세상에 대한 의심, 즉 생각의 중지에 관한 모든 것으로 본다.

라틴어 *educare*에서 유래한 *educate*라는 단어가 원래 '끌어내다 또는 당겨내다'의 의미로 나타난 것은 위와 같은 사고방식 때문이다. 가르친다는 것은 그것이 무엇이든 간에, 태초부터 그 존재에 얽혀 있는, 그곳에 이미 있었다고 여겨지는 것을 끌어내는 것이다. 따라서 교육은 원래 그노시스적인 문제에만 초점이 맞춰진 것이다. 에피스테메적인 속세의 세세한 일상생활은 관심 밖이었다.

개인은 지식을 원래 갖고 태어나지만 충분히 현실화되지 않는다는 관념은 쉽게 받아들여지지 않을 수 있지만, 공식적 교육에 관한 오늘날의 사고에서 여전히 매우 많이 작동하고 있다. 문헌들은 개인의 잠재력(즉, 각자가 추구하려고 노력해야 하는 선천적인 가능성에 대한 가정), 더 할 나위 없는 일생의 직업(즉, 특별한 종류의 사회적 역할에 완벽하게 어울리는 타고난 인성에 대한 가정), 타고난 정체성(즉, 종종 '네가 되어야 할 사람'과 같은 구절로 표현되는)을 나타내는 말로 가득 차 있다. 이러한 운명적으로 미리 결정된 타고난 잠재적 특성과 불변의 정체성에 대한 믿음은 본래적 단일성을 서서히 발견해간다는 신비주의의 전제와 오랫동안 결합되어왔다. 이러한 믿음은 학교가 무엇을 해야 할지와 교사가 어떻게 학습자의 삶에 개입해 들어가야 할지에 관한 전제에 강력한 영향을 미쳐왔다.

신비주의 전통에서 교수행위를 어떻게 보았는지 하는 면은 학습과 교수행위의 동의어로 사용되었다고 생각되는 일군의 용어들을 찾아내어 소개하는 것이 가장 좋은 방법일 것이다. 이미 언급하였듯이, 학습을 주로 진정한 자아를 실현하는, 즉 잠재력을 현실화하고, 자신의 운명을 만나고 완성하며, 타고난 천성과 적절한 본분을 발견하는 과정 등으로 본다. 대부분의 경우 이러한 학습에서의 성공은 일상적인 삶과 의식적인 사고의 피상적인 관심을 넘어서 노력하는 것과 종종 관련된 자기 단련의 문제로 본다.

이 마지막 문제는 자아실현과 개인의 잠재력 개념이 여전히 영향력 있지만, 현재의 교수법과 관련된 논쟁에서 사라지고 잊어지는 추세임을 보여준다. 사실 신비주의 전통과 매우 대조적으로, 오늘날 개인의 잠재력은 자아

집착으로 묘사될 수도 있는 것과 결합되었다. 즉, 대중들은 자아를 찾고 발견한다고 할 때, 그것을 원래 신비주의처럼 존재의 연결망 속에 자아를 두는 것으로 보지 않는다. 오늘 날의 목표는 자아를 버리는 것이 아니라 자아를 더욱 강하게 하고, 뚜렷이 하며 남과 구별되게 하는 것이다.

교수행위와 관련하여 신비주의적 정서에 본래 맞았던 어휘의 많은 부분이 유사한 방식으로 재정의되는 과정을 거쳤다. 그럼에도 불구하고 *educating*은 학습자의 타고난 능력을 계발한다는 본래의 의미를 많이 유지해온 경향이 있다. 그 동의어 중에 선천성이라는 전제를 둘러싼 어군으로, (라틴어 '젖을 빨다suckle'에서 온)*nurturing*, (고영어 '음식food'이나 '기르다nourishing'에서 온)*fostering*, (고프랑스어 '보호하다to protect'에서 온)*tutoring*이 있다. 이러한 모든 말들이 15세기 중반 이전까지 교수행위를 일컫는 말로 사용되었고,[4] 특히 이러한 말들은 근대 학교의 발명 및 데카르트와 베이컨의 작업 이전에 만들어진 것이다.

각각의 말들은 학습자에 본래 있다고 가정되는 가능성들을 보호하고 실현해내는 교사의 역할을 강조한다. 특히 과도하게 교사가 주도하는 것을 좋지 않게 본다. 따라서 이러한 방식의 교수행위는 미리 설정된 교육과정의 목표보다는, 실재화되지 않은 가능성이라는 관점에서 이해하는 것이 당연하다. 나아가 교수행위에 대한 이러한 관점의 특질은 두 가지 의미에서 보편적 책무성responsibility이라는 의미를 제시한다. 첫째, 교수행위는 교사의 의도가 아니라 학습자에 대한 효과라는 관점에서 이해해야 하기 때문에, 누구나 언제, 어디서든 교사가 될 수 있다. 이와 같이 누구나 언제, 어디서든 안녕해야 할 어떤 윤리적 책무성을 갖고 있다고 본다. 둘째, 이러한 책무성은 다른 개인들을 향한 것이라기보다는 다른 사람들을 향한 행위 속에서 실재화되는 것이다. 책무성은 정말로 우주를 지향하며 우주에 의한 것이다.

이러한 개념의 기조가 되는 사고의 면면은 몇몇의 이론적 문헌을 포함하여 요즈음 교수행위에 대한 논의 속에 매우 많이 남아 있다. 최근에 꽤 알려진 사례의 하나가 **배우는 스타일***learning styles*이나 **학습 방식***learning modalities*이라는 말이다. 이러한 이론들은 각 개인이 흥미, 활동 방식, 그리고 사회적 역할을 결정하는 나름대로의 특질과 능력을 갖추고 있다는 가설을 기반으로 한다. 양육과 촉진이라는 교수행위의 개념이 이러한 종류의 대중 영합적인 이론들과 잘 들어맞고, 이들과 함께 제기되는 경향이 있는 것은 놀랄 일이 아니다.

소크라테스적 방법이 교수행위의 전형으로 알려져 있다. 소크라테스 제자 중 하나인 플라톤의 저작들에 의해 우리에게 전해진 소크라테스의 방법은, 교사가 하는 일이 이미 학습자 안에 내재된 것을 끌어내는 것이라는 믿음을 따라가는 산파술로 묘사될 수 있을 것이다. 이 경우 교사는 정보를 직접 주지 않는다. 대신 교사는 학습자로 하여금 자신의 잘못된 개념을 깨닫거나 이미 납득하고 있는 것을 보강하도록 유발하는 질문들을 학습자의 답변에 따라 제기한다. 기저에 깔린 것은 지식이 타고난 것이라는 생각이다. 학습자가 조리 있는 결론으로 나아가기 위해, 이해의 맥락과 함께 때로는 도움이 필요하다 하더라도, 우주에 대한 신뢰할 만한 지식을 만들어나가는 데 필요한 모든 것은 이미 한사람의 영혼 속에 존재한다.

소크라테스의 방법이 여전히 인기가 있는 것은 신비주의적 전제가 현시대의 사고에 얼마나 깊게 새겨져 있는가 하는 것을 강하게 보여주고 있다는 사실일 뿐이다. 지식의 모든 원 재료들은 비밀스럽게 학습자에 봉해져 있다는 관념과 같은 몇몇 전제들은 실제로 신비주의 전통과 동떨어진 학습 및 교수행위 개념에도 거듭 등장한다.

이 장은 신비주의전통 특히 *educating, nurturing, fostering,* 그리고 *tutoring*과 같은 용어들과 관련된 교수행위의 동의어들의 기원과 거기에 함축된 개념에 관한 것이다. 6장에서는 종교적 전통과 관련된 교수행위의 개념 및 은유들을 마찬가지로 조사할 것이다.

종교:
주입식 교육

마땅히 행할 길을 아이에게 가르치라. 그리하면 늙어도 그것을 떠나지 아니하리라.

- 잠언 22장 6절[1]

적어도 고대 그리스 시대 이후 개인과 사회의 이분법은 학습과 교수행위 논의에 많은 영향을 주었다. 개인과 사회 중 어느 것이 가르치는 데 더 좋을까?

분명 고대의 이러한 논란은 학습과 교수행위에 대해 대조적인 관점을 가진 신비주의와 종교에서 제기된 것이다. 정신의 문제와 관련하여 교수행위가 최우선이라는 확신은 공유하였지만, 그노시스의 기원을 무엇으로 보느냐가 달라, 아동의 교육을 어떻게 해야 할지는 매우 다르고 상충되기까지 했다. 이러한 점은 *mastery*나 *discipline*과 같은 용어 사용을 비교해보면 알 수 있다. 신비주의 전통에서 개인을 기른다nurturance는 것과 관련하여 mastery

나 discipline은 학습자의 일이며 우주에서 학습자의 위치를 깊이 깨닫는 방법이었다. mastery나 discipline은 적어도 그 어원은 학습자의 개인적 실존과 관련하여 사용된 것이다.

서양 종교 전통에서는 mastery나 discipline이 학습자의 책무라기보다는 교사의 의무였다. 예를 들어 '누군가 교육받았다disciplined'고 하는 구문의 이중적인 의미를 생각해보자. 신비주의자에게는 누군가가 고차원의 깨달음으로 나아간 것으로 들린다. 종교를 믿는 사람은 사람으로부터 생각을 이끌어냈다기보다는 사람을 이미 만들어진 신앙체계로 인도한 것으로 본다. 종교에서는 그 교육받은 사람이 다른 누군가로부터 벌을 받았거나, 제자나 문하생을 뜻하는 *disciple*과 같이 자신의 권위를 누군가에게 양도한 사람으로 본다. mastery도 거의 마찬가지이다. 신비주의에서 mastery는 개인이 노력하는 어떤 것이지만, 종교에서 *master*는 가르쳐야 하는 책임이 있는 교사라는 의미로 사용한다.

이러한 변화는 공식적인 종교에서 직관이라는 말의 의미가 없어진 것을 보아도 명백하다. 5장에서 논의하겠지만, *intuition*은 '안을 들여다보다to look inward'는 뜻의 라틴어에서 온 것이고, 이 개념은 지식에 접근하는 신비주의적 자세의 요체이다. 종교적 입장에서 진리는 밖에서 주어지는 것이기 때문에 스스로 깨닫는다는 개념은 적절치 않다. 나아가 서양의 모든 주류 종교에서 내적 자아라는 개념은 벌써 퇴색한 것으로 보인다. 그렇다면 안을 들여다본다는 직관과는 대조적인, 감시한다는 뜻의 *tuition*이 교수행위와 동의어로 부각된 것은 놀랄 일이 아니다.

지식이 학습자와 독립해서 존재한다는 가정은 학습자가 권위에 복종하

는 것을 가능케 하는 것이고, 모든 그노시스 지식의 근원은 신이나 다른 초
월적인 것에 있다는 신념에 사로잡혀 있는 것이며, 정신이나 영혼의 영역
은 육체적 세속적 영역과는 다르고 정 반대의 것이라는 것을 상정한 것이
다. 개인이 권위에 복종하는 것은 그것이 가능해서라기보다는 서양 종교에
서 전통적으로 필요했기 때문이다. 그노시스의 중요한 주제의 틀이 신비주
의에서는 자신의 방법을 **학습**해나가는 것인 반면, 종교에서는 약속된 땅을
찾아가는 것, 즉 잃어버린 완전함을 회복하는 것이다. 그래서 종교는 희생
을 통한 되갚음, 노역, 경건, 정숙, 침묵 또는 자기를 부정하는 다른 방법을
제시한다.

　물론 집단성을 중시하는 조직화된 종교에서 자기 부정은 핵심적인 주제
가 될 수밖에 없다. 종교적 상황에서 교수행위와 관련된 어휘를 통해 이러
한 점은 강조된다. 예를 들어 언급한 바와 같이, 교수행위는 종종 *mastering*
이나 *disciplining*과 같은 말로 이해된다. 또한 '어떤 사람을 교의로 이끌다'는
뜻의 *indoctrinating*, 라틴어의 '잡아당기다나 끌어다 넣다'에서 온 *inducing* 또
는 *introducing*, 라틴어의 '끌다, 당기다'는 뜻의 *tragere*에서 온 *training*, 프랑스
고어에서 온 '길을 제시하다'는 뜻의 *guiding* 등이 교수행위의 의미로 쓰였
다.[2] 요즈음 이러한 말들은 거의 사용되고 있지 않은데, 그 대부분의 이유는
학생들로 하여금 특정의 신념체계를 받아들이게 한다는 의미가, 물론 그
추종자들을 제외하고는 부정적으로 인식되기 때문이다.

　특히 앞에서 언급한, '권위 있는 사람'이라는 뜻의 라틴어에서 왔으며 대
학에서 석사 학위를 받은 사람을 뜻하는 말이 된 *master/mistress*, 종교상의
교리나 세뇌시킨다는 의미, 그리고 박사 학위를 받은 사람을 일컫는 *doctor*

등 교사를 뜻하는 몇몇 동의어 또한 의미를 잃었다. 현재 이러한 단어들에 들어 있는 전문화되었다는 의미를 보면 교수행위라는 것이 문자 그대로 신의 부름을 받은 소명이라는 것이다. 이러한 사고방식은 교사의 의도가 아닌 학습자의 반응이라는 관점에서 교수행위를 이해하여 누구든지, 그리고 무엇이든지 교사가 될 수 있다고 본 신비주의적 개념과는 분명히 다르게 갈라져 나온 것임을 보여준다. 종교적 전통에서는 교사의 의도가 중요하다. 따라서 *master*와 *doctor* 같은 말이 폭넓은 문화적 활동과 연결된다 하여도, 담겨진 핵심적 의미는 권위가 제자나 환자 또는 학생에 있는 것이 아니라 스승, 의사, 그리고 교사에게 있다는 것이다.

성서적 기록과 전래된 의식에 대한 다른 개념으로부터 각각 생겨난 교사의 역할과 관련된 개념은 적어도 두 개가 있다. 4장에서 논한 바와 같이 종교와 종파는 종종 성서와 실천의 지위 문제를 갖고 나누어진다. 성경과 같이 인간이 만든 것은 특정 시대에 기록된 것으로 주의 깊은 분석과 끊임없는 해석으로 이 시대에 맞게 그 의미와 타당성이 발견되는 것으로 보는 입장이 있다. 한편, 성경과 같은 글은 문자 그대로 완전히 진리라고 보는 보다 근본주의적인 입장이 있다. 전자의 경우 교사는 해석의 기술을 훈련 받은 사람이다. 그래서 교사는 역사와 수사 등을 공부하는 것이다. 적어도 역사적으로는 이 경우가 대부분의 주류 종교에 해당하는 것이다. 라틴어에서 온 봉사한다는 의미의 *ministering*, 라틴어로 목자라는 의미의 *pastoring* 등의 개념을 내건 유대교의 율법(*rabbi*는 헤브라이어와 아람어로 교사이다) 전통과 많은 기독교 종파 등이 그 예이다. 이러한 보다 성찰적인 태도는 북미의 근본주의 운동에서 종종 현저하게 나타나는 도발적이고 분파적인 극렬

함과는 뚜렷한 대조를 이룬다. 모든 주류 종교들은 교수행위를 다른 사람에 대한 봉사가 아닌 다른 사람들에게 내리는 권위적인 정의의 명령으로 보는 직역주의자들의 분파를 만들어왔다.[3] 그들에게 '예수의 가르침'이나 '하느님의 말씀'은 비유적인 것이라기보다는 명령이다. 교수행위는 해석, 봉사 또는 안내라기보다는 명령이다.

이러한 현상을 분리된 소수의 의견이라고 하면 그만일 것이다. 그러나 *master*나 *doctor*와 같은 말은 종교적 전통에서 비롯되었지만 속세의 교육에 적용되어, 교사의 의미를 '권리를 주장하다, 발표하다'는 뜻의 라틴어 *profitieri*에서 온 *professor*나 '강론, 설교'의 의미를 가진 라틴어 *lectura*에서 온 *lecturer* 등으로 만들었다. 최소한 1300년대에 생겨난 이 말들은 근대 학교가 등장한 1700년대 비종교적 맥락에서 교수행위에 적용된다. 가르친다는 것은 지식을 주는 것이라는 생각은 종교적 토양에서 만들어졌지만 계몽주의 사상의 빛으로 개화한 것이다(8장, 9장을 보라).

물론 가르치는 것이 정보를 전달하는 일이라는 것은 지식을 실제로 운반 가능한, 실체가 있는 어떤 것으로 볼 때 성립할 수 있는 것이다. 2장에서 논한 바와 같이 지식을 어떤 객체로 비유하는 전통은 서양에서 뿌리 깊은 것이다. 예로서 '개념을 파악하다', '지식을 획득하다', '생각을 교환하다', '정보를 전달하다', '마음의 양식', '확실한 사실', '지엽적인 문제에 빠지다', '지식에 목마르다' 등은 빙산의 일각에 불과하다.[4] 고대 종교와 철학에서 물체는 신성하고 무형인 진리가 불완전하게 반영된 것으로 확신했지만, 적어도 영어에서는 지식을 지나치게 물질적인 것으로 짜 맞춘 것이다.

신성하게 만들어진 진리라는 개념을 가진 영원함, 확고함, 그리고 명사와 같은 의미로 지식을 하나의 객체로 보는 은유가 정착된 것은 당연하다. 이러한 은유가 주는 매력, 그리고 종교적 세계관의 틀에서 보면 대중들이 학습을 어떤 것을 받아들이거나 잡거나 획득하는 행위로 이해한 것 또한 당연하다. 이러한 개념과 관련하여 학습자는 지식의 저장소, 채워져야 할 그릇이 되었다. 이러한 비유적 틀은 쉽게 없어지지 않아 이러한 거의 모든 비유들에 대해 비판적인 사람들조차도 '시험에 대비해 채워 넣기', '머리가 비었다', 그리고 '다 받아들이기'와 같은 구문의 사용을 갑자기 중단할 수 없었고, 또는 그 이유로 *matter*(물질 – 역자)라는 단어를 지식의 성분을 말하는 것으로 사용하였다.

논란의 여지는 있지만, 이러한 종류의 문자화된 은유가 동시대의 교수행위와 관련된 노력이 어떠해야 하는지에 대해 가장 심각한 영향을 지속적으로 끼쳤다. 종교의 영향과 제도화된 정서가 계속해서 나타나고 있어, 오늘날 사람의 능력을 '부여된 재능'과 같은 말로 이해하는 것이다. 그러나 종교적 사고방식의 가장 중요하고 지속적인 영향은 정신 기능으로 만들어지고, 영혼을 담고 있는 육신이라는 감옥을 움직이게 하는 영혼의 개념에 대한 것이다. 오래 전에 개인의 영혼은 앎의 기본 단위가 되었다. 이상 세계에서 분리되었지만 이상 세계를 지향하며, 다른 영혼들과 같은 종류이지만 다른 영혼들로부터 분리된 것이다. 이러한 틀의 의미는 지속되었다. 이어지는 여러 장에서 논의하겠지만, 지식을 객체로 보는 것을 넘어서려고 노력하는 이론들 중에서도 개인이 근본적으로 하나의 자율적인 형이상학적 실체로서의 궁극적 단위라는 생각은 강력하게 유지되는 경향이 있다.

이 장은 특히 *tuition, disciplining, indoctrinating, inducting, introducing, training, guiding, master,* 그리고 *doctor* 등 종교적 전통과 연관된 교수행위나 교사와 동의어인 말들의 개념적 의미와 기원에 관한 것이다. 그노시스에 대해 전개된 마지막 논의이다.

7장에서는 그노시스와 상보적인 에피스테메에 대해 논할 것이다. 특히 과학 혁명을 가져오고 지식과 학습 및 교수행위에 대한 생각을 극적으로 변화시킨 철학의 변화들을 조사할 것이다.

에피스테메:
합리주의 V 경험주의

자연과 자연의 법칙은 어둠속에 잠겨 있었다.
하느님께서 '뉴턴이 있게 하라!' 하자, 모든 것이 밝아졌다.

- 알렉산더 교황[1]

계몽주의 시대는 통상 17세기 초에 시작된 것으로 보는데, 지식의 역사에서 영국과 유럽 대륙은 일찍이 주목할 만한 곳이 되었다. 여러 가지 면에서 그러한 변화는 매우 신속하고 극적이어서 빛이 비추게 되었다는 이미지와 묘하게 어울린다.

　그러나 이 경우 대부분의 사회 변화와 더불어 코페르니쿠스나 갈릴레오와 같은 사상가에 의해 수세기 동안 서서히 속에서 부글부글 끓어왔던 것이었다. 그러던 것이 17세기에 어떻게 과학이 과학 아닌 것으로부터 벗어나올까를 논한 몇 개의 중요한 논문들에서 비롯된, 서구 과학 혁명과 함께 밖으로 끓어올랐던 것이다. 이러한 흐름에서 중요한 두 위인이 2장에서 언급한 영국의 Francis Bacon(1561~1626)과 프랑스의 René Descrtes(1596~1650)이다. 베이컨과 데카르트는 근대의 도래와 관계있다고 간주되는 또는 적어도 근대 시대의 특성을 나타낸 틀과 관점을 가장 먼저 공식적으로 선언한 두 사람이다.

　역사적으로 이 시기는 인쇄 매체를 통한 매스컴의 등장, 자본주의의 발흥, 산업 혁명, 도시화, 민주화, 그리고 유럽의 제국주의 등이 함께 연관된 문명적 사건들로 정의된다. 철학적으로 근대 시대는 에피스테메의 그노시스에 대한 승리로 간단히 정의할 수 있다. 방금 언급한, 뒤얽혀 발전된 역사들은 교육받은 엘리트들의 논리적이고 합리적인 생각을 받아들이고, 공식적인 과학의 급속한 팽창을 지원하고 또 그로부터 지원받은 것이다. 과학적 지식은 일상적 방법이라는 소박한 에피스테메적 근원을 곧 벗어났다. 과학적 지식은 지구와 그 나머지 우주와의 관계와 같은, 전에는 그노시스의 영역이었던 우주의 여러 측면을 침입해 들어갔다. 사실 (창조주인 하느님이 일상적 삶을 주재한다는 믿음인)인격신론theism에서 (창조주인 하느님이 스스로 작동하는 우주를 만드셨고 더 이상 주재를 안 한다는 믿음인)이신론deism, 불가지론agnosticism2, 그리고 무신론atheism으로 주된 문화적 정서가 바뀌기 시작하면서 에피스테메와 그노시스는 더 이상 아무 탈 없이 공존할 수 없게 되었다.

　두 개의 중요한 견해가 인식론적 변화로 갈라져 나온다. 그것은 주로 데카르트 철학과 관계된 합리주의와 보통 베이컨의 저작과 관련된 경험주의이다. 이 장에서 문제에 대한 합리주의와 경험주의적 접근과 관련을 맺게 된 지식, 학습, 그리고 교수행위에 대한 관점에 관한 논의로 나아가면서 이러한 관점들의 개념적 유사성과 차이점에 대해 강조할 것이다.

합리주의:
연역적 추론에 의한 지식

데카르트의 철학에 대한 공헌과 수학 및 물리학에 대한 공헌을 비교하였을 때, 그는 근대성의 발흥과 가장 많이 관계된 사람이다.[3] 철학적으로 데카르트는 고대 그리스로부터 유래한 전통에 입각하기도 하고, 그것과 결별하기도 했다. 그가 한 중요한 결별은 아리스토텔레스 철학과 신플라톤 신비주의, 그리고 중세 기독교 신학이 혼합된 스콜라철학과 한 것이다. 데카르트는 스콜라철학이 그노시스와 에피스테메가 무비판적으로 혼합된 것이라며 배척하였다. 그는 재차 이 둘은 분리되어야 하며 믿을 수 있는 진리로 가는 유일한 길은 연역적 논리라고 주장했다. 그에게 이러한 기획에 적합한 모형은 유클리드 평면 기하학이다. 유클리드 기하학은 고대 그리스의 모든 기하학을 정제하여 논리적이고 합리적인 방법[4]으로, 다른 모든 기하학적 진리를 엮어낼 수 있는 5개의 기본적인 공리[5] 위에 공식적이 체계를 만들었다.

데카르트가 스콜라철학에 비판적이었지만, 그의 저작은 여전히 진리는 언제나 이상 세계의 영역에 있고, 이에 도달하는 방법은 주의 깊은 연역적 사고라는, 플라톤의 형이상학적 전제를 지향하였다. 그는 유클리드처럼 스스로 자명하고 반박할 수 없는 진리로부터 시작해야 한다고 주장하였다. 그는 거기서부터 다른 모든 진리를 합리적으로 추론할 수 있을 것이라고 생각하였다. 그 출발점이 악명 높은 *cogito*, '나는 생각한다 think'이다. 이는 명백히 부정할 수 없는 진리이다. 1637년의 『방법 서설Discourse on Method』에서 그는 이러한 전제에 도달하기 위해, 그가 말하는 '방법적 회의method of doubt'를 어떻게 적용하였는가를 발표하였다. 그에게 진리는 질문의 대상이 되어서는 안 된다는 이유만으로, 의심스러운 모든 것은 제거되어야 했다. 입증되지 않는 믿음과 의심되지 않은 가설의 층을 벗겨내 버리려고 노력하면서, 그는 결국 하나의 단순한 사실을 발견하였다. 그것은 의심할 수 있는 능력을 가진 존재는 바로 자신이라는 것이다. 에피스테메적 사실의 추론은, 특히 존재와 실존에 대한 물음에 대해 의미 및 행위의 기준을 벗어버린 단순한 사실로 답하는 식으로, 그노시스의 전통적 영역을 무자비하게 침탈하였다. 즉, (읽고 추론하는) 정규적인 학문적 토론의 영역에서 그노시스는 족히 배제되었다.

연역적 논리도 그렇지만 그의 '방법적 회의'도 고대 그리스 철학에서 끌어온 것인데, 이 경우는 특히 회의주의skepticism에서 온 것이다. 기원전 4세기에 회의주의는 다양한 신념체계들의 매우 갑작스런 범람에 대한 반작용으로 일어났다. 그리스의 회의 철학자들은 객관적 실체로서의 지식의 가능성에 의문을 제기함으로써, 발생하는 갈등 요소의 긴장을 약화시켰다. 그 뒤 줄곧 지식을 어떻게 보느냐 하는 것은 서양 사상사를 관통하여 왔고, 데카르트는 현 시대에 새로운 생명을 불어넣은 핵심 인물이었다.

유클리드 기하학의 모형을 따라 흔들리지 않는 전제를 세운 후, 다음 단계로 데카르트는 지식을 논리적으로 차근차근 재조합하였다. 그가 연역해 낸 진리 중에는 앎의 행위자로서 무형의 생각하는 존재, 즉 육체와 분리된 정신이 있었다. 사실 그는 정신은 육체가 필요 없다는 것을 보여주기 위해 논리를 개발했다. 또한 그는 그의 정신이, 전해 내려온 피타고라스학파적 의미에서 기본적이고 더 이상 환원할 수 없는 독립된 개체 형태의 개인이 틀림없다고 주장하였다. 그는 또한 신의 존재, 다른 마음들의 존재, 그리고 그 밖에 존재하는 세상에 대한 논리적 주장을 펴냈다.

이러한 결론의 목록이 분명 이론적으로 더 많이 정당하게 만들어졌다 하더라도, 플라톤이나 아리스토텔레스 생각의 전제와 매우 많이 유사하다. 당시 데카르트가 제공한 것은 일찍이 수천 년간 지속되어 왔지만 결코 공식적으로 논의된 바 없는, 많은 이분법적 사고를 수용하는 이론적 설명이었다.

당대의 사상에 대한 공헌으로 데카르트는 종종 '근대(또는 분석) 철학의 아버지'로 불린다. 또한 그의 방법적 회의와 논리에 대한 배타적 의존은, 이론적으로 진리에 대한 모든 주장은 기본적인 전제로 환원된 뒤 다시 조립될 수 있다는 의미에서 분석 철학 방법을 구성하는 두 요소이다. 그러나 그는 보통 '근대(분석) 과학의 아버지'라고 불리진 않는다. 그러한 이름은 그와 동시대의 베이컨에게 자주 돌아간다.

경험주의 :
귀납적 추론에 의한 지식

이 절에서는 합리주의와 경험주의의 서로 연관되고 대비되는 중요한 점을 정리해보고자 한다. 그러나 그 전에 합리주의적 사고와 경험주의적 사고는 실제 행위에서는 쉽게 분리되어 나타나지 않는다는 점을 강조하고자 한다. 어떤 연구자들은 '둘 중 어느 하나'라는 입장에서 차이점을 만들어낼지 몰라도, 그리고 이 책에서도 그와 같이 보일 수 있음에도 불구하고, 실천적으로는 합리주의와 경험주의적인 정서가 상호 보완적으로 충돌 없이 공존한다는 것을 아는 것이 중요하다.

합리주의는 우주에 대한 논리적 연역(예를 들어 **선험적 추리**)을 통해 처음의 원리로부터 결론으로 나아간다. 경험주의는 현상을 연구하는 것으로부터 시작하여 귀납적 논리(예를 들어 **후험적 추리**)를 통해 완전한 진리를 추출해낸다. 연역은 이미 만들어진 전제를 기반으로 하여 결론을 이끌어내는 추론 방법이다. 연역은 진리를 주장하는 기반으로서 경험을 좋지 않게 본다. 귀납은 관찰된 사실에서 시작하여 그 관찰에서 나타난 명백한 원리를 끌어내는 것을 목적으로 한다. 합리주의는 추론적 사고를 통해 세상을 알고자 하는 데 초점이 맞추어져 있기 때문에 분석 철학과 연결된다. 경험주의는 실험과 실증을 강조하여 분석 과학과 더 강하게 연관된다. 반복하지만, 분석적 관점과 관련하여 보다 이해하기 쉬운 형태로 이러한 차이점을 요약해서 나타내면 다음 표와 같다.

합리주의	경험주의
분석 철학	분석 과학
연역적 논리	귀납적[6] 논리
선험적 추리	**후험적 추리**
논리적 구성을 통한 진실	물리적 실증을 통한 진실

합리주의와 경험주의에 공통적인 기반은 *analytic*이라는 형용사를 보면

명백하다. 분석 철학과 분석 과학 모두 우주를 그 자연적인 구성단위로 환원시키는 것과 관련되는데, 이는 플라톤과 아리스토텔레스의 형이상학적 전통에서는 진실이다. 사실 우주를 구성하는 부분들로 환원시킨다는 생각은 훨씬 더 이전인 최소한 Democritus(기원전 460~370)로 거슬러 올라간다. 아울러 두 활동 영역은 인간의 지각perception을 불완전한 것으로 본다. 양자의 차이는 외부 세계를 마음속에 조립하는 과정에서 나타날 수 있는 감각적 오류를 어떻게 제거하는가 하는 문제로부터 갈라져 나온다.

합리주의자인 데카르트는 방법적 회의를 통해 불순물을 제거해버린 견고한 전제를 바탕으로 세워나가야 한다고 주장한다. 경험주의자인 베이컨은 지식은 '어떤 기초도 없는 훌륭한 구조와 같다'[7]고 제시하였다. 그래서 무성한 경험을 토대로 진리를 추론하는 것은 한계가 있다. 그가 말한 훌륭한 구절을 빌리면, '고통을 뚫고 … 자연의 신비가 스스로 드러나도록'[8] 강제하려면, 과학은 반복된 실험을 통하여 모아진 사실 중에서 되풀이되는 것을 찾음으로써 발전되어야 한다고 결론지었다. 오늘날에는 상식적으로 보이겠지만, 고전적 문헌의 연역적 추론으로부터 이러한 귀납적 방법과 이 세상에 대한 개입으로의 움직임은 극적인 변화였다.

베이컨은 귀납적인 논리를 발명하지 않았다. Copernicus와 Galileo의 예에서 보듯이, 학자들은 관찰한 것을 이론에 맞추는 연구에 오랜 기간 동안 전념해왔다. Bacon이 그동안 유행한, 기술description과 분류를 강조하던 과학 연구를 넘어 이론화와 가설 검증, 창의적 탐구의 영역으로 나아가도록 촉진한 것은 그의 중요한 공헌이다. 매우 주목할 만한 것은, 이러한 목적을 위해 베이컨이 제시한 것은 초등학교 교육과정에서 계속되고 있는 것과 같은 건조하고 기계적인 과학적 방법이 아니라는 것이다. 사실 그는 비유, 예시, 우화, 유추 등 그 당시까지 에피스테메적이라기보다는 그노시스적인 방법을 추천하였다. 그는 상상력이 풍부한 가능성을 엶으로써 이러한 방법이 뿌리 깊은 믿음을 중단시킬 수도 있다고 보았다. 이러한 베이컨의 생각이 대중적이기는 하지만, 새로운 지식을 만들어내기 위해 엄격히 객관적이고 독창성 없는 공학적 태도인 경험주의에 대한 잘못된 견해로 몰아가는 것은 적절치 않다. 반대로 합리주의와 같이 전통적 제약, 그노시스의 어떤 영역으로부터의 결별에 대한 절제된 그러나 상상력이 풍부한 주장인 것이다.

그럼에도 그러한 주제에 관해 1620년에 발간된, 제목이 『Novum Organum(신논리학)』인 베이컨의 주저서는 전통적 가정에 확실히 뿌리를 두었다. 제목은 아리스토텔레스의 *Organum*에서 빌린 것이다. *novum*('new새로운')이라고 하면서 고대 그리스의 우주론으로부터 결별을 주장하였지만, *organum* ('logical works논리적 작업', 'logic논리학')은 원래부터 우주가 기계적이고 수학적이라는 개념을 무심코 드러낸 것이다. 데카르트처럼 궁극적 바람은 우주의 기본 원리를 발견하는 것이다. 그렇다면 베이컨이 하고자 한 것은 지식에 대한 새로운 관점이라기보다는 지식을 모으고 증명하는 새로운 관점을 찾고자 한 것이다. 그러한 관점을 한마디로 얘기하면 주장에 대한 검증 가능성이라고 할 수 있다. 귀납적 연구를 구성하면서, 베이컨은 어떤 주장이든지 그것이 진리가 되기 위해서는 실험을 통해서 검증 가능, 즉 측정 가능해야 한다고 규정하였다.

측정 가능성은 과학과 사이비 과학을 구분하는 유용한 도구로 떠올랐다. 그것은 물리학을 신비주의로부터, 생물학을 창조과학으로부터, 그리고 천문학을 점성술로부터 분리한다. 또한 측정가능성은 경험주의의 가장 급진적 형태 중 하나인, 매우 질이 좋지 않은 실증주의 운동의 핵심적 개념이다. 1800년대 초에 과학적 용어로 처음 소개된 실증주의는 분석적 과학과 과학적 방법을 통한 지식만을 인정한다. 이러한 종류의 주장은 실증주의의 뿌리가 형이상학에 있다 하더라도, 형이상학적 진리에의 접근 가능성을 분명히 부정하기 때문에 전통과의 확실한 단절을 나타내는 것이다(단지 인간의 접근 가능성의 문제로 보아 실증주의가 초월성의 존재와 영원한 진리를 부정하지 않았음을 주목하라). 실증주의라는 용어 *positivism*은 부정과 모순율에 근거해서 진리를 주장하는 것에 반대해서 진리는 검증 가능한 것이라는 통찰, 즉 과학은 실증적 지식을 만드는 데 초점이 맞추어져야 한다는, 당시 영향력 있는 과학자들의 다짐에서 유래한 것이다. 실증주의 표어를 만든다면 '사실은 측정 가능하다'가 될 것이다. 그러한 관점도 상상력과 같이 측정할 수 없는 것이 있음을 부정하지 않지만, 실증주의 과학자는 그러한 현상은 과학의 범주 밖에 있는 것으로 무시해야만 한다.

그러나 지능과 창조성과 같은 인간의 특성이 과학적 연구에서 결코 배제되지 않았는데, 1800년대에 걸쳐 다양한 실증주의 연구자들이 이러한 종류의 포착하기 어려운 인간의 특질을 측정하기 위한 도구를 만들어내기 시작했다. 당시까지만 해도 인간에 대한 연구에서 인간들 사이의 매우 많은 변이들은 경험주의적으로 어떻게 할 수 있는 것이 없었다. 확률적 모델이나 통계적 방법과 같은 새로운 해석 도구들이 개발되면서 막대한 양의 자료를 수학적 평균이나 평균치로부터 측정한 표준 편차로 나타내고, 다른 성질들을 선형적 관계로 나타내는 것이 가능해지기 시작했다(이러한 도구는 원래 사업을 목적으로 개발되었다. 특히 통계적 방법은 처음에 수명 및 관련된 현상을 예측하여 보험회사의 합리적 이익률을 보장하기 위해 사용되었다).

학습과 학교에 대한 심리학적이고 사회학적인 연구에서 가장 널리 쓰인 통계학적 고안물 중의 하나가 정규분포곡선이다. 이 정규분포곡선은 모든 형태가 추구하는 어떤 이상적인 것이 있다는 뿌리 깊은 형이상학적 가정과 일맥상통하는 것이다. 이 이상적이라는 개념은 전형적인 키, 이상적인 몸무게 등을 가진 '정상인'으로 그려지는, 평균과 같은 새로운 통계적 관념과 잘 맞아떨어진다. 이러한 정상인은 실제 존재하지 않을지라도 말이다. 1800년대 말에 이르면 심리학자들은 더욱 포착하기 어려운 기억력, 지능, 적성, 나이와 추론 능력의 관계 등을 목표로 삼는다. 측정이 개발되고 평균이 결정되며, 정상적인 것이 만들어지는 것이다. 간단히 말해, 통계적 방법의 적용을 통해 실증주의 과학은 이상적인 것을 수량화하는 방법을 발견한 것이다. 더 정확히는, 수학적으로 새롭게 구성된 **정상**^{normal}이 **이상**^{ideal}을 대체한 것이다.[9] 실제로 정상적^{normal}이라는 말이 자연적^{natural}이라는 말과 동의어로 간주되기 시작했다.

교육적으로 실증주의 과학은 교육과정 구조나 교실 수업에 막대한 영향을 미치는데, 이중 일부는 9장에서 논의될 것이다.

같은 뿌리,
다른 가지

합리주의와 경험주의 연구에 대해 자세히 조사해보면, 양자를 서로 상반

되는 것이라고 해석하기 위한 유일한 방법은, 명시적으로 드러난 세계관을 무시하고 극단적인 각 버전의 공학적 차이에 초점을 맞추는 것이다. 이러한 점은 양쪽의 전통에 대해 연구할 경우 곤란함을 겪는 연구자가 거의 없다는 사실을 보면 더욱 분명해진다. 예를 들어 보통 뉴턴의 경우 위대한 합리주의자 중의 하나임(특히 대수학의 발명 때문)과 동시에 위대한 경험주의자 중의 하나(특히 빛, 중력, 그리고 운동에 대한 그의 연구 때문)로 본다. 아마도 합리주의자와 경험주의자의 정서를 합성한 더욱 극적인 사례는 공식적인 수학에서 중요한 흐름으로 지난 수십 년간 등장한 컴퓨터 기반 실험을 포함한 연구에 대한 접근인 이른바 '실험 수학'이다.[10]

뉴턴의 작업과 실험 수학은 분석적 사고의 힘을 보여주는 대표적인 두 개의 사례이다. 또한 그것들은 분석 철학자와 분석 과학자 모두 그들의 작업을 사물을 그 기본 단위까지 나누는 것으로만 보지 않고, 원래 흥미로운 현상을 더 잘 이해하기 위한 수단으로 분석적 방법을 사용하는 것으로 본다는 점을 환기시킨다. 여기서 주장하는 것은 부분을 잘 이해하면 전체도 잘 이해할 수 있다는 것이며, 그럴 경우 이어서 부분을 심도 있게 이해하게 되고, 나선형 모양으로 점점 전반적인 이해로 나아간다는 것이다.[11]

전체를 이해한다는 전망은 그노시스의 문제, 특히 신의 문제가 되면 오히려 어떤 심각한 함의를 갖는다. 합리주의와 경험주의의 등장은 이와 같이 인격신론theism에서 신이 죽었음을 선언한 1885년 니체의 선언으로 절정에 이른 이신론理神論 deism으로의 변화를 수반한 것이다. 즉, 설명 원리로서의 과학은 신이라는 개념이 필요 없다는 것을 알았고, 니체와 같은 철학자들이 신의 개념으로부터 인본주의를 끌어낸 것이었다.

인간의 가정된 자만심을 중심으로 등장한 전망, 아니 전망들은 충분히 **인본주의***humanism*라고 불릴 만하게 되었다. 현재 이 용어는 신개념이나 자연과 정반대로 인간을 사고의 중심에 두는 어떤 사고 체계를 지칭할 때 사용된다. 인본주의 운동은 계몽주의 시대에 절정을 이루지만, 실은 인간이 스스로 진실과 거짓을 구분할 수 있는 능력이 있다는 새로운(또는 아마도 다시 새로워진) 확신과 함께 중세 말에 등장하였다. 예를 들어 지구가 우주의 중심이 아니라는 코페르니쿠스의 이론을 널리 알리려는 갈릴레오에 대한 박해가 보여주듯이, 일찍이 인본주의를 표현하는 것은 종종 종교 권력에서 인격신에 대한 직접적인 도전으로 해석되었다.

이와 같이 합리주의와 경험주의의 뿌리와 직접적인 선구자들은 지식의 근원에 대한 두 관점의 전제가 깊이 얽혀 있음을 강조하였다. 이러한 깊은 유사성과 과학 안에서 일반적으로 그들이 상보적 관계에 있다고 봄에도 불구하고, 학습과 교수행위의 문제에 이르게 되면 합리주의와 경험주의의 미세한 차이는 어떤 큰 차이로 벌어지게 된다. 우선 합리주의와 경험주의 전통을 통틀어 작동하는 학습과 개별적인 학습자 개념의 몇 가지 공통된 바탕을 강조해보고자 한다.

두 가지 점에 대해 이미 논의를 전개했지만, 뒤에 오는 장들에서 교수행위에 대한 논의를 만들어 나가기 위해 여기서 몇 가지 중요하고 상세한 점에 대해 반복하여 치밀하게 논해보고자 한다. 개별적인 이해자라는 문제에 대해, 에피스테메적 전통은 신비주의와 종교적 전통처럼 개인을 앎의 근본적이고 환원할 수 없는 단위로 보는 경향이 있었다. 사고와 지식을 인간의 독특한 능력으로 보았고(사실 인간이 아닌 동물이 사고할 수 있는가에 대해서는 아직 논쟁 중이다),[12] 나아가 사고한다는 것을 완전히 인간 내부에서 일어나는 현상으로 보았다. 더 특이한 것은 사람이 이해한다는 것을 이른바 **재현주의자**^{reprsentationist}의 용어로, 내부에서 일어나는 바깥 세계의 재현이나 모형으로 보았다는 것이다. 그러한 재현은 합리적인 연역에 기초한 것이고, 경험주의적인 지각에서 오는 것이거나 그 두 가지의 결합인 것으로 보았다.

이러한 생각들이 고대적이라는 것을 나타내기 위해 앞의 문장들에서 과거 시제를 사용하였다. 그러나 현재 시제를 사용하는 것이 더 적절했을지도 모른다. 인지에 관한 대부분의 대중적이고 많은 현재의 학문적 이론들이 무비판적으로, 학습이란 외부의 객관적 실재를 내부의 주관적 재현으로 구성하는 문제라는 전제를 받아들인다. 이러한 개념에서 **진리**^{truth}는 내부에 구성된 모형과 바깥세상이 얼마나 일치하는가의 문제로 한정된다. 개인적인 앎에 관한 한, 철학과 과학의 역할은 일반적으로 어떤 불일치를 진단하고 교정하는 것이라는 관점에서 이해된다.

합리주의자와 경험주의자인 데카르트와 베이컨 모두 사람 내부에서 만들어지는 재현은 하자가 있기 마련이라는 것에 동의했다. 그러나 둘은 개인적 확신의 오류 가능성을 극복하기 위한 대조적인 방식을 제안하였다. 데카르트는 학습의 제일, 제이의 법칙으로 체계적 의심과 논리적 추론을 처방하였고, 베이컨은 해석을 확증하거나 오류를 증명하기 위한 폭 넓은 기반을 제공하는 매우 많은 경험을 주장하였다.

데카르트가 뿌린 씨앗으로부터 개별 학습자의 심리적 작동에 초점을 맞춘 심리학의 한 줄기가 자라났다. 그리고 그 심리학은 **인지**^{cognition}를 개별 학습자의 뇌에 기반을 둔 심리적 작동을 직접적으로 상정한 것이라고 주장하였다. 베이컨에서 유래되고 실증주의를 통해 배양된 정 반대의 심리학인 행동주의는 관찰 가능하고 측정 가능한 것으로서의 학습에 바로 초점을 맞추게 된다.

8장과 9장에서 각각 합리주자들의 교수행위가 갖는 의미와 학습과 앎에 관한 경험주의자들의 관점을 검토할 것이다. 이 두 장에서 제시되는 많은 부분이 지난 반세기 동안 교직 과정을 배운 사람들에게는 낯설지 않을 것이다. 합리주의적이고 경험주의적인 정서가 압도적으로 교사 교육과 공교육의 틀을 만들었다.

8장과 9장에서 형이상학적 전통에 뿌리를 둔 교수행위의 개념에 대한 논의를 마칠 것이다. 10장에서는 다윈 및 다윈과 같은 시대 사람들이 이루어 놓은, 형이상학으로 부터의 개념적 단절로부터 일어난 지식의 본성에 관한 논의로 돌아갈 것이다.

합리주의:
교수행위는 남을 가르치는 것

08

> *우주라는 거대한 책은… 수학이라는 언어로 쓰여 있다. 그 문자는 삼각*
> *형, 원, 그리고 다른 기하학적 도형들이다. … 이러한 것들이 없다면 우*
> *리는 어두운 미로 속을 헤매게 될 것이다.*
>
> *- Galileo Galilei* [1]

고대 그리스 철학과 유대 그리스도교 신앙이 함께 영향을 미친 전통적 유산 중 하나는, 학습과 사고의 논의에서 다양한 은유적 도구에 기본적으로 빛을 사용한 것이다. 실제로 사용된 분명한 예로서 '빛이 있으라.…'고 한 성경의 창세기, 플라톤『국가론』중 특히 '동굴의 우화' 등이 있고, 데카르트 시대에는 지식과 앎의 문제와 관련해서 최상의 은유가 되었다.

그런데 데카르트는 더 나아갔다. 전통적으로 종교와 신비주의에서 이 세상은 희미하게 빛을 낼 뿐이었다. 그래서 인간은 살아 있는 동안 '희미하게 볼' 수밖에 없는 것을 슬퍼한 성 바울과 같이[2] 다가오는 계몽의 빛 중에서 식별될 수 있는 모든 것을 이해하기에는 어두운 현실에 의기소침할 수밖에 없었다. 데카르트는 달리 생각했는데, 인간은 '이성의 빛'으로 그늘에 숨어 있는 진리를 앞장서서 구별할 수 있을 것이라고 주장했다. 우리는 우리 스스로 사물에 빛을 발산할 수 있게 되었다. 이렇게 개념적으로 빛을 이동시 킴으로써 그는 지식을 그노시스에서 에피스테메로 멀리 옮겼다. 또한 그는 교수행위와 관련된 오래된 은유를 다시 정의하도록 촉진하였다. 신비주의 와 종교적 개념에 뿌리를 둔 *enlightening*과 *illuminating* 등의 말이 내포한 영 혼 개념을 벗어버렸다. 다른 사람을 계몽한다는 것은 이제 풍부한 상상력 으로 우주와 만나는 방식이 아니라 추상적인 개념들을 논리적으로 전개하 는 방식이 되었다.

이러한 독특한 변화는 이제 *discipline*이라는 또 다른 단어를 다시 정의하 도록 하는 데 기여했다. 5장에서 언급한 바와 같이, 신비주의 전통에서 discipline은 학습자의 재능이다. 그리고 6장에서 말한 바와 같이, 종교적 전통에서 discipline은 교사의 일로 받아들였다. 합리주의 전통에서 discipline 은 도덕적이고 윤리적인 모든 의미를 잃어버리고 그저 '물리학the discipline of physics'과 같이 학문의 한 분야를 말하는 것이 되었다.

데카르트가 진정한 진리의 모델로 수학을 택한 것은 매우 중요한데, 왜 나하면 그것은 그의 작업이 깊게 뿌리박힌 가설을 문제시하기보다는 사람 들이 공감하는 정서를 잘 반영했음을 보여주는 것이기 때문이다. 예컨대 수학은 절대적이고 흔들리지 않으며, 이상적인 진리로 보기에 충분했다. 즉, 학습자 밖에 독립된 형이상학적 지식인 것이다(*mathematics*라는 단어가 '학습하다' 또는 '생각하다'를 의미하는 인도유럽어족의 말에서 온 것임을 볼 때 이러한 현상은 당연하다. 모든 학습의 모델로서 수학에 대한 경도는 유럽 언어에서 이미 만들어져 있는 것이었다. 언어학이나 역사학과 같은 인류 지식의 다른 영역들은 그렇게 절대적이고 훌륭하고 학습자로부터 독립된 것이라고 생각되지 않았다). 데카르트가 사람이 무엇을 안다고 하는 것은 심적으로 엄밀히 구성해가는 것이라는 전제하에 작업을 하였기에 추상적인 수학적 지식의 성질은 그가 학습의 합리주의 모형을 구축하는 데 딱 들어맞는 것이었다.

데카르트의 생각으로부터 유래된 학습이론은 내적으로 심적으로만 구성되는 것이기 때문에 **심리주의**mentalism로 알려졌다. 역사적으로 심리주의는 그림이나 글짓기 등과 같은 훌륭한 문화적 활동에 대한 비유를 중심으로 발달되어왔다. 데카르트 시대에는 뭔가를 기억한다는 것은 뭔가를 마음에 적는 것으로 보았다. 또한 인간의 인지를 당시의 발달된 기술에 비유하는 경향이 분명히 있었다. 데카르트는 일련의 논리적 추론으로 신뢰할 만한 결론이 도출되는 방법을 보여주기 위해 다양한 기계 장치들을 종종 비유하여 예를 들었다. 20세기 초에는 심리주의 이론가들이 눈은 카메라로, 기억은 필름에 기록되는 영상으로, 상상한다는 것은 안으로 투사되는 것 등으로 영화 기술을 비유에 많이 사용했다.[4] 보다 최근에는 전자 기술에 비유한다. 이러한 비유는 광범위하게 받아들여져 두뇌는 말 그대로 컴퓨터가 되었다. 모든 심리학 분야에서 **인지주의**cognitivism 역시 이러한 하나의 비유를 통해 등장하게 된 것이다(인지주의의 결점은 뒤에서 논의할 것이다).

심리주의적 설명에서 공통된 또 다른 은유는 학습을 건축에 비유하는 것이다. 실제로 이 독특한 관념은 학교와 교수행위에 대한 논의에서, 공식적인 교육 슬로건 중 하나로 '학생들은 각자 자신의 이해를 구성한다.'를 사용할 정도로 현재 꽤 많이 사용하는 것이다. 이러한 생각은 수업 주제를 놓고 선형적으로 강의를 이끌어가는 식의 교수행위를 중시하는 합리주의에 대한 일종의 비판처럼 활용되기도 한다. 그러나 데카르트가 주장한 것은 역설적으로, 밖의 실체로부터 온 내적 표상을 조립하듯이 사람들은 자신이 이해한 것을 구성한다는 것에 다름 아니다. 따라서 그러한 생각이 주목을 받는 것은 합리주의를 모두가 받아들이고 있다는 표시로 밖에 볼 수 없다 (Ernst von Glaserseld[5]는 구성이라는 비유를 보다 급진적으로 사용하는 경우와 구별하기 위해 '소박한 구성주의'라는 말을 만들었다. 12장을 보라).

1600년대에 타당한 지식은 논리적으로 구성되어야 한다는, 즉 지식은 확실한 기초 위에 구성된 것으로 보는 데카르트의 새로운 제안은 교수행위를 비유하는 데 새로운 파장을 전반적으로 불러일으켰다. 이러한 생각은 학습자가 논리적으로 일관된 세상을 구성하도록 돕는 교사의 역할을 강조하였다. 특히 *instructing*이라는 말(글자 그대로 학습자가 내부에 지식을 구성하는 것을 돕는다는 뜻으로 이해되는)은 곧 teaching과 같은 말이 되었다. 밀접하게 관련이 있는 교수행위의 두 개의 측면은, 라틴어로 '평평하게 펴다'는 뜻의 *explaining*과 인도유럽어족의 '수, 세다', 그리고 나아가 '상술하다, 말하다'라는 뜻에서 온 *telling*이다. 설명하고 말하는 목적은 정보를 명쾌하고 분명하고 똑바로 제시하는 것이다. 학습자가 내부에 지식을 구성하게 돕는다는 의미의 *informing*, 학습자가 지식의 체계를 구성하게 돕는다는 *edifying*, '똑바른'이라는 뜻의 라틴어에서 온 학습자가 이해한 것을 정리하도록 돕는다는 개념의 *directing*이나 *direct instruction* 등이 가르친다는 것을 의

미하는 말들로 재정의되었다.[6]

이 모든 말에 함축된 의미는 법칙에 따라 논리적이고 주의 깊게 계획된 전개라는 개념과 주로 연관된 교수행위의 개념이다. 이러한 관점은 학습자보다는 주제 중심으로 전개되는 구조인, 선형적인 강의 계획으로 나타난다 (실제로 내가 있는 대학에서 예비 교사들은 통상적으로 어떤 정해진 학습 집단과도 연결되지 않은 과와 단원을 설계하도록 요구받는다. 가르쳐야 할 **것**은 가르쳐야 할 **사람**과 명백하게 별개로 생각된다). 교사와 특정 과목을 결합시켜 교사를 학습자로부터 분리시키는 것이 바로 합리주의적 교수 모델의 특징인 것이다. 교사를 가리키는 말로 종교로부터 기원한 *professor*나 *lecturer*를 택해 재정의한 것도 이런 이유이다.

근대 학교의 교육과정에 등장하게 된 과목들과 관련하여, 가장 중요한 영향을 미친 것은 전통이라는 것이 밝혀졌다. 고대 그리스 시대부터 합리주의자들은 인생에서 자유로워지기 위해서는 잘못된 가정을 발견하고 흠 있는 추론을 들춰낼 줄 아는 능력을 개발해야 한다는 믿음을 물려받았다. 교육에 대해 이렇게 특별히 강조하는 것은 검증된 삶 또는 더 잘 알려진 소크라테스의 '검증되지 않은 삶은 살 가치가 없다.'[7]는 주장과 같은 고대 그리스까지 거슬러 내려간다. 소크라테스는 우리의 무지에 대한 끊임없는 공격을 받아들여야 한다고 주장하였다. 플라톤과 아리스토텔레스 등 그의 제자들을 거치면서 자유학과라는 교육과정a curriculum of liberal art이 만들어지고 정착되었다(*liberal art*는 말 그대로 '자유롭게 하는 과목'이란 뜻이다). 처음부터 미술, 문학, 수학적 주제 등이 강조되었다. 중세 시대에 이르러 자유 학과는 기하, 천문, 수학, 음악 등의 4학과 문법, 논리, 수사학 등 3학, 두 개의 과로 진화하였다.

　이러한 모든 과목들이 지식의 그노시스 범주에서 왔다는 것이 중요한다. 이 과목들은 고대 그리스인들이 교사의 개입이 필요한 영역이라고 본 것들이다. 실용적인 일상적인 삶의 방법을 담은 에피스테메는 공식적으로 학교에서 배우기에는 부적절하다고 보았다. 일상에서 필요한 지식은 현실 세계에서 살아가면서 필요에 따라 개발되는 것으로 생각했다. 특별히 공식적인 교육이 필요 없는 것이다.

　이러한 태도는 모든 사람이 아닌 부유층이나 상류층이 다니는 학교에서 특히 성행하였다. 과학과 산업 혁명의 첫 번째 단계에서 대중 교육이라는 관점에서 노동 계급의 자녀들에게 읽기나 단순한 산수를 넘어 수학을 가르쳐야 하는가에 대해 광범위한 논쟁이 있었다(유산 계급의 기득권이 유지되기 위해서 하층 계급은 오늘날에도 다양한 모습으로 지속되고 있는 검증되지 않은 삶을 살아야 했다).[8] 결과적으로 노동 계급 자녀를 위한 교육과정에서 중요하게 고려되는 것은 실용성, 즉 에피스테메이다. 자유 학과와 실용적 기술과의 긴장은 기초학력 및 이해를 위한 교수법teaching for understandings 등에 대한 끊임없는 논쟁에서 볼 수 있듯이 이후에도 계속된다(이에 대해서는 12장과 13장에서 다시 논할 것이다).

　수학은 이러한 긴장 속에서 자리를 잘 잡아간다. 수학은 합리주의에서도 핵심 요소이지만 탁월한 실용적 지식의 원천으로도 보였다. 이리하여 수학은 근대학교 교육과정에서 특권적인 핵심적 지위를 차지한다. 교육과정의 설계와 관련하여, 수학은 학령에 따라 기초에서 시작하여 초보적 능력이 점차 세련된 개념으로 논리적으로 결합되어 가는 매우 체계적인 구조와 같은 모습이다. 모든 근대학교는 짧은 시간 안에 기하학적 증명 과정과 같은 표준화된 교육과정을 갖추게 된다. 따라서 교수법의 전략은 실용적이거나 철학적인 문제를 중심으로 학습 과제를 조직해나가는 방법을 교사들이 포기하면서 선형적인 논리적 수업 지도안으로 바뀐다. 이러한 새로운 모형에 따라 교사와 교육과정 입안자는 아이들이 달성해야 할 바람직한 결과를 설정하고, 이러한 결과의 궁극적 달성을 가능케 할 기초를 설정한다. 그리고 마지막으로 시작에서 끝으로 나아가는 점증하는 단계를 만든다. 그 결과물이 바로 과課와 학습계획program이라는 것으로, 지식에 대해 널리 퍼진 신념처럼 시간과 공간으로부터 독립된, 따라서 누구에게나 어느 곳에나 들어맞는 교육과정인 것이다.

이러한 관점의 극단적인 형태가 1960년대 북미의 '새로운 수학New Math'일 것이다. 이러한 움직임은 대부분 구소련의 과학적 우위 - 겉으로는 당시 그들의 보다 발달된 우주 프로그램을 인식하고 나서라고 하지만 속으로는 군사기술 - 때문에 추진된 것이다. 정치인과 과학자들은 초등학교 교사들로 인해 미국의 과학발전이 뒤처지고 있기 때문이라는 비난을 조성하는 데 성공한다. 해결책으로 중요하게 제시된 것이 '과목의 구조'에 초점이 맞춰진 수학 교육과정을 개발하는 것이었다.

여기서 구조는 데카르트의 철학과 딱 들어맞는, 개념들의 엄격하고 논리적인 조직화라고 생각했다. 학교에서 배우는 수학은 명제들의 형식적 체계로 엄격하게 재개념화되었고, 학습 프로그램은 핵심적 정리들과 법칙들로 재설계되었다. 문제를 푸는 것보다는 형식적인 증명이 강조되었다. 교육과정을 이렇게 다시 정비하는 과정을 통해, 부과된 문서나 다른 자료들을 교수행위를 미리 설계된 내용을 연속적으로 제시하거나 표준화 검사standardized test를 관리하는 것 등으로 전락시키는 새로운 프로그램으로 교사를 무력화하려고 했다.

다음 장에서 논하는 이유로 인하여 새로운 수학 운동은 실패하였다. 중요한 이유 중 하나가 학습이 선형적이고 논리적으로 이루어진다는 데카르트식의 가정이다. 이는 교육에서 기초the basics, 아니 오히려 기초는 반드시 가르쳐야 한다는 풍토를 놓고 벌어지는 오늘날 논쟁의 근거가 되는 것이기도 하다. 기하학적 증명 모형에서 유래되어 그 적실성이 떨어지는, 오늘날 기초학력이라고 규정된 것이 인간의 지식에서 진짜 기본이 되는 것인지 대중적으로 논쟁하는 사람은 거의 없다. 그래서 우리는 때로는 시대착오적인 교육과정을 접하게 된다. 수백 년간에 이루어진 학교화로 인해, 삼사백 년 전 산업화 초기에 인생에 필요한 기초가 되었던 많은 개념과 능력들이, 단지 학교에서의 성공에 필요할 뿐임에도 오늘날 필요한 지식으로 생각되고 있다. 얄궂게도 학교에서 가르치는 수학이 가장 좋은 예일 것이다. 예를 들어, 기술이 발달해서 우리는 결코 교실 밖에서 긴 나눗셈을 해야 할 일이 없지만, 긴 나눗셈 기술을 익히기 위해 보내는 몇 달을 다른 것을 배우는 데 사용하자는 제안은 환영받지 못한 채 수많은 다른 것을 놓치고 있다. 더더군다나 대부분의 수학적 지식이 지나간 세기에 만들어진 것임에도 불구하고, 오늘날 수학 교육과정에는 이미 400여 년 전에 확정된 주제 말고는 거의 없다.

합리주의적 교수행위의 또 다른 중요한 특징은 학습자가 이해했는지에 대해 끊임없이 시험을 치러야 한다는 것이다. 이러한 독특한 집착은 학습자와 실제 세계를 구분하는 이분법으로부터 오는 논리일 뿐이다. 이러한 억설 하에서만이 교사가 끊임없이 주관적 이해와 객관적 지식 사이를 조사해보아야 하는 것이 이해된다. 이러한 집착이 교사로 하여금 학습자보다는 교과목에 더욱 밀착하게 하고, 학생을 직접 가르치는 교사보다는 다른 사람이나 기관이 시험을 종종 출제하고 관리하며, 개개 학습자들의 시험 결과는 교수행위가 어떠해야 하는지에 거의 영향을 주지 않는 합리주의 풍조를 유지시킨다.

　요약하면, 지난 수세기 동안 대부분의 학교와 많은 교육학 연구가 학습에 관한 합리주의적 억측에 의존해왔다. 이러한 병리 현상의 결과는 매우 다양한 교육 내용, 학습자, 그리고 정황을 가로질러 나타난 그렇고 그런 수많은 교육과정 구조와 교수 방법을 통해 명백히 나타난다.

　이 장은 합리주의 철학과 관련 있는, 동일한 기원과 개념적 의미를 갖는 교수행위의 동의어들, 특히 *instructing, explaining, telling, informing, edifying, directing, lecturing,* 그리고 *professing* 등과 같은 말에 관한 것이다. 9장에서는 경험주의 과학과 관련된 말들에 대해 유사한 논의를 할 것이다. 또한 9장에서 근대학교를 규정한 학년제나 교과목과 같은 몇 몇 구조와 실천에 대해 보다 상세히 논할 것이다.

경험주의:
훈련으로서의 교수행위

선과 악, 상과 벌이야말로 이성적 피조물의 유일한 동기이다. 이는 모든 인류를 인도하고 일하게 하는 박차이며 고삐이다. 따라서 이는 아이들에게도 유용하다.

- John Locke [1]

에피스테메 전통과 그노시스 전통에서 각각 만들어진 교육과 관련된 공약과 강박의 종류 사이에는 재미있는 평행선이 그어져 있다. 두 경우, 사상의 중요한 흐름 중의 하나는 개인에 주로 초점이 맞추어져 있고, 다른 하나는 집단적인 문제에 더 초점이 맞추어져 있다. 신비주의적 믿음에 의해 인도된 사람들처럼 합리주의자들은 개인적인 이해를 강조하는 반면, 경험주의자들은 공식적인 교육을 보다 효율적인 기계처럼 작동하도록 하는 구조와 원리를 만들어내는 데 더 초점을 맞추었다.

과학과 산업혁명, 유럽의 제국주의, 자본주의와 도시화 등을 만들어낸 많은 사회적 태도와 문화적 신념들 역시 처음에 만들어진 근대 공교육을 발전시키는 밑바탕이 되었음은 당연하다. 이러한 종합적인 사건들이 16세기와 17세기 공교육의 필요성을 만든 것이다. '모든 이를 위한 교육'이 당시로서는 아직 미래의 이야기였지만, 얌전하고 글을 읽을 줄 아는 노동력과 아이들을 노동 시장에서 분리시키고 거리를 방황하지 않게 할 방법, 그리고 사회 계급의 질서를 유지할 방법이 졸지에 필요했던 것이다. 학교는 이러한 필요를 충족시켜주기 위한 훌륭하고 손쉬운 수단이었다. 행정 체계와 교육과정 구조는 이미 종교 단체에서 개발된 상태였는데, 그것은 고대 그리스 교육 모형에 근거한 것이었다.

최초의 근대 학교가 어떤 성격이었는가에 관한 실마리는 17세기 영국에서 등장한 몇 개의 새로운 용어들을 추출해보면 알 수 있다. 17세기가 시작될 무렵, 대중 교육의 제도화를 상징하는 *school*이라는 말이 처음 사용되었다. 학교보다 앞선 많은 실행과 구조에서 벗어나 근대 학교에서는 선형적 교육과정, 연령에 의한 학습자의 분류, 일제식 수업 등이 급속히 정착되었다. 실제로 *schooling*이라는 말은 공장의 조립라인을 고도로 상징하는 것과 같은 방법으로, 가르치려고 하는 주제와 시험을 검열하면서 움직여나가는 그런 뜻이 되어버렸다. 불완전한 아이들은 장차 사회와 회사에서 맡겨진 역할을 할 수 있는 완전한 성인으로 나아가는 것으로 보았다.

이러한 구조 내에서 역시 조립 라인과 같이 살아야 할 교사가 하는 일은, 과정과 성과의 예측 가능성에 대한 통제와 함께 경험주의자들이 말한 것들을 반영하는 용어로 짜인 것이 되었다. 이러한 움직임을 설득력 있게 보여주는 하나의 예시가 1600년대 초 *tutelage*(**감독**)라는 말의 사용이다. 'watching over'라는 뜻의 라틴어에서 유래한 것으로, 교사는 학교에서 일어나는 일을 감시하는 감독자이었던 것이다. 실제로 푸코[2]가 상술한 것처럼 학교 건물은 교사가 여러 학생을 하루 종일 감시하기 좋은 구조로 만들어졌다. 감시에 대한 강조는 계속되었고 오늘날 학급 통제나 학급 관리라는 말과 신참 교사들의 유사한 강박관념 속에 살아 있다.

근대 학교의 가장 대표적 특징이 바로 반[the classroom]일 것이다. *class*라는 말은 17세기 당시에는 자연적인 질서의 부분으로 간주된 경제적 지위, 집안, 정치적 신분 등을 주로 말하는 매우 분명한 문화적 증명서인 사회 계층으로부터 교육하는 사람들이 빌려온 것이다.[3] 근대 학교에서 학생들을 반이나 **학년, 등급**으로 나누는 중요한 방법은 성과 나이였다(사회적 계급으로 나누는 것은 불필요하였다. 다른 계급의 학생들은 다른 학교를 다녔기 때문이다). 이러한 반의 분리는 교수행위의 변화를 가져왔다. 이러한 변화는 다음 그림을 보면 알 수 있는데, 둘 다 17세기의 장면이다. 왼쪽 그림은 Adriaen Jansz van Ostade가 1662년에 그린 '학교 선생님'으로, 교사가 혼합된 성과 연령을 가진 학생들 사이에 위치하고, 학생들은 저마다 다른 활동에 몰두한다. 누가 그렸는지 알려지지 않은 오른쪽 그림에서는 모두가 남학생이고, 모두가 같은 나이이며, 모두 같은 주제에 몰두하고, 모두가 같은 작업을 하며, 모두가 같은 방향을 바라본다. 교사의 위치 변화 또한 중요한데, 활동의 중앙에서 벗어나 모든 학생들을 감시할 수 있는 교실의 끝으로 가 있다.[4]

같은 시기에 교수 방법으로 선호되어, 사용하게 된 다른 단어가 *inculcation*(되풀이하여 가르치다)이다. '강제하다force upon', '찍어내다stamp in'는 뜻의 라틴어에서 유래한 교수행위를 강조하는 이 말은 틀에 박힌 과정의 기계적인 반복에 초점을 맞춘 것이다. 등장하기 시작한 표준화되고 선형적인 합리주의적 교육과정의 구조만이 아니라 그 생산물도 마찬가지로 강조되었다.

8장에서 논의를 전개하였지만, 교육과정의 내용이란 면에서 학교가 틀에 잡힌 이후, 근대 학교는 두 가지 면에서 중세의 과목과 중요한 차이가 있다. 첫 번째, 몇 개의 새로운 과목이 핵심적인 교양 과목으로 첨가되었다. 특히 새롭게 수학이 더욱 중시되었다. 과학과 관련된 실용적 기술이 또한 더욱 강조되었다. 두 번째, 미술을 포함한 모든 과목이 요소요소로 나뉘어 분석되고 선형적으로 된다. 그러한 분석은 19세기 통계학에 기반을 둔 심리학이 '정상 발달'을 만들어나간 것과 나란히 박차를 가해 만들어진 것으로, 모든 지식의 분야에 논리적 순서를 정하려는 합리주의적 충동에 의해 촉진된다. 발달 심리학의 등장과 함께 구성과 교수 방법이 '발달적 준비도'

와 '연령 적합성'과 같은 개념을 따라 조직되기 시작한다.

이미 언급하였듯이, 인간은 태어나서부터 어른이 되기까지 꾸준하게 안정적으로 성인으로 발달해간다는 생각은 원래 고대 신비주의에서 인간은 잃어버린 완전함을 되찾아 가야 한다고 전제했던 것이다. 이제 과학이 된 심리학은 예측 가능하고 측정 가능한 발달 양식이라는 개념으로 교육의 과정을 더 잘 이해하기 위한 노력에 전념한다. 실제로 20세기 초반에 이르러 심리학은 자기 자신을 '교육의 과학'이라고 했다.

19세기 후반과 20세기 초반에 걸쳐서 만들어진 실증주의적이고 통계적인 정상성과 정상적인 발달(7장을 보라)을 통해 근대학교에서 이미 자리를 잡은 학년과 서열이라는 틀은 더욱 공고해졌다. 교수행위는 더욱더 정상적인 아동이라는 관념에 의해 진행되었고, 이러한 구성은 물론 모든 종류의 비정상성을 곧바로 암시하는 것이었다. 개인은 어떤 측정치의 평균에서 멀리 벗어나 탈선해서는 안 된다는 전제에 의해 이끌리면서, 교육학 연구는 과소행동과 과잉행동, 지능의 부진과 향상, 내향성과 외향성 등 새로이 발명된 여러 편차의 범주에 대해 조사하기 시작했다. 학교에서 '특수요구special need'라는 새로운 범주에 따라 프로그램이 만들어졌다. 이러한 과정에서 의료 용어가 교수행위를 비유하는 일련의 새로운 용어로 사용된다. 평균치에서 너무 벗어나 헤매는 것으로 판단되는 특수한 성향이나 능력을 가진 학습자를 위해, 교수행위는 **진단**diagnosing과 **치료**remediating라는 관점에서 이해된다.

교육 정책과 실천에 중요한 영향을 미친, 밀접하게 관련된 다른 흐름으로 생득설이 있다. *nativism*이라는 단어는 '태어났다to be born'는 의미의 라틴어 *nasci*에서 유래한 것으로, 이는 선천적인innate, 발생기의nascent, 자연nature의

어원이기도 하다. 생득설을 주장하는 사람들은 사람의 각 두뇌가 타고나면서 독자의 구조를 갖고 있으며 경험을 통해 변치 않는다고 하는데, 이는 영혼^{soul}은 선천적으로 주어지고 변치 않는다는 신비주의적이고 종교적인 주장의 근대판에 다름 아니다. 밝혀진 바와 같이, 최근의 신경생물학 이론에 의하면 두뇌는 고정되어 있지 않다. 실제로 매우 변용 가능하다. 뇌의 물리적 구조는 수시로 변하며 전적으로 경험에 의존한다.[5] 그럼에도 불구하고 정적인 뇌라는 가설은 뿌리 깊어, 생득설 담론 진영은 오늘날 교육적 상상력을 사로잡고 있다. 여기에는 성격 유형, 학습하는 스타일, 다중 지능 이론 등이 있는데, 그 모든 것이 (예를 들어, 사람들 사이의 어떤 차이는 두뇌의 구조와 많은 관계가 있다는) 진리의 한 부분을 차지하고 있지만, 고정된 두뇌, 특수화된 기본 단위, 굳어진 피질 영역을 상정한다는 면에서 근본적으로 흠이 있는 것이다.[6]

정상성이 만들어지고 생득설이 매우 구체화 되면서, 심리학 지향적인 교육연구자들은 **무엇**^{what}을 **언제**^{when} 가르쳐야 하는 문제가 중요하다는 확신을 더욱 더 많이 갖게 된다. 그러나 1800년대를 거치면서 경험주의자들의 방법은 **어떻게**^{how} 가르쳐야 하는 문제에 대해서는 비효율적인 것으로 밝혀진다. 이를 극복하기 위한 혼신의 노력으로 20세기 초에 행동주의 심리학이 등장한다.

경험주의로부터 오고 뼈 속 깊이 실증주의인 행동주의는, 생각은 관찰할 수 없고 따라서 측정할 수 없다는 단순한 이유로, 교사와 연구자는 심리적 기능에 초점을 맞추어서는 안 된다는 전제에서 시작했다. 과학적 의도가 초점을 맞추어야 할 적절한 곳은 행동, 환경, 그리고 양적으로 측정 가능한 다른 변수들이다. 이런 식으로 한계를 분명히 하면서, 이제 학습은 경험주의자들의 방식으로 환경의 변화에 따른 행동의 변화라고 정의된다. 그러한 변화를 가져오는 교수행위는 **조건 형성**^{conditioning} 또는 **훈련**^{training}의 문제로 역할을 바꾸게 되는데, 즉 어떤 조건들 하에서 바람직한 반응을 증가시키기 위해 이루어지는 행동이 된 것이다.[7]

일찍이 행동주의의 승리자가 된 John B. Watson, Edward Thorndike, B. F. Skinner 등은 Watson의 확신에 찬 주장에서 볼 수 있듯이, 학습의 연구에서 이러한 접근 방식이 매우 적절한 것은 물론이라고 생각했다.

> 나에게 잘생긴 건강한 아이 12명을 데려와 보라. 그래서 내가 만든 특별한 세상을 그들에게 제공하면, 누구라도 아무나 내가 원하는 대로 어떤 전문가로도 키울 수 있다. 의사, 변호사, 예술가, 우두머리 상인 심지어 거지, 도둑놈까지 그의 재능, 취미, 성벽, 능력, 적성, 그리고 그 조상이 어떤 인종인지와 상관없이.[8]

물론 Watson이 정한 조건(즉, 정상적인 아이와 어떤 '특별한 세상')은 그의 주장을 공허한 것이 되게 하는데, 특히 매일 매일 우발적으로 다가오는 세상과 맞서는 많은 현실의 아이들을 놓치지 않으려고 고군분투하는 교사들이 있는 학교에서는 더욱 그러하다. 그럼에도 불구하고 20세기 중반에 행동주의는 교육 연구와 정책 입안, 그리고 교육과정 개발에서 지배적인 담론이 된다. 그 영향이 약화되었어도, 여전히 명확하게 서술되고 측정 가능한 학습 행동 목표, 분명한 학습 결과, 잘 개발된 보상제도 등으로 완강하게 남아 있다. 사실 나의 모교 대학에서, 학습 이론을 위해 개설된 하나뿐인

과정인 학부 교육 프로그램이 거의 완전히 행동주의 원리에 초점이 맞추어져 있다.

여기서 왓슨의 주장이 개인의 정체성과 우주에서 사람의 위치라는 문제를 둘러싼 생각의 광범위한 변화를 나타내는 것이라는 점은 언급할 만하다. 신비주의와 종교적 전통에서 정체성은 미리 주어진 것이었고, 그리고 인생에서 한 사람의 역할은 예정된 것(신비주의의 경우)이거나 신성한 부름을 받은 것(종교의 경우)이다. 경험주의적 전통에서 그러한 생각은 지워졌다. 인생에서 한 사람의 개성과 역할은 느닷없이 그 사람의 경험의 문제로 완전히 이해되었다. 유사한 생각의 변화가 또한 직관이라는 현상을 중심으로 발생했다. 지식의 초월적 영역에 접근한다는 제안을 제거하면서, 경험주의자들은 반드시 의식적 경험은 아닐지라도 완전히 경험에 뿌리를 둔 숙련된 패턴 인식이라는 관점에서 직관을 다시 정의하였다. 나아가 그러한 관점으로 설명할 수 없는 직관이 발생하는 것은 단지 때때로 발생하는 우연한 사건이 확률적으로 일치한 결과라고 주장하였다.[9]

사실 변화가 완전히 갑자기 일어난 것은 아닐 것이다. 영국의 훌륭한 경험주의 선구자인 John Lock(1632~1704)는 모든 개인의 이해는 경험에 기반을 둔 것이라고 주장하였다. 실제로 로크는 '경험을 넘어서는 지식은 없다'[10]는 주장으로 영적이거나 초인적인 지식의 가능성을 배제하였다. 그는 사람은 **백지 상태**_tabula rasa_[11]로 새롭게 태어난다는 말을 통해 많은 사람들에게 알려졌다. '서판'이라는 뜻의 라틴어로, 아무 것도 새겨지지 않은 판이 세상과 만나 새겨지고 기록되기를 기다리는 것이다. 인용한 왓슨의 주장에서 분명하듯이, 이러한 믿음은 행동주의 심리학으로 혼합된다. 지배적인 경험주의적 정서를 반영하여, 개인적 경험에 대한 로크의 강조는 오늘날 유행하는 '발견 학습discovery learning'을 또한 받쳐주는데, 이는 발견되기를 기다리며 저 밖에 있는 그 무엇이라는 형이상학적 관점으로 진리를 상정해야 이해할 수 있는 생각이다.

행동주의가 교육에 제공한 것이 별로 없거나 전혀 없다고 주장하는 것처럼 보이지 않기 위해, 조금 되돌아보고자 한다. 행동주의 원리는 여러 상황에 매우 성공적으로 적용되어 왔는데, 특히 공포증과 억압기제를 극복하고자 하는 바람의 경우가 그러하다. 또한 행동주의는 인간이 학습의 대부분을 차지하는 몇몇 무의식적 차원을 전망하는 데 도움을 주었다. 우리가 알고 있으면서 전혀 의식에 떠오르지 않는 많은 것은 합리적 분석으로 해결되지 않는다. 그러나 우리의 앎과 행함은 분명 우리가 의식하지 못하는 환경에 의해 유발되고 영향을 받는다. 이러한 이해는 개인들이 의식적으로 마음속에서 실재를 조립한다는 합리주의 주장에 대한 중요한 응답이다. 이와 같이 교수행의에 관한 논의에서 행동주의가 기여한 중요한 것은 학습에서 환경과 경험의 역할에 대한 천명이다. 이러한 주제들은 이어지는 여러 장에서 강조하고 상세히 논하는 것처럼, 교수행위와 학교에 관한 모든 현재의 논의에서 사실상 지배적인 주제가 되었다.

그러나 행동주의는 학습이 점점 복잡해지는 상황에서 차츰 덜 유용하게 된다. 말하자면, 합리주의의 절대적인 원인－결과 논리가 오랜 기간 동안 여전히 불편한 의자에 아이들이 앉아 있도록 훈련시키는 데 효과적이라 할지라도, 아이들이 언어를 조기에 학습하는 것을 이해하는 데 조금 유용할 뿐, 아이들이 여러 말과 스토리로 시도함으로써 제기되는 관계와 의미의 복잡한 그물망을 이해하는 데는 전혀 유용하지 않다.

그러한 문제를 다루기 위해, 연구자들은 행동주의나 단지 경험주의의 몇 몇 핵심적 전제뿐 아니라 근대 과학의 등장을 뒷받침한 형이상학적 관념에 도 문제를 제기해야 한다는 것을 알게 되었다.

이 장은 특히 **학교 교육**^{schooling}, **되풀이하여 가르치기**^{inculcating}, **조건 만들기** ^{conditioning}, **훈련하기**^{training}, **진단하기**^{diagnosing}, 그리고 **교정하기**^{remediating} 등 경험주의 과학과 관련된 교수행위를 말하는 동의어들의 기원과 개념적 함의에 관한 것이다. 이 장은 서구 사상에서 인식론적 전환으로 등장한 교수행위의 주 안점에 대한 논의와 형이상학에 뿌리를 둔 교육적 관점에 대한 논의로 끝 을 맺고 있다. 10장에서는 형이상학보다는 형이하학에 뿌리를 둔 세상에 대한 설명으로 나아가고자 한다.

형이하학:
간주관성 V 간객관성

진화가 일어났음을 1859년 다윈이 방대한 자료를 통해 보여주었고 곧
바로 거의 모든 사람들이 받아들인 것을 누구나 알고 있다. 그러나 다
윈이 그 이후로 여러 분야에서 중요하게 된 다른 몇 개의 과학적이고
철학적인 개념들을 제시한 사실은 모든 사람이 알고 있지는 않다. 개체
군 사고 *population thinking* 와 자연선택과 같은 개념들은 그 누구도 생각하지
못했기에 수많은 반대를 극복해야 했다. 이오니아학파에서 시작해서
플라톤과 아리스토텔레스, 스콜라학파, 계몽주의 철학자들, 데카르트,
로크, 흄, 라이프니츠, 칸트, 그리고 19세기 전반의 많은 철학자들 등 변
화에 관한 사상을 전개했던 수백의 철학자들 중에서 변이와 선택의 조
합이 귀납적으로 수없이 만드는 힘을 알아챈 사람이 최소한 한두 명은
있지 않았을까 하고 생각할 것이다. 그러나 아무도 없었다. 현대인이
보더라도 도처에서 일어나는 변이와 선택이 도저히 믿어지지 않을 것
이지만, 그것은 역사적인 사실이다.

- Ernst Mayr [1]

2장에서 언급한 바와 같이, 다윈의 이론은 이미 한 세기 전에 과학 연
구에 혁명적 충격을 주었다.[2] 물질적 형상들은 주어진 것이라기보다는 역

사적으로 만들어진 것이고 그들의 서로 다른 점들은 초자연적인 모양이 반영된 것이 아니라 작은 변이에서 시작하여 자연적으로 만들어진 것이라는 주장은, 가능하다고 생각했던 이 세상에 대한 완벽한 지식의 축적이 결코 이루어질 수 없다는 사실을 인식하도록 촉진하였다. 겨냥하는 바가 달라졌다. 다윈 이후로 자연과학은 이름 짓고, 분류하고, 측정하는 노력으로부터 일시적인 것, 역사적인 관심, 그리고 이론 창출을 강조하는 쪽으로 꾸준히 변해왔다.

대조적으로 사회과학은 20세기가 되어서야, 지식과 정체성에 관한 문제가 형이상학적 절대성이나 이상적인 그 무엇에 의해 해석되기보다는 우연한 환경과 역사적 효과에 의해 이루어진다고 보기 시작한 새로운 세계관의 중요성을 이해하기 시작했다. 100년이 지난 지금, 그 당시에 실제로 그와 같은 많은 일이 일어났음을 알 수 있다. 19세기 말엽과 20세기 초에 정신분석학, 현상학, 실용주의, 구조주의, 그리고 다른 학문적 운동이 진화론의 논리를 수용하였으며 사회과학과 인문학에서 연구를 근본적으로 다시 정의하는 데 기여하였다. 최근까지의 특히 지난 수십 년간 정보공학의 급속한 발전과 신경과학, 그리고 다른 분야들은 지식과 학습과 가르친다는 것에 대해 전혀 다르게 생각하도록 만들었다.

지난 세기 동안 각광을 받은 담론과 학문 분야를 둘러보면 경험주의(특히 실증주의) 연구와 다위니즘적 연구의 간격은 더 벌어졌다. 심리학 분야에서 이러한 현상은 극단적으로 나타났는데, 실증주의적 행동주의가 한편으로 영향력을 확대하고 또 한편으로는 정신분석학이 대중의 생각을 사로잡았다. 전자는 정확하게 측정 가능한 것만을 다뤘고, 후자는 볼 수 없고 측정 불가능한 경험의 그물망과 인간 주체에 대한 해석에 관심을 기울였다. 둘 다 과학이라고 주장했는데, 둘은 전혀 다른 두 개의 과학 개념으로부터 온 것이다.

아마도 행동주의와 정신분석학 연구 사이에 존재하는 균열은 19세기 후반, 주요 연구자들이 합리주의자와 경험주의자가 상정한 기계론적 우주관이 잘 작동하지 않는다는 것을 인식하면서 생겨났을 것이다. 이러한 흐름은 20세기 초 다양한 과정을 통해 만들어졌다. 특히 근대 과학에 대한 두 가지 중요한 비판이 하나는 과학의 외부로부터, 두 번째는 내부에서 발생하였다.

과학 밖의, 특히 철학, 인류학, 사회학을 포함한 예술과 인문학에 기반을 둔 많은 이론가들은 데카르트와 베이컨, 그리고 그 동시대인들이 생각해낸 근대 과학이 함축하고 있는 가정에 대해 의문을 제기하기 시작했다. 요컨대 다윈의 이론을 과학의 역사에 적용하면 진리가 끊임없이 진화한다는 것이 명백하다. 실제 때때로 기존의 사상들[3]이 새롭고 더 확고한 사상에 의해 쇠퇴한다. Thomas Kuhn은 이러한 개념적 격변이라는 사건을 지칭하는 '패러다임 변화'[4]라는 말을 만들어냈다. 진리는 **창조**되는 것이라기보다는 **발견**되는 것이라고 본 합리주의와 경험주의적 전제에 대한 도전은 너무 강력하여, 예술과 인문학과 같은 분야에 있는 많은 사람들은 분석적인 과학을 통찰을 위한 수단이라기보다는 방해물로 보게 되었다.

과학 내부에서 몇 명의 사상가들이, 세분화하는 것과 경험주의 과학의 환원주의적인 강조에 대해 다른 종류의 반응을 제기하였다. 이러한 공헌은 다른 범주의 현상들이 있다는 것과 각각을 이해하려면 다른 해석 도구가 필요하다는 것에 대한 인식을 중심으로 전개되었다. 1948년 정보과학자인 Warren Weaver는 과학의 대상을 나누는 하나의 방법을 말하였다. 그는 단순simple, 복합complicated, 복잡complex의5 세 가지 일반적인 시스템의 종류를 규정하였다.

Weaver의 말에 의하면, **단순계**simple system는 몇 개 안되는 변수나 인자가 상호작용하는 것이다. 포탄이 날아가는 것이나 전자의 궤도, 충돌 현상 등 주로 갈릴레오나 데카르트, 뉴턴 등 계몽주의 사상가들이 연구하던 대상들이다. 그들이 개발한 법칙과 공식들, 특히 뉴턴 역학은 성공적으로 적용되어 단순계를 검사하고 예측하고 조작하는 데 계속 사용되었다.

그러나 뉴턴도 단순계를 다루는 공식은 변수가 조금만 증가해도 무용지물이란 것을 알고 있었다. 이러한 **복합계**complicated system를 위해 과학자들은 확률 모형과 통계적 방법을 사용하는 것으로 대처하였다. 그런데 이 모형과 방법은 실은 7장에서 언급한 바와 같이, 과학 밖에서 만들어진 것이다. 중요한 것은 과학의 근본적인 전제는 별로 변하지 않았다는 것이다. 통계학을 받아들인 것은 사고의 변화라고 하기보다는 단념이었다. 아직도 대부분의 과학자들은 뉴턴 역학이 우주의 작동을 설명했다고 생각한다. 고전 역학이 변수가 좀 더 더해졌을 때 각각의 작용 및 상호작용을 측정하고 계산하는 능력이 떨어지는 것이 문제라고 믿었다.

Weaver는 이러한 단순계와 복합계, 두 개의 범주가 설명 못하는 것이 있다고 보았다. 두 경우 그 시스템들은 기계적이다. 즉, 그 경우의 상호작용은 불활성화된 구성 요소들에 의한 것이다. 그러나 많은 시스템과 사건은 그 자체 역동적이고 적응력 있는 인자들의 상호작용에 의해 창발된다. 미생물,

세포, 기관, 동물, 동물의 무리, 도시, 사회, 종, 그리고 생물권 등이 그 예이다. 이러한 현상들은 완전한 예측이 불가능한데, 왜냐하면 한 현상을 구성하는 인자들이 동일한 영향에 대해 각기 다르게 반응할 수 있는 능력이 있기 때문이다. 단순계나 복합계의 경우는 그렇지 않다. 복잡계complex system만이 새로운 반응을 학습할 수 있다는 것이 중요하다. 이는 단순계나 복합계와는 달리 복잡계는 그들의 역사를 체화한다는 것을 의미한다. 복잡계가 물질적 구조 속에 얽혀 있으면서 발현되는 상태를 만드는 것이다. 뉴턴 역학이나 통계적 회귀와 같은 분석적 방법으로는 그러한 현상을 이해할 수 없다. 이런 방법들은 스스로 변화하는 대상에는 절대로 적용이 안 되는 것이다(실제로 *statistics*는 *state*, *stasis*, *static*과 연관되는 단어다. 이는 모두 '정지하다'는 그리스어 *stare*에서 온 것으로, 통계적 접근은 복잡계의 역동성을 추적하는 데보다는 하나의 스냅 사진을 찍는 데 유용하다는 점을 강조하는 것이다).

Weaver는 과학의 입장에서(그리고 과학에 대해서) 말하고 있었던 것이지만, 요지는 학문의 영역을 가로지르는 것이었다. 사실 앞서 언급한 정신분석학, 실용주의, 구조주의 등의 담론들이 개인의 주체성이나 지식 또는 언어와 같은 어떤 복잡한 현상이나 현상들을 이해하려는 노력이었다고 볼수 있다. Weaver가 그가 분석한 것을 제기하기 전에 그와 같은 현상을 연구하는 많은 연구자들이 이미 수학적이고 통계학적인 모형과 방법을 배제했었다. 분석적 방법에 대한 이러한 저항은 단순하고 복합적인complicated 사건들에나 어울리는 선형적 서술, 인과적 논리, 유클리드 기하학적 이미지에서 벗어나 복잡한complex 현상에 더 적합한 의미의 그물망, 상호 의존적 발생, 프

랙털 형태 등으로 나아간 상징적 도구들의 변화를 보면 분명히 알 수 있다.[6]

달리 보면, 지난 150년간 여러 담론에 걸쳐 나타난 연구 주제들을 통해 그러한 현상들이 서로 일치되면서 창발된 것이다. **형이하학**[physical]도 '성장, 자연[growth, nature]'이란 뜻의 그리스어 *physis*에서 유래한 것으로, '~을 낳다, 싹을 내다[to bring forth]'라는 뜻의 *phyein*과 같은 어원이다(*phyein*은 또한 영어 부정사 *to be*의 어원이다). 이러한 고대적 의미에서, 10장에서 16장에 걸쳐 알아보는 담론들은 형이하학과 관련되어 적절히 서술될 것이다. 즉, 형상과 사건이 창출되는 방법을 이해하기 위한 것이다.

이번 장은 이 책의 후반부를 조망해보는 것이다. 따라서 주제들을 광범위하게 다룰 것이고, 그 대부분은 이어지는 여러 장에서 더욱 자세하게 검토할 것이다.

간주관성 :
인간에 의한 해석

20세기 동안 예술과 인문학에서 일어난 운동과 과학에서 일어난 운동 사이에는 중요한 차이가 발생했는데, 이는 1800년대에 사회과학과 자연과학 사이에서 생긴 분지의 반향으로 해석될 수 있다. 사회과학에서 일어난 운동인 정신분석학과 실용주의는 그들의 논제를 인간과 직접적으로 관련되는 문제로 한정해왔다. 눈에 띄는 주제로는 개인의 정체성, 인간의 학습, 그리고 문화의 진화 등이 있었고, 그러한 운동을 통틀어 대중에게 알려진 슬로건은 '모든 지식은 사회적으로 구성된다.'는 것이었다.

모든 지식이 사회적 상호작용과 합의에 의한 것이라는, 즉 간주관적이라는 이러한 생각은 물론 '지식이 이 세상 밖에 있다'는 형이상학적 주장에 대한 대응이었다. 이러한 믿음이 과학적 연구의 기본이고 기본적 전제를 이루는 것이 되면서 모든 지식이 사회적으로 구성된다는 주장은 지난 세기 동안 근대 과학에 대한 비판으로 여러 가지 모습을 띠고 나타났다. 그러나 과학적 연구가 문화적 활동의 다른 어떤 분야만큼 스스로를 다시 정의해온 것을 보면, 그 비판은 형이상학에 대한 것으로 이해하는 것이 더 적절할 것이다.

더 극단적인 몇몇 사례 중에 지식은 분명 간주관적이라는 주장이 일종의 생물공포증biophobia으로 나타났다. 즉, 유전적 형질과 육체적 구성이 우리의 정체성과 능력과 우리의 지식에 주 역할을 한다는 것을 부정하는 것이다.[7] 능력이란 타고나는 것이고 변치 않는다는 생득설을 부정하고 몇몇 사회과학자들은 교육기회나 사회적 차별과 같은 문화적 조건들이 개인의 가능성을 결정하는 데 주 역할을 한다고 주장하기 시작했다. 한 세기 전에는 그러한 주장이 진보적이었다.

그러한 생각은 인본주의 철학과 진화론의 결합에서 생겨난 것으로 보인다. 7장에서 언급한 바와 같이 인본주의는 인간 스스로 인간의 상황을 충분히 이해할 수 있다고 본다. 이러한 인본주의 운동은 르네상스에서 시작되어 계몽주의를 통해 왕성해진 철학적 과학적 학문적 태도로 공식화되고, 신비주의와 종교의 전통적 영역으로까지 나아갔다. 19세기에 다윈의 공헌과 함께 인본주의는 전성기를 맞는다. 이제 신성이나 이상의 세계와 같은 추상적인 개념을 제공하는 해석이나 설명의 도구는 완전히 불필요해졌다.

설명의 원리로서 초자연적이고 이상적인 것으로부터의 일탈은 중요한 개념적 문제를 야기했다. 직관이나 성찰이나 영원하고 초월적인 영역에 대한 깨달음이 아니라면 지식이 과연 무엇인가 하는 것이다. 인본주의자의 대답은 개념들은 인간이 만들어낸 것이라는 것이다. 인본주의자들에게 지식은 높은 데서 내려오는 것도, 신비적 방법으로 예언되는 것도, 원래부터 자연 상태에 있는 것도 아니라는 것이다. 언급한 바와 같이 지식은 집단적 합의의 문제이며 인간의 관계로 설명되어야 한다.

인본주의가 이신론理神論에서 벗어나 진화할 수 있었던 것은 또 다른 철학 운동인 자연주의naturalism의 영향이 컸다. 자연주의는 초지연적인 – 말 그대로 자연보다 우위에 있는 – 전제에 대한 독특한 대응이었다. 초자연적이라는 것은 모든 형이상학적 사고의 특성이다. 세계관으로서의 자연주의는 의미의 지식인 그노시스나 사물의 작동 방식에 관한 지식인 에피스테메 모두 과학적으로 제일 잘 만들어진다고 보았다. 사실상 인본주의적 지식과 입장은 어느 정도의 예측과 통제가 가능한, 사회적 협력을 가능케 하는 견실한 세계관을 만들고자 하는 집단적 노력의 결과로 만들어진 것이다.

자연주의와 19세기 인본주의가 일치된 것은 동시에 일어난 것이 아니다. 미국의 실용주의, 마르크시즘, 정신분석학, 대륙의 철학 등 합리주의와 결별한 생각들이 19세기 후반에 인본주의와 자연주의의 성격을 띠고 나타나기 시작했다. 마르크스를 예로 들면 그의 공산주의 개념이 확실한 인본주의적 자연주의이며 자연주의적 인본주의인데, 이는 인간과 자연, 그리고 사람과 사람 사이의 갈등을 본질적으로 해소하는, 실존과 본질 사이의 충돌을 진실로 해결하는 것이라고 주장하였다.[8] 마르크스의 해결책은, 본질은 실존이 만들어낸 것이지 실존을 규정하는 것이 아니라는 새롭게 발전된 생각에서 나온 것이었다.

지난 세기 동안 인본주의적 자연주의 또는 자연주의적 인본주의는 법과 교육체제의 주요 원리였다. 그러나 19세기 사상가들에 의한 초자연성의 제거가 문제가 없었던 것은 아니다. 특히 도덕과 의미, 그리고 가치 등의 문제를 중심으로 심각한 의문이 뒤따랐다. 질서나 궁극적 목적이 자연에 원래 존재하는 것도 아니고 창조자에 의해 만들어지는 것도 아니라면, 인간의 행위 규범을 만들고 정당화하는 기준이 무엇인가? 인간이 역사적으로 우연히 진화한 것이라면 그 존재의 의미는 무엇인가? 옳고 그른 것은 무엇인가? 인간의 의식은 단지 화학적 작용인가? 자유는 환상인가? 이러한 유사한 의문들이 20세기 전반부에 마르크시즘, 아나키즘, 실존주의 등 여러 사조들을 만들어냈다.

계속 등장하는 해석적 체계들의 연관성과 불일치를 조사하여 수형도로 나타내는 것은 불충분하다. 철학적으로 제기되는 문제들에 사로잡혀 그 관계들을 나타내려면 얽혀 있는 그물망과 같은 이미지가 필요할 것이다. 물론 이러한 분석은 이 책의 목적을 벗어나는 것이다. 이 책의 목적에서 중요한 것은 20세기의 전환점에서 담론들을 수 없이 만들어낸 세계관의 변화이다. 핵심적으로 관련된 것은, 계몽주의 시대에 시작된 인격신론theism에서 이신론deism으로의 개념적 변화가 연구의 많은 분야에서 무신론atheism으로의 명백한 변화로 완성되었다는 것이다. 아마도 이러한 변화의 가장 잘 알려진 예는 마르크스의 저작에서 볼 수 있다. 마르크스가 종교를 '대중의 아편'[9]이라고 비판한 것은 유명하며, 그는 신이 인간을 만든 것이 아니라 인간이 신을 만들어낸 것이라고 강력히 주장하였다. 초월적 영역이 사라지면서 합리주의적 전제는 버려졌다. 더 이상 진리는 이 세상 밖에 있는 것이 아니며, 논리만이 통찰을 위한 방법은 아니었다. 실제로 앞서가는 사상가들은 인간의 뿌리 깊은 불합리성과 관습을 강조하였다. 연역적이고 귀납적인 이성보다는 다른 사유양식이 작동해야 한다고 주장하였다.

이러한 논의를 통해, **해석**interpretation이라는 말이 주목을 받기 시작했다. 'between' 또는 'among'의 뜻의 라틴어 *inter*-와 'to spread about'이라는 뜻의 산스크리트어 *prath*에서 유래한 해석은, 인간이 실존적으로 경험하는 많은 것들 중에 일관적인 설명을 하려는 경향을 말하는 것이다. 해석의 중요한 기준은 해석의 주체가 주어진 상황에 얼마나 잘 대처하느냐이다. 객관적으로 진리일 필요도 없고, 합리적이라고 주장할 필요도 없다. 주관적으로 적절하면 된다.

여기서 판단의 근거인 adequacy 또는 *satisficing*은 *satisfying*과 *sufficing*이 결합된 것이다. 이 말은 1957년 경제학자 Herbert Simon이 인문사회과학에 다위니즘을 받아들이고, 형이상학적 믿음을 몰아내기 위해 창안한 것이다. 데카르트가 인식론적 전환을 촉발한 것처럼, Martin Heidegger, Jean-Paul Sartre, Simone de Beauvoir, Maurice Merleau-Ponty 등을 필두로 한 20세기 철학자들은 지식이 간주관적으로 만들어진다는, 즉 지식은 곧 해석이라는 변환[10]을 촉발하였다. 이러한 운동을 통해 인간은 이성적 논의를 포함하면서도 그것을 넘어서는 방법으로 실재를 구성한다는 방향으로 논의가 진척되었다. 특히 언어에 초점이 맞춰졌다. 언어에 대한 이러한 고찰과 언어에 의한 실체적 효과에서 은유, 환유, 비유, 의인화의 역할, 그리고 다른 비유의 방식 등이 두각을 나타냈다. 또한 의식적이고 논리적인 것만 배타적으로 관심을 가졌던 데카르트에 의해 배제되었던 무의식적 인지 과정에 대해 간주관적 담론의 특별한 관심이 집중되었다. 사실 지난 세기 이루어진 연구의 중요한 결론의 하나는 인간이 의식적으로 알고 있는 것은 인간의 사고 영역cogitation에서 극히 일부에 불과한 것이라는 것이다.[11]

보다 최근에 이러한 학문들은 간주관적 담론들이 직접적인 인간의 이해관계와 상호작용에 관계된다는 중요한 점을 강조하는 데 초점을 둔다. 여기서 지향하는 원리는 **세계**the world와 **세계에 대한 기술**descriptions of the world을 분리하는 것이다. 간주관성을 주장하는 사람들은 후자만이 옳은 연구의 대상이 된다. 그리고 합리적 전개를 옹호한 데카르트의 말대로 인간이 지각하는 것은 부정확하다. 우리가 보는 세상은 세상 그대로가 아니라, 이미 만들어진 강박관념과 관계망으로 전승되어 이루어진 언어에 의해 주로 지향되는, 우리가 그렇게 보도록 배운 그대로의 세상이다. 간주관주의자들에 의해 정교하게 만들어진 핵심적 변화는 사회적 필요의 변화와 문화적 선입관에 따라 지각의 습관은 진화한다는 깨달음이다. 다른 말로 하면, 간주관주의자들은 분석 철학이 갖고 있던 인간의 주관에 대한 강박관념에서 벗어나 우리가 생각하는 실재의 본성이 환상임을 깨달아야 한다고 주장한다. 간주관적 현상은 의미를 부여하는 많은 인자들이 유사하게 경험하고 해석하는 것들이다. 즉, 그러한 현상들은 암묵적으로 또는 명시적으로 타당하게 공유되었다고 동의한 것들이다. 중요한 것은 통상 물리적 실재를 부정하지 않는다는 것이다. 요점은 우리는 우리 대부분에게 상관있는 면만 뽑아서 선택한다는 것이다. Rorty는 '세상은 저기에 있지만 그 세상에 대한 기술은

그렇지 않다라고 간명하게 요약하였다.[12]

그러한 진술로부터 재차 추론한다면, 간주관주의자들의 담론 중에서 중요한 초점은, 하나의 두뇌를 다른 두뇌에 연결시킬 뿐 아니라 매우 광대한 영역을 가로지르고 세대를 관통할 수 있는 하나의 기술인 언어이다. 눈에 띄는 다른 초점들은 분석 철학이나 과학처럼 많은 주체 사이에서 합의나 공감을 만들어내는 우수한 문화적 방법들이다.

간객관성 :
인간만이 아닌 모든 것으로 이루어지는

20세기를 통해 인문학에서 관심사가 주관성에서 간주관성으로 변해갔듯이, 과학에서는 강조점이 객관성을 요구하는 것에서 간객관적 현상으로 변하기 시작했다. 간주관주의자와 간객관주의자 담론의 중요한 결론은, 객관적인, 즉 독자적으로 영원한 진리는 없다는 것이다. 다른 말로 하면 관찰자 없는 관찰이나 측정자 없는 측정은 없다. 어떤 모든 검증identification에는 검증자가 있게 마련이다. 반대로 말하면, 관찰과 측정 행위는 관찰과 측정을 하는 동시에 관찰자와 측정자를 만든다.

관찰이 관계의 구조를 짜면서 이루어진다는 연관성의 관점에서 이러한 문화적 기획이 이해되어야 한다는 깨달음이 과학의 본성에 대한 최근의 논의를 이끌고 있다. 과학, 그리고 지식을 산출해내는 모든 노력은 단지 간주관적 합의의 문제가 아니라 간객관적이다. 즉, 현상과 현상에 대한 지식이 서로 감응하는 관계이다.

여기서 중요한 원리는 우주에 대한 기술^{description}은 실제로 우주의 일부라는 것이다. 따라서 우주 변화에 대한 기술이 변함에 따라 우주도 변한다. 지식의 산출을 이와 같이 보는 입장에서는 이러한 이유로 참여적 인식론 participatory epistemology이라고 한다. 이러한 틀은 지식이 상호작용 속에 있는 것으로 본다. 즉, 지식은 우주 속에서 끊임없이 펼쳐지는 행위의 안무 속에서 구현되고 발현된다. 다른 말로 하면, 지식은 우리 밖 저 곳에 있지 않다. 행함 속에서 앎은 발현되고, 행함에 따라 우주는 펼쳐진다.

앞의 몇 단락들에서 분명해졌지만, 간객관성의 개념은 간단히 설명하기가 어렵다. 이 같은 어려움의 한 가지 이유는 간객관성은 우주의 본성에 대한 가장 뿌리 깊은 몇 가지 가정 - 예를 들어 현상에 대한 기술과 현실의 현상의 분리 - 을 배제해야 하는 생각이기 때문이다. 더 중요한 것은, 우리가 사물을 어떻게 기술하느냐에 따라 사물이 변한다는 것이 아니라, 우리의 행위가 우리의 기술에 따라 변한다는 것이 핵심이라는 것이다. 우리의 행위가 변하면 이 세상의 물리적 구조가 영향을 받는다. 이 점은 지난 세기에 걸쳐 극적으로 나타났다. 예를 들어 우리가 공부하고 있는 기후 문제, 현재 가장 큰 관심을 받고 있는 질병 문제, 우리의 상상력을 지배하고 있는 사회적 이슈들이 창발되고 있으며, 앞서서 이루어진 관찰, 해석, 그리고 행위의 습성이 분명한 방법으로 이러한 문제와 이슈 등을 촉발하고 있다.

보다 개념적으로 말하면, 간객관적 견해는 우주를 기술하는 은유적인 개념의 변화를 가져왔다. 그 중 하나가 공간을 하나의 그릇으로 보는 은유^{the space-as-container metaphor}이다. 공간은 광대한 진공이고 우주가 만들어지면서 우주의 물체들로 점점 채워져온 것이라고 대중적으로 알려졌다. 물리학과 천문학에서 최근의 흐름이기도 한 하나의 대안은 공간의 본질을 관계로 보는 것이다. 그렇게 본다면, 공간은 그 자체로 존재하는 것이 아니라 일종의 간객관성이다. 공간은 사물들의 관계와 상호작용의 결과이다(이 생각은 원래 뉴턴과 동시대의 인물이며 경쟁자였던 Gottfried Wilhelm von Libniz, 1646~1716가 제기한 것이다).[13]

모든 상상력이 간객관적 견해로 나간 것은 아니지만, 그 원리의 일부분은 최근 대중성을 어느 정도 획득한 몇 개의 담론들을 통해 대중적 논쟁으로 나아갔다. 특히 생태주의는 관련 지식이 살아 있는 것이라는 증거들을 보이면서 중요한 발판을 마련하는 데 박차를 가하였다. 우리 인간은 세상에 대한 해석을 이 세상 속에서 이루어지는 우리의 행위 속에 구현한다는 결론을 얻게 되었다.

간객관주의자들의 참여적 인식론의 일종인 생태주의 담론은 간주관성 담론과 많은 부분을 공유한다. 사고의 비논리적 양태, 무의식적 인지 과정, 다위니즘적 역동성 등이 그것이다. 그러나 간주관성은 인간과 인간 아닌 것을 나누고 경우에 따라서는 물리적이고 생물학적인 해석과 정신적 해석을 분리하는 것에서 벗어나지 못하는 경향이 있다. 대부분의 생태주의 담론은 이러한 성향에서 벗어났다.

*ecology*는 그리스어 *oikos* '온 집안사람, 가족household'에서 온 것이고, 그 사용은 우리가 자신을 발견하고 그로부터 우리의 정체성을 만들어가는 관계망을 포함하는 쪽으로 진화해왔다. 생태주의는 상호 연결과 관계에 관한 것이다. 생태주의는 상호 의존, 영향, 결정을 조율한다. 간단히 말하면 생태주의는 기본적으로 모든 사물이 얽혀 있다고 보는 것이다. 어떤 실체와 현

상의 생태에 대해 말한다는 것은 그것에 영향을 미치는 모든 것과 그것이 영향을 미치는 모든 것에 대해 말하는 것이다.

지난 수십 년간, 특히 대중 매체에서 **생태주의** 란 말과 **환경주의** 란 말을 섞어 사용하는 경향이 있었다. 실제 생태주의와 환경주의는 완전히 다르다. *environment*는 프랑스 고어 *en* '안에 두다'$^{to\ place\ inside}$, *viron* '원^{circle}'에서 온 것이다. 분리와 구획의 개념이지 관계와 포함의 개념이 아니다. 환경주의자들은 환경에 관심을 두는 경향이 있는데, 생태주의자들은 간객관적 세계관이 아닌 경향을 나타내는, 특정 시스템 내에서만 상호 연결하는 것을 우려한다. Wendell Berry는 이를 '세상의 일부인 우리가 있는 곳을 우리를 **둘러싼** 환경으로 보는 순간 우리는 환경과 우리 자신 사이에 깊은 심연을 만드는 것이다.'[14]라고 설명하였다.

20세기에 걸쳐서 거의 함께, 자연과학에서 생태주의 담론이 만들어지고, 인문학에서 간주관적 담론이 만들어졌다. 20세기가 저물어가면서 이 두 개의 움직임은 더욱 서로 얽히기 시작했는데, 이는 부분적으로 복잡성 과학이 만들어지면서 촉진된 것이다. 이 장의 서두에서 제시한 것과 같이, Weaver가 공식적으로 논의한 뉴턴식 시스템이나 통계적 분석에는 맞지 않는 현상이 있다는 것을 사람들이 깨닫게 되면서, 복잡성 과학은 진일보하게 되었다. 생명력이 없는 물체들의 상호작용이 아니라 오히려 생명력이 있는 인자들의 상호작용으로부터 만들어지는 현상은 보통사람들의 입장이나 용어로는 잘 이해될 수 없었다. 실증주의 과학의 틀에서 그러한 현상들은 예측과 통제가 불가능한 것이므로 정말로 전혀 이해가 안 되는 것이다.

공학적으로 말한다면, 복잡성 과학은 적응하고, 스스로 조직하는 시스템에 대한 연구이다. 보다 일상적인 용어로 말하자면, 복잡성 과학은 삶과 살아 있는 시스템에 대한 연구이다. 교수행위와 관련하여 본다면, 복잡성 과학은 학습과 학습 시스템에 대한 연구이다. 복잡계는 역동적인 환경에 대해 새롭게 반응할 수 있으며, 환경 역시 부분적으로는 학습 시스템의 행위로 인하여 역동적이기 때문이다. 환경과 학습 인자와의 관계는 주체와 객체가 아닌 간객관성의 문제이다.

학습 및 교수행위에 대한 논의와 관련하여 복잡성 과학의 가장 중요한 공헌은 자기조직화self-organization일 것이다. 복잡계주의자complexivist들은 복잡계가, 아직 충분히 이해되지 않은 이유로, 인자들의 서로 특수회하는co-specifying 활동 때문에 스스로 창발된다emerge고 지적하였다. 복잡계를 만들기 위해 지휘자나 창조주는 필요 없다. 새로운 수준의 질서를 스스로 만드는 것은 밑에서부터 위로 이루어진다. 비둘기 떼들이나 개미떼, 군중 심리, 유행과 관습 등이 모두 자기 조직, 즉 인자들 각자의 행위로 환원될 수 없고 구별 가능한 단위로 자율적인 인자들이 응집하는 친숙한 예들이다.

사회 시스템 맥락에서 자기조직화의 개념은, 복잡성 과학에서 공식적인 원리로 등장하기 훨씬 전에, 특히 사회적 행위와 문화적 흐름의 간주관적인 문제를 바탕으로 사회 과학 문헌에 제시되었다. 복잡성 과학의 성과로 **모든** 형태의 적응 시스템으로 그 생각이 확장되어 온 결과, 다른 시스템들에 인간성을 부여했고, 최소한 응집하여 세포를 만드는 세포기관들의 수준에서부터 생물권을 만드는 종의 수준까지 확장된 모든 창발 사례에 공통적으로 나타나는 몇몇 특성과 성질들을 찾아냈다. 교육과 관련하여 이러한 특별한 변화는 대단히 중요한데, 왜냐하면 개인이 학습이 일어나는 유일한 장소가 아니라는 것을 실제로 말하는 것이기 때문이다. 사실 복잡성 과학은 **학습자**라는 개념을, 학생들의 신체, 학급 집단, 학교, 지역 사회 등 사회적 및 다른 집단들을 포함하는 일련의 포개진 신체nested bodies로 확장시킨다.

　미시적, 거시적 양방향으로 확장되는 학습자 개념의 의미는 우리 인간들이 문화적 생물학적 시스템 모두에 의해 만들어지기도 하고, 그 시스템들을 만들기도 한다는 것이다. 14장과 16장에 걸쳐 논의를 전개하겠지만, 생물학적인 이러한 면에 주목했다는 것은 지식, 학습, 교수행위가 무엇이어야 하는가에 대한 놀라운 상상력을 만들어내는 결과를 가져왔다. 수천 년 동안 앎의 생물학적 기반은 무시되어 왔고, 서구적 방식의 지식에 대한 논의와 가르치려는 시도에 의해 적극적으로 억압되어왔다.

같은 뿌리,
다른 가지

　해석론자(간주관론자)의 담론과 참여론적(간객관론적) 인식론 모두 사물들을 어떤 초자연적인 힘, 실체, 영역으로 설명하는 것에 대한 반발로 일어났다. 이러한 반형이상학적 경향은 근대 과학의 놀라운 성공과 극적인 실패로 촉진되고 유지된다. 분석적 과학은 인간 행위의 기반을 설명하거나 인간의 집단성을 이해하기에 부족하며, 이러한 실책은 간주관적 개념을 중심으로 세워진 해석 담론을 만들어냈다. 그러나 동시에, 과학이 연구하여 이룩한 공헌도 있지만, 과학적 호기심은 가장 어두운 몇몇 애매한 부분을 드러내기도 했다. 그러한 것이 간객관적 개념을 중심으로 만들어진 참여적 인식론을 촉진한 중요한 이유이다.

이러한 움직임 속에서 지각^{perception}을 어떻게 이해하는지를 놓고 형이상학과 하나의 중요한 결별을 하게 된다. 플라톤에서 데카르트에 이르기까지 지각은 부정확하고 쉽게 오류에 빠지는 것으로 보았는데, 이러한 지각의 오류 가능성이 경험적 관찰을 넘어 합리적 사고를 선호하게 만들었다. 베이컨 또한 지각을 부정확한 것으로 보았지만, 지식 체계가 만들어지기 시작하는 것은 반복 가능한 측정에 있다고 강조하였다. 이 양자는 모두 주체와 객체를 분리하는 것으로, 합리주의는 전자를 길들이고자 한 것이고, 경험주의는 후자를 덫으로 잡고자 한 것이다.

간주관론자나 간객관론자의 담론은 지각이 주체와 분리되는 지점이 아닌 외부 세계가 연결되는 지점으로 달리 본다. 예를 들어, 움직임과 쉼, 안과 밖, 크고 작음 등과 같은 개념들은 다른 것들과 부딪치거나 우리 입에 손가락이나 장난감들을 집어넣는 등의 물리적이고 신체적인 경험으로부터 오는 것이기 때문에 의미가 있는 것이라고 주장한다.¹⁵ 이러한 틀에서는 신체가 정신이 순수한 지식으로 나아가는 것을 막는 생체적 감옥이 아니다. 오히려 모든 의미의 근원이며, 정신의 경험 원천이다(그러나 더욱 중요한 것은, 정신은 육체와 같지 않다는 것이다. 11장과 14장에서 더 논의하겠지만, 간주관론자와 간객관론자의 담론 모두는 정신이 많은 신체들의 상호작용에 의존한다고 본다. 따라서 정신과 의식은 간주관적이고 간객관적인 현상이다).

형이상학에서 주장하는 육체와 분리된 정신^{the disembodied mind}에 대한 반론으로 제기된 결합된 정신^{the embodied mind}의 개념을 만들기 시작한 가장 영향력 있는 움직임 중의 세 가지가 정신분석학, 현상학, 실용주의이다. 시작부터 정신분석학, 현상학, 실용주의 이론은 자연과학과 사회과학에 걸쳐 나타난다. 다음에 나올 담론들의 입장에서 보면, 이러한 이론들은 간주관성과 간객관성 개념의 틀을 만드는 데 기여한다. 특히 정신분석학은 간주관성 담론과 간객관성 담론 양자 모두에 몇 가지 중요한 공헌을 한다. Sigmunt Freud(1856~1939)의 무의식에 대한 연구는 20세기 학문 전반에 걸쳐 영향을 미친다. 의식적 사고가 중요했고 이따금 철학과 심리학의 배타적 초점이었던 시대에, 우리의 의식이 우리를 인도하는 위치에 있는 것이 아니라 그저 수동적인 것에 불과하다고 보는 관점은 혁명적이었다. 프로이트는 개인과 집단의 성격을 규정하는 것으로 사회적 아비투스와 무의식적 과정의 역할을 강조하였다. 정신분석학이 동시대의 사상에 끼친 중요한 공헌은 개인이 세상을 구성한 것과 세상에 의한 개인의 구성을 분리하는 것을 거부한 것이다. 이는 개인의 주체성을 재구성하는 것으로 나아간다. 프로이트는 근대의 급진적인 개인주의를 제거하는 대신 인간의 주체성은 일시적이고, 파편적이며, 서로 맞물린 것으로 보았다. 정신분석학에 의하면 우리의 주체성 경험은 실제로 간주관적 과정으로 이루어지는 것이다.

이러한 설명들과 관련하여, 정신분석학은 같은 시기에 등장한 게슈탈트 심리학 운동과 보조를 맞추었다. 게슈탈트 심리학은 심리학적이고 생리학적인, 그리고 행동과학적인 현상은 상호 다른 것이나 감각 또는 반응과 같은 다른 요소로 환원되지 않는다고 주장한다. 그러한 현상들은 부분들의 합 그 이상인, 널리 알려진 게슈탈트 현상을 불러일으킨다. 행동주의 심리학에 대한 반작용으로, 게슈탈트 이론가들은 지각이 육체적 자극에 대한 인과 관계적 반응이 아니라 추상적인 인지적 성취라고 주장한다. 지난 세기에 걸쳐 정신분석학과 게슈탈트 이론의 방법과 전제에 대해 상당한 비판이 있었음에도 불구하고, 그들의 핵심적 주장은 대중적이고 경험적인 지지를 많이 받았다. 특히 아마도 인간은 매 순간 부딪치는 것의 백만분의 일도 알지 못한다는 놀라운 결과를 포함하여 무의식이 미치는 영향에 관한 상당한 증거들이 축적되었다.[16] 이 세상에서 우리의 행동들은 우리가 결코 알 수 없는 사건들에 의해 주로 야기된다. 이러한 사실은 학습은 축적이라기보다는 가능성들을 버리거나 무시하는 것에 관한 것이라는 주장을 만들어낸다.

1900년대 초반 Edmund Husserl(1859~1938)이 처음으로 명확히 표명한 현상학도 유사한 개념을 만들었다. 후설은 적절하지 않은 용어 선택으로 판명된, '사물들 자체the things themselves'로 되돌아감으로써 현상을 연구하고자 하였다. 이 문구는 비판을 촉발하여 본질에 초점을 맞추거나 급진적으로 이분법적인 현상학을 버리게 하였다. '사물들 자체'는 사물은 분리되어 연구되어야 한다는 제안으로 받아들여졌고, 그러한 해석은 실제 의도와는 정반대로 이루어진 것이다.

후설이 '사물들 자체'를 사용한 것은 여전히 횡행하고 있는 이상적 형상이라는 형이상학적 전제, 즉 사물들 자체에서 벗어나 상상된 본질이나 이상적 형상에 주목하는 경향에 대해 반론하기 위한 것이었다. 후설은 우리가 어떻게 이 세상을 분명히 의식하는지, 사물이 직접적인 감각적 경험을 통해 우리에게 처음으로 나타나도록 하는 방법에 대해 연구하는 수단을 개발하려고 했다. 이와 같이 그의 현상학적 연구는 세상에 대한 신체적 개입이며, 개념과 지각의 복잡한 뒤얽힘에 대한 연구, 간객관성에 관한 연구이다.

유럽에서 현상학이 등장한 같은 시기에 북미에서 실용주의 철학이 등장한다. 이 역시 다위니즘의 영향을 받은 것이다. 아마도 실은 더 받았을 것이다. Charles Sanders Peirce(1839~1914), William James(1842~1910), John Dewey(1859~1952)를 포함한 중요한 창시자 중 몇몇은 지식과 그 산물을 설명하는 데 진화론의 개념을 명시적으로 사용하였다. 간단히 말하면 실용주의자들은 현재 작동하고 있는 것이 진리라는 것이다. 이렇게 정의하는 것은 다윈의 적자^{fitness} 개념에서 온 것이고 환경과 시점의 역할을 강조한 것이다. 1800년대 후반과 1900년대 초반에 걸쳐서, 실용주의가 공식적인 철학으로 자리를 잡았을 때, 이러한 제안을 보여주기 위한 증거는 부족함이 없었다. 가장 눈에 띄게 다윈의 『종의 기원』은 과학계를 뒤흔들었으며, 아인슈타인의 상대성 원리는 우주가 균일한 구조로 되어 있다는 뉴턴의 생각에 큰 구멍을 냈다.

실용주의 운동은 집합적인 지식의 문제는 도덕, 윤리, 개인적 의미, 문화적 표준 등의 문제와 분리될 수 없다는 직접적이고 명확한 주장으로 유명하다. 모든 진리는 집단적 의미라는 얽혀있는 망 속에 존재하는 것으로 이해되었다는 단순한 이유 때문에 진리는 그렇게 쉽게 해석되는 것이 아니다. 진리는 우리 모두가 참여하고 우리 모두가 기여하는 발명품이다.

간주관론자와 간객관론자의 담론을, 그것들이 무엇이 **아닌가** 하는 관점에서 정의하는 경향이 뚜렷하다. 이러한 경향은 최근 접두사 '탈$^{post-}$'을 즐겨쓰는 것을 보면 분명하다. 탈근대주의, 탈형식주의, 탈실증주의, 그리고 탈유클리드주의 등 최근 대부분 탈- 은 보통 형이상학적 전제의 부정을 내거는 것으로 사용된다.[17] 예를 들어 탈근대주의자들은 통일되고 완전히 알 수 있는 세상에 대한 근대주의자들의 희망은 붕괴되었다고 주장한다. 대신 우리는 부분적 지식, 지엽적 담론, 상황에 따른 진리, 변화하는 주체성의 세상에 살고 있다. 탈근대 세상은 디즈니랜드나 심월드, 바비 등과 같이 끊임없이 수시로 창발하는 가상공간의 초현실이다. 이러한 문화적 형태의 다수는 현실을 쪼개어 모형화하고자 하는 기획으로부터 유래한다. 그러나 형이상학의 제거와는 별개로, 모의실험의 결과로 보편적인 진리도 없고, 거대하게 통일된 주제도 없는 새로운 낯선 현실을 만들어낸다.[18]

불행하게도 **탈근대주의**는 그 자체가 근대주의, 즉 합리주의와 경험주의의 특권에 반대하는 것임을 명시적으로 천명하였지만, 근대성의 형이상학적 뿌리에 대한 비판으로까지 나아가지는 않았다. 그래서 탈근대주의는 근대주의자들에 의해 거부되었던 - 이러한 거부는 대부분의 탈근대주의자들도 유지하는데 - 신비주의나 이신론적 입장을 받아들이는 것으로 일부 알려졌다. 또한 탈근대주의는 분석적 과학이 우리에게 진실로 객관적인 지식을 제공한다는 확신과 결별하지 못하는 사람들에 의해 비난의 목표가 되어왔다. 이러한 것이 확산되면서, 몇몇은 탈근대주의를 일종의 상대주의[19]와 같은 것으로 간주하게 되었다. 다른 말로 하면 **탈근대주의**가 20세기의 중요한 어떤 지적이고 예술적인 운동을 내걸었어도 아군과 적군 모두에 의해 왜곡되고 남용되어온 것이다. 이러한 이유로 철학적으로 그 용어를 쓰는 것이 적절하다고 해도, 이어지는 장에서는 사용하지 않을 것이다.

간주관론자와 간객관론자 담론이 갈라지는 지점으로, 두 개의 가지와 가장 공통적으로 관계되는 학문을 중심으로 중요한 분지가 분명히 나타난다. 오늘날 대학에서 자리 잡은 학부 분할을 볼 때, 간객관론자의 담론이 자연

과학에서 보다 공통적으로 나타나는 반면, 간주관론자의 담론은 예술과 인문학에서 대부분 등장한다. 많은 예외가 있지만, 그러한 경향은 현저하다. 나는 개인적으로 상당한 사정이 현재의 학문적 경계의 기원을 만들었음을 고대적 전통에서 발견하였다. 3장에서 논의를 전개한 것처럼, 예술과 인문학은 그노시스와 더 관련이 있고, 자연과학은 에피스테메와 관련이 있다. 그 차이는 좀처럼 없어지지 않는다.

그러나 이제 반대의 영역으로 서로 나아간다. 그노시스가 인간이 경험하는 영역의 한계를 넘어서는 것인 반면, 간주관론자의 담론은 보통 사회적 문화적 활동의 영역으로까지 한계를 넓히고 있다. 대조적으로 에피스테메는 원래 세속적인 일상을 살아가는 노하우에 초점을 맞춘 것인 반면, 간객관론자의 담론은 실존의 광대한 얽힘과 관계된다. 반복하지만 간주관론자의 담론은 주로 언어와 다른 상징계, 문화, 개인의 정체성 등 인간에 초점을 둔다. 공통된 관심사는 지식의 사회적 구성이다. 대부분의 경우 사고와 언어는 분리될 수 없는 것으로 본다. 간객관론자의 담론은 앎이 있음과 같고, 사고는 역동적인 환경에 지속적으로 적응하는 것으로 보며, 지식을 매우 확장시켜 이해하는 경향이 있다. 여기서 인간은 단지 언어와 문화의 산물로 이해되는 것이 아니라, 생물계에 포개진 생물 - 문화적 형태로 이해한다.

이 장은 형이상학과는 다른 갈래인 다윈의 영감으로부터 나온 새로운 지식의 개념에 대한 것이다. 그것은 지식의 본성에 관한 두 개의 논의를 소개하고자 한 것이다. 하나는 간주관성에 관한 것이고(11장), 또 하나는 간객관성에 관한 것이다(14장).

간주관성:
구조주의 V 후기 구조주의

11

> *지식사회학은 사람들이 일상의 삶에서 이론적이 아니거나 이론 이전*
> *에 '실재'라고 '아는' 것에 대해 우선적으로 관심을 가져야 한다. 다른*
> *말로 하면, '관념'보다는 상식적인 '앎'이 지식 사회학에서 중심적인 초*
> *점이 되어야 한다. 의미의 망을 구성하는 것은 바로 이 '앎'이고, 그것*
> *없이는 어떤 사회도 존재할 수 없다.*
>
> *- Peter L. Berger & Thomas Luckman* [1]

적어도 고대 그리스 이래로 공식적인 수학은 지식과 진리의 전형으로 널리 여겨졌다. 피타고라스는 우주가 수로 짜여 있다고까지 생각했고, 데카르트는 논리적으로 유도된 수학적 진실은 의문의 여지없이 객관적 진리라고 생각하며 그 자신의 철학을 발전시켰다.

그러나 이러한 수학의 객관성에 대한 믿음은 19세기 초에 무너지기 시작했다. 그 당시, 논리적으로 타당하고 실세계에도 적용되는 진리를 만들어내는 수학 체계가 개발되었지만, 이미 만들어진 체계와 곧바로 모순되고 말았다. 특히 유클리드 기하학을 고쳐 몇몇 새로운 기하학이 만들어지기도 하였다.[2]

이는 대체로 형이상학, 특히 합리주의에 치명적이었는데, 왜냐하면 모순되지만 타당하다는 결론이 나올 수 있다면, 수학적 진리로 우주를 설명할 수 없다는 것은 분명하기 때문이다. 수학은 이제 형이상학적 이상이 아닌 결론이 가정으로부터 나오는 자기준거적 체계로, 동어 반복적인 것으로 묘사되었다. 실제로 당시의 학문적 연구의 모든 분야가 연루되었다. 수학을 모형으로 삼고 분석적 도구로 사용하는 한 경험주의 과학도 비정상적인 연구로 여겨지기 시작했다.

물론 수학자들이나 과학자들이 이러한 위기를 진실로 경험하여 깨달은 것은 아니었다. 정도 차이이지 늘 그랬던 것처럼 대부분의 그들은 인간으로부터 독립된 세상에 대한 객관적인 진리를 발견한다는 전제하에 연구하고 있었다. 그러나 철학자와 지식 이론가들은 진리의 새로운 기반을 만들어내지 않을 수 없었다. 초자연성은 배제되었다. 이제 수학은 이상적 지식이라는 지위를 잃어버렸다. '2+2=4', 그리고 '지구가 태양의 주위를 돈다.'는 것과 같은 확실하게 보이는 주장을 이제 어떻게 설명하여야 할 것인가?

10장에서 언급하였듯이, 19세기 말까지 두각을 나타내며 등장한 견해가 객관적이란 것은 사실은 간주관성의 문제라는 것이다. 우리가 지각하는 세상은 주로 언어에 의해 공유된 가설이 촘촘히 얽힌 일종의 집단적 환상이라고 말할 수 있다. 이러한 개념적 변화는 20세기 동안, 사고한다는 것에 대해 생각하게 만들었다. 이러한 변화는 중요한 것이었다. 언어의 성질과 효과에 대한 논쟁에 의해 지식의 본성에 대한 문제가 부각되었다. 데카르트와 베이컨의 영향으로 언어는 단순히 일종의 이름 붙이는 체계로 보았다. 10장에서 논의를 전개했듯이, 언어는 세상의 사물과 대응하는 것이기에 의미가 있는 것으로 보았다. 20세기에 이르러서 언어는 이름표들을 모아 놓은 것 이상의 어떤 것이라는 입장이 학문에서 우세했다. 간단히 말해, 그리고 이 장에서 자세히 논하겠지만, 언어를 이름 붙이는 것이라기보다는 해석의 체계로 이해하게 되었다.

구조주의와 후기 구조주의 등, 간주관성을 주장하는 2개의 학문적 흐름이 지난 세기 동안 전개되었다. 모두 언어에 초점을 맞추었으며, 그리고 어떤 발화utterance든지 암묵적이고 유보된 의미를 갖고 있다고 보았다. 구조주의자는 언어의 의미는 어휘들의 상호 연관 속에서 오는 것이라고 보았다. 이러한 담론은 이처럼 언어, 수학, 그리고 다른 상징체계의 내적 구조에 초점을 맞추었다. 후기 구조주의자들은 구조주의를 인정하면서도 다른 곳에 초점을 맞추었다. 그들은 언어가 이름 지었다고 생각되는 것이나 언어의 내적 구조가 아닌 지각의 상으로 만들어진 어떤 대상이나 사건으로 인하여 무시되었음이 분명한, 이름 붙여지지 않고 말해지지 않은 배경에 주목하였다.

인쇄에 들어가기 전에 이 책의 예비 작업으로, **간주관성 담론**을 언급하기 위해(그리고, 실은 그에 대신해서) **기호학**semiotics이라는 단어를 사용했다. 이 단어는 '기호sign'라는 그리스어 semeion에서 유래한 것으로, 당연히 기호학의 분야는 이와 같이 상징과 기호에 관한 연구이다. 학문으로서 기호학은 그 견해가 급진적으로 출현했다는 특징이 있다. 구조주의자나 후기 구조주의자의 정서가 등장했을 뿐만 아니라 기호학을 내걸고 수행하는 연구의 상당수가 형이상학적 가정을 지향하기도 한다. 예를 들면 관심을 많이 끄는 연구 분야가 언어적 기호와 그 지시물의 관계에 관한 것인데, 둘 다 물질적 세계든 이상 세계든 있는 것이다. '간주관적 담론'이라는 말은 현재 언어학과 관계된 의미의 범위를 둘러싼 혼동을 피하기 위해 사용되고 있다.

구조주의 :
지식의 구조

구조주의라는 말은 20세기 초 대부분의 학문적 담론 사이를 가로질러 휩쓸고 지나간 일반적 흐름을 말한다. 언어학, 수학, 심리학, 사회학 등에 많은 영향을 미쳤고 대표적 인물로는 Ferdinand de Saussure(1857~1913), Nicholas Bourbaki[3], Jean Piaget(1896~1980), Lev Vygotsky(1896~1934) 등이 있다.

20세기의 흐름으로 보이는 몇 가지의 결정적인 구조주의 정서는 수세기 전에 만들어졌다. 특히 Giambattista Vico(1668~1744)는 개념적으로 중요한 공헌을 하였다. 데카르트나 베이컨과 같은 부류의 개념이 지배하고 있을 때 태어난 비코는 그들의 철학을 비난하였다. 그는 수학과 물리 과학에 대한 강조가 예술, 수사학, 역사, 언어 등 인간 지식의 다른 측면을 갉아먹고 있음을 느꼈다. 비코는 지식을 만든다는 것은 확실성을 추구하는 것이라기보다는 어느 정도 수준의 불확실성을 수반하는 것이라고 보았다. 그래서 그는 합리주의적이고 경험주의적 체제가 창조성을 제한하고 생각을 가로막는 것으로 보았다.

또한 비코는 합리주의 수학이나 경험주의 과학과는 전혀 다른 관점을 제시했다. 천 년 이상 수학을 객관적인 진실이라고 믿어온 것과 결별하고, 그는 수학은 인간의 두뇌 속에만 존재하는 확신으로, 인간 정신의 산물이라고 보았다. 또한 과학은 인간 두뇌와 자연 세계와의 상호작용이라고 보았다. 과학적 진리는 전적으로 인간의 정신에 의해 만들어지는 것이 아니라 마음의 구조와 육체적 제약을 연결하는 실험에 의한 것으로 보았다.

비코는 수세기를 앞서 살았던 사람으로 묘사되곤 한다. 아마도 그의 어떤 동시대인들보다도 그는 지식에 관해 급진적인 새로운 사고방식을 제시하였고, 그 중 하나가 구조주의 정서와 혼합되었을 뿐 아니라, 실존주의, 현상학, 실용주의, 정신분석학의 등장, 그리고 사후 150년이 지나서 펼쳐진 다른 학문의 흐름 등으로 나타났다. 그가 공헌한 것으로 가장 의미 있는 것은 지식은 발견되는 것이 아니라 창조된다고 본 것인데, 이는 한 세기가 지나 다윈의 진화적 역동성과 결합하여 막강한 영향을 미치게 된다.

이러한 점은 소쉬르의 언어학, Bourbaki 수학, 피아제와 비고츠키의 인지이론 등에서 극적으로 나타난다. 그들의 연구는 용어나 명제, 그리고 다른 구조물로 구성되고 그들 사이의 관계로 의미를 갖게 되는 닫힌 체계를 묘사하고 만들려는 노력인 것이다. 그러한 체계가 얼마나 의미가 있고 타당한지의 문제는 외부의 대상물과 잘 들어맞는지가 아니라 체계의 내적 일관성이다. 예를 들어 소쉬르의 경우, 한 단어가 의미를 갖게 되는 것은 그 단어가 실제 세계의 사물이나 사건과 직접 관계되기 때문이 아니라 다른 단어들과의 연관과 분리 때문이라는 것이다.[4] 사실과 정리에 관한 부르바

키 수학도 마찬가지이다.[5] 이 연구는 공리계 외부에 있거나 공식적 진술에 불필요한 도형이나 사례나 응용 등을 사용하지 않고, 모든 수학의 통일된 공리계를 만들고자 한 것이다. 목적은 자신들 외에는 그 어떤 것과도 관계 맺을 필요가 없는 내적으로 완전히 일관된 명제들의 체계를 만드는 것이다.

구조structure라는 단어가 다양하고 서로 모순되는 경우도 있어 이러한 흐름에 쓰였고, 쓰이고 있는 의미에 대한 몇 개의 해석에 대해 언급을 해야겠다. 영국에서는 구조가 건축과 생물학에 관한 논의에서 모두 많이 쓰인다. 구조라는 말이 건축물에 쓰일 때는 설계와 단계적 진행이라는 의미가 있고, 그 의미는 계속해서 토대, 층계참, 비계, 기초, 위계 등의 개념을 포함한 관계의 망 속으로 들어가게 된다. 프랑스에서는 지배적이지도 않았지만, 구조주의 이론이 처음에 개발한 이러한 의미의 구조는 구조주의 담론에서 의도한 그것이 아니다.

의도한 것은 매우 다른, 생물학적인 의미의 구조다. '유기체의 구조'나 '생태계의 구조'라고 할 때는 유기체의 복잡한 역사를 말하는 것이다. 구조는 야기된 것과 동시에 우연한 것이며, 친숙하면서 독특하고, 완성된 것이면서 진행 중인 것이다. 이때의 구조는 그 어원인 **흩뿌리다**strew나 **짜 맞추다**construe 등의 의미와 가깝다. 실제 구조라는 말이 처음으로 건축물에 적용될 때는 건축물이 계속 증축되고, 철거되고, 다른 식으로 변형되는 식으로 끊임없이 진화할 때였다. 건물의 구조는 애초에 의도된 것이라기보다는 만들어진 산물이다.

이러한 보다 생물학적인 의미는, 소쉬르가 언어를 살아 있고, 유기적으로 구성된, 계속 진화하고 서로 얽혀있는 부분들로 구성된 것으로 보는 것에 나타난다. 소쉬르는 언어를 둘 또는 여러 두뇌의 회귀적 상호작용의 산물로 보았다. 언어 기호는 마음이 연결되도록 하는 중개자였던 것이다.

여기서 유용한 예를 하나 들어보자. *knows*라는 단어를 보자. 이 단어가 의미를 갖게 되려면 우선 발음이 유사한 *no's, nose, knolls, gnosis, noise* 등과 구별되어야 한다. 또한 'understand', 'is aware', 'apprehend', 그리고 'gets it' 등 유의어들과 어떤 위치에 있고, 밀접한 관계가 있는지에 따라 그 의미가 결정된다. 연결된 관계는 비밀성, 성적 관계, 자기 보증, 그리고 기초 능력 등과 관련된 'knows the score', 'knows the biblical sense', 'know-it-all', 그리고 'know-how' 등과 같은 구문으로 뻗어간다. 열거된 어떤 단어와 구문을 검토해보면 닮은꼴의 관계와 다름의 복잡한 그물망으로 들어가는데, 모든 언어를 아우르는 어떤 프랙털과 같은 척도로부터 자유로운 구조가 있음을 알 수 있을 것이다. 이러한 분석에 입각하여, 소쉬르는 의미의 창발은 '다름의 체계'에서 오는 것으로 보았다. 즉, 의미는 단어들의 대비와 차이에서 오는 것이지 외부 사물이나 사건에서 오는 것이 아니라고 주장하였다.

구조의 생물학적 의미는 피아제가 학습과 개인적 이해의 창발을 기술하는데, 그 용어를 사용한 방식을 해석하는 데도 유효하다. 피아제는 지식이 자기준거적인 폐쇄된 체제에서 만들어진다는 구조주의자들의 전제를 공유하였다. 즉, 소쉬르가 언어를 상호 참조적인 자체로서 완비된 틀로 보았듯이, 부르바키가 수학을 그러한 방식으로 재구축하려고 했던 것처럼, 피아제는 그러한 특성이 자기 준거적이고, 자기 완결적이며, 내적으로 일관성이 있는, 그리고 한 개인이 세상을 해석할 때 외부와의 조응이 필요 없는 것으로 보았다.

　이러한 몇몇 설명에 대해 일찍이 정서적으로 분명히 공감하는 바가 있었다. 예를 들어 처음 들었을 때, 피아제도 데카르트나 로크처럼 인간의 지식이 인간의 경험으로부터 유래하고 경험 영역의 밖의 것은 알 수 없다고 본 것 같다. 그러나 두 가지가 크게 다르다. 피아제와 데카르트 모두 개인의 사고가 실재와 분리된 것이라고 보았지만, 데카르트는 초자연적인 형이상학적 진실의 성취에 초점을 맞추어, 엄격한 논리가 그러한 진실에 도달하는 방법이라고 보았다. 대조적으로 피아제는 개인의 이해에 초점을 맞추어, 학습자가 새로운 환경을 접해나가면서 세계에 대한 이해를 계속 고쳐나가려고 노력하는 것에 관심을 가졌다. 피아제는 로크와 같이 신체적 경험이 앎의 근원이라고 확신하였으나, 진리가 객관적이고 고정된 것이라고 로크처럼 생각하지는 않았다. 피아제에게 개인적 진리는 다위니즘적 의미로서 적응에 관한 것이었으며, 그는 그 적응의 과정을 적실성과 진화하는 주관적 해석이라는 관점에서 구조화했다. 어느 개인의 해석이 주어진 상황에서 일관성을 유지한다면 그 해석은 지속된다. 그러나 그 일관성이 위협을 받으면 그 해석 또는 상황을 고쳐야 한다. 달리 말하면, 데카르트나 로크의 지식이 건축물의 구조와 같은 것인 반면, 피아제의 지식은 보다 생물과 같은 것이다.

　피아제의 작업은 심리학과 교육 분야에서 급진적 **구성주의**_constructivist_ 담론이라고 칭하게 된 것의 창궐을 촉발하는 역할을 하였다. 불행하게도 이들 담론 중 많은 것이 피아제의 작업을 진실로 반영하지 않았다. _construction_이라는 말도 그 동일 계통의 언어인 _structure_처럼 혼란스럽고 다르게 해석될 수 있다. 예를 들어 합리주의자나 경험주의자도 마찬가지로 '개인은 그 자신의 이해를 구성한다.'는 급진적 구성주의자들의 원리를 수용할 수 있다. 그 주장이 데카르트의 철학을 비판하고자 했다 하더라도, 정확하고 타당한 지식은 어떤 진리를 바탕으로 논리적으로 조합(건축적 의미에서는 건설, 구성)되어야 한다는 데카르트의 핵심적 전제에서 크게 벗어난 것으로 보이지는 않는다. 대조적으로 피아제의 구성은 객관적 타당성과 확실성을 배제하는 것이다. 이러한 이유로, **소박한 구성주의**^{*trivial constructivism*}와 **급진적 구성주의**^{*radical constructivism*}를 구분하는 연구가 있다.[6] 보다 근본적인 피아제의 급진적 구성주의[7]에서 개인의 지식은, 결코 학습자의 환경에 의해 결정되는 것이 아니라 지속적으로 조절되는, 적응에 의해서 구성된다. 결정적으로 영향을 미치는 것은 피아제의 저작에서 학습자 경험의 역사로 이해되는 학습자의 구조이다. 이 중요한 점을 강조하기 위해, 피아제의(그리고 근본적인 급진적 구성주의) 이론은 한 개인이 만드는 사건의 의미는 그 사건이 무엇인가보다는 언어적으로 영향을 받고, 생물학적으로 가능하게 되고, 문화적으로 만들어진, 그 행위자 구조의 복잡한 역사라는 전제에 집중한다.

이러한 주장의 직접적 함의는 학습자들이 공통된 지식을 공유할 가능성이 없다는 것이다. 각각의 사람은 그 자신만의 방법으로 세상을 그릴 수밖에 없고, 그래서 근본적인 급진적 구성주의자들은 집단적 지식을 동일한 해석으로 보기보다는 호환성이라는 관점에서 논의하는 경향이었다. 그런 틀을 갖고 있기에, 환상을 깨는 일이 일어나지 않는다면, 우리 인간은 우리의 지각과 이해가 실제로 완전히 다른 우리 경험들로 엮여 있다 하더라도 마치 서로 같은 것처럼 기꺼이 살아갈 것이다.

이러한 이해가 종종 우리 마음에 구성된 것 이외의 세상은 없다는 유아론으로 비판받는 것은 놀랄 일이 아니다. 이러한 비판은 집요하긴 해도 올바른 것은 아니다. 급진적 구성주의자들은 사람들이 어떤 방법을 취하던, 세상을 구성하는 방법으로부터 자유롭지 못하다고 늘 인정했다. 개인의 해석은 육체적 경험, 언어로 만들어진 관계 등에 의해 제한된다. 요컨대, 개인들이 아무 세계나 자유롭게 구성하는 것이 아니라 환경과 맥락에 맞게 하나의 실재를 구성하도록 강제된다는 것이다.

급진적 구성주의자들이 옆으로 제쳐놓았던 바로 그 맥락과 환경이라는 현상에 관심을 가진 다른 구조주의 담론이 등장하였다. 이러한 현상에는 언어, 학문적 지식, 사회적 아비투스 등이 해당되며, 관련된 담론은 **사회적 구성주의***constructionism*로 알려졌다.[8] 급진적 구성주의가 주관적 해석에 초점을 맞추고 객관성을 다른 담론에 유보하는 반면, 사회적 구성주의 담론들은 일반적으로 주관성과 객관성의 동시적이고 상호 의존적 창조에 관심을 갖는다. 즉, 사회적 구성주의는 세계가 함께 해석된다는 것, 세계가 개인을 구성한다는 것에 주로 관심을 갖는다. 이는 급진적 구성주의의 개인이 세상의 의미를 개인적으로 해석한다는 관점과 대조된다.

현재 사회적 구성주의 논의에서 가장 일반적으로 인용되는 사람이 피아제와 동시대 인물인 비고츠키이다. 그러나 이러한 관점을 완전히 비고츠키에게 적용하는 것은 절대로 올바르지 않다. 그의 저작이 영어 문화권에 소개된 것은 1960년대 초반이고,[9] 그 때는 이미 지식의 사회적 구성에 관한 담론들이 잘 형성되어 있었다. 현재 사회적 구성주의로 인정된 대부분의 이론들은 실은 프랑스 구조주의와 미국의 실용주의 철학(다음 장에서 논의되는)에 뿌리를 둔 것들이다. 비고츠키가 그의 저술에서 결코 구성이라는 말을 사용한 적이 없다는 사실로 보아, 비고츠키의 저작 대부분은 기존 학문에 동화된 것이다. 사실 비고츠키 저작의 핵심 개념은 공동 노동^{shared labor}이지 생물학적 구조가 아니었다. 원리는 마르크스의 저작에서 온 것이고, 비고츠키 저술에서 그 원리의 중심은 그의 저작의 소비에트 상황을 반영한 것이다.

현재 비고츠키가 학습 및 앎과 관련하여 대중의 관심을 받는 중요한 이유인, 비고츠키의 특별한 관심사 중 하나가, 개인이 그가 태어난 세상을 내면화하는 과정이다. 학습이 무언가를 받아들이는 것이라는 가정은 차치하고, 비고츠키는 흉내 내고, 말하기를 따라하고, 반복해서 듣고, 사회적 역할을 지켜서 실현해내는 등을 통해 개인이 세상에 대해 일관된 이해에 도달한다고 보았다. 특히 그는 학습자를 더욱 세상에 대한 세련된 이해로 자극하는 교사나 부모의 조력에 주목하였다. 여기서 더 나아가 언어와 다른 문화적 도구가 해석의 가능성을 제한하고, 개념적 이해에 도달하게 하며, 상식으로 통합된 사회적 실체를 만드는 것에 관심을 집중했다.

지난 수십 년간 매우 많은 연구가 피아제와 비고츠키의 이론을 비교하였다. 대부분 연구들은 양쪽 저술의 입장을 화해시키기 위한 노력의 일환이었는데, 그러한 움직임은 서로 다른 현상에 관심이 있다는 사실에 의해 촉진되고 좌절되었다. 피아제는 새로운 경험을 세계에 대한 기대로 통합시켜 나가는 학습자의 지속적인 과정에 대해 연구했다. 비고츠키는 개인들의 국가에 대한 통합에 대해 연구하였다. 다른 과정이 작동하는 것이고, 행위의 다른 두 수준에서 다른 관심이 만들어지는 것이다. 실은 두 이론이 구조주의 철학에 의해 직접적인 영향을 받았고, 둘 다 내적 일관성, 자기 준거, 그리고 계속되는 적응적 진화와 같은 핵심적인 구조주의 원리를 중심으로 발전되었다.

피아제와 비고츠키 이론에 기반을 둔 것을 포함하여 하나 이상의 요소를 공유하는 거의 모든 사회적 구성주의 담론은, 그들의 특별한 관심들을 묘사하기 위해 신체에 기초한 은유를 사용한다. 지식의 몸체[a body of knowledge], 사회적 신체[a social corpus], 정치적 몸체[the body politic], 한 대학의 학생 전체[a student body] 등이 그 예이다. 물론 이러한 유사성은 신체에 대한 연구가 그 구조나 형태면에서 꽤 다양하게 변하기 때문에 사회적 구성주의 이론 사이에서 몇몇 중요한 분지들을 만들어낸다. 이러한 논의에서 특별히 관련되는 것은 과학이나 수학처럼 지식의 체계가 사회적으로 구성되는 것에 관심을 갖는 이론들이다. 이러한 주제에 대한 훌륭한 이론가들로, Karl Popper(1902~1994), Thomas Kuhn(1922~1996), 그리고 Imre Lakatos(1922~1974) 등이 있는데, 이들은 여러 학문 연구 분야의 진화를 추동하는 힘으로서 증명과 논박의 기작을 통해 그러한 진화를 연구하였다.[10] 피아제나 비고츠키의 경우처럼, 이러한 이론가들의 차이와 그들의 다른 구조주의 담론으로부터의 결별은 많은 토론의 주제가 되어왔다. 불행하게도 주석가들은 명백하지만 다소 피상적인 결별 이유에 초점을 맞추어온 경향이 있어, 점점 분명해지지만 그럼에도 불구하고 혁명적으로 일치하는 점을 무시하게 되었다.

이러한 주제에 대해 20세기 말에 이르러 구조주의 담론은 매우 분명해지고 상식적이 되어 지식, 학습, 그리고 교수행위에 대한 학문적 논의를 지배하였다. 그러나 역사적으로는 연결되지만 개념적으로 분지한 다른 담론들

또한 두각을 나타내게 되었다. 이러한 후기 구조주의 담론들은 구조주의 정서를 때로는 지지하고 때로는 배척한다.

후기 구조주의:
지식의 안감

이 절은 이 책에서 의도한 의미에 대해 어떤 명백한 참조 문헌도 제시하지 않고 이미 수십 번 사용한 **담론**^{discourse}이라는 단어에 대해 정의하는 것으로 시작하고자 한다.

후기 구조주의자들은 이와 같이 핵심적 용어의 뜻을 한정하지 않고 사용하는 것에 대해 비판적이다. 그들은 어떤 실재하거나 이상적인 명료한 대상을 통해서가 아니라 차이와 차이화의 체계를 통해 의미가 부여된다는 구조주의자들의 주장을 따른다. 그러나 후기 구조주의자들은 이러한 차이의 체계 속에서 작동하는 고의적이고 우연한, 명시적이고 암묵적인 권력 구조에 더 관심을 갖는 경향이 있다. 초점은 겉으로 얽혀 있는 지식이 아니라 그냥은 눈에 보이지 않으면서 구조의 모양을 만드는 안감이다. 이런 안감을 일컫는 용어의 하나가 담론이다.

담론은 사회적 또는 문화적 집단이 선호하는 해석의 습성의 틀을 만드는 언어, 사회 등 얽혀 있는 구조를 말한다. 담론은 말해지고 사고되고 행해져야 할 것을 조직하고 제한한다. 여기서는 언어를 강조하지만, 후기 구조주의 담론들은 특정 어휘와 언어 사용 패턴에 의해 촉진되고 지지되는 행위와 전통에도 관심을 갖는다. 각각의 담론은 주로 암묵적인 그 자체의 독특한 규칙과 절차를 갖는데, 이것이 무엇이 의미 있고 무엇이 의미 없으며, 진실이고 거짓이며, 정상이고 비정상인지를 규정한다.

이 책에서 다루고 있는 많은 담론들(예를 들어 모든 – **주의들**^{isms})이 보여주듯이, 담론들은 서로 관계를 맺고 있으며 서로 적대적으로 기능하기도 한다. **후기 구조주의**^{poststructuralist}라고 이름 붙여진 담론들은 담론에 대한 담론이라는 독특한 특성을 갖는다. 예를 들어, 후기 구조주의는 그 자신과 다른 담론 체계가 갖고 있는 개인적 사회적 의미와 이론적으로 무엇을 주장하고자 하는지에 대해 관심을 갖는다.

다른 대부분의 담론들과 달리 자신의 이름에 *post* - 라는 접두사를 사용하는데, 후기 구조주의의 post-는 구조주의 정서의 배제를 나타내는 것이 아니라, 한층 더 상세하게 하고자 하는 것이다. 실제로 소쉬르는 언어가 분리된 단어 단위들이라는 관점보다는 관계들의 집합으로 이해되어야 한다고 주장함으로써 후기 구조주의 등장의 발판을 마련했다. 후기 구조주의자들은 구조를 탈맥락적이거나 비역사적인 관점에서 이해해서는 안 된다고 주장함으로써 소쉬르의 언어의 구조적 분석에 대한 강조를 확장시켰다. 후기 구조주의자들은 우리 의식의 양태를 한정하는 것은 문화적인 몰입이라고 주장하였다. 예를 들어 Michel Foucault(1926~1984)는 의미의 체계가 성, 정상성, 사회적 질서 등에 대한 문화적 신념과 함께 얼마나 밀접하게 얽혀 있는지를 보여주려고 하였다.[11]

후기 구조주의는 문학 비평에서 가장 두각을 나타내는 것 같다. 소쉬르의 저작이 지향하는 바와 같이, 문학에서 구조주의자들은 20세기 중반에 작가가 의도한 메시지는 어떻게 해서든지 문학작품 속에 살아 있다는 20세기 초반의 전제를 제거하기 시작했다. 구조주의자들에게 작품의 의미는 작가의 의도적인 의미를 뛰어 넘는다. 하나의 작품에 상태와 맥락을 부여하는 은유, 원형, 그리고 수사 등으로 휘말려드는 구조적인 현상처럼 의미는 작가를 언제나 넘어서는 어떤 것으로 다시 던져진다.[12] 의미는 현재 제시된 것이 아닌 분화되는 것으로부터 더욱 창발이 된다는 후기 구조주의자들의 주장으로 이러한 점은 정교화되어왔다. 이 개념을 가장 친숙하게 분명히 한 것이 Jacques Derrida(1930~)의 신조어 **차연**_différance_인데, 그는 이 개념을 소쉬르의 차이의 체계라는 개념을 인정하고, 이러한 체계가 어떻게 부재와 유보에 의존하는 가를 지적하기 위해 사용하였다.[13]

데리다는 의미가 만들어지는 모든 사건에서 차이_difference_와 지연_deferral_이 결합된 의미의 **차연**이 언제나 이미 나타난다고 주장하였다. 그래서 후기 구조주의 문학 비평의 핵심적 과제는 해체이다. 해체는 보통 때는 드러나지 않는 언어, 이미지, 행위의 이면을 연구할 때 쓰이는 해석 행위이다. 그리고 해체는 그러한 드러나지 않는 면을 지각할 수 있는 각자의 능력에 의해 어떻게 의미가 가능할 수도 있고 제한되기도 하는지에 대한 새로운 이해를 돕고자 하는 것이다. 해체는 언제나 정교한 과정으로, 합리주의나 경험주의가 분석이나 환원을 강조하는 것과 혼동해서는 안 된다.

어떻게 부재, 간과, 일탈, 그리고 다른 지연들이 의미의 생산과 진화에 공헌하는지를 보여주기 위한 노력은 후기 구조주의 담론에서 공통적이다. 일반적으로 후기 구조주의 담론은 프랑스 단어의 _pouvoir_와 _puissance_를 실제로 번역한 용어인 **권력**_power_에 대한 탐구에도 결합된다. 이러한 단어들의 중요한 의미는 '능력', '수단', '방법', 그리고 '행위 능력'과 관련이 있다. 그러나 그러한 단어들은 '힘', 그리고 '강점'을 가리키는 데 사용되기도 하고, 특별한 언외의 뜻이 후기 구조주의 담론들을 가로지르며 변이를 만든다. 사례를 통해, 결코 신뢰할 만하지 않지만 거칠게 후기 구조주의 사고 내에서 현재 널리 알려진 두 개의 사조인 문화연구와 비판이론의 특징을 그려볼 수 있을 것이다. 후기 구조주의에서 **문화연구**$^{cultural\ studies}$와 **비판이론**$^{critical\ theory}$ 두 흐름이 있다. **문화연구**는 문헌, 사건, 그리고 다른 문화적 현상을 해석하고자 하는 다양한 학문을 가로지르는 연구를 말한다. 하나의 장으로서 문화연구는 대중 매체와 매일의 사건들이 우리가 믿는 것과 왜 믿는지를 이해하기 위한 풍부한 장소를 제공해준다는 관념에 의해 주로 진행된다. 문화연구에서 *power*란 단어는 '행위 능력'을 말할 때 더 많이 사용되는 경향이 있다. 비판이론은 사실 19세기의 문헌 해석 연구에 뿌리를 둔 좀 더 오래된 흐름이다.[14] 문화연구와 대조적으로 비판이론에서 말하는 권력은 우세함 추구, 힘에 기반을 둔 단어의 의미에 가까운 경향을 보이고 있다. 그러나 다시 말하지만, 이러한 특징이 명쾌하거나 모두가 인정하는 것은 결코 아니다. 사실 어떤 담론에서 문화연구와 비판이론은 동의어로 친다.

더 일반적인 점에서, 권력은 자연적이고 정상적인 우세한 개념에 대한, 그리고 물론 부자연스럽고 비정상적인 것에 대한 영향이라는 관점에서 설명될 수 있을 것이다. 예를 들어 지난 반세기까지 의료과학에서 **정상**^{normal}은 거의 '백인 성인 남자'를 의미하였고, 종종 그 범주 밖의 대다수 사람들에게 부적절한 처치와 간섭이 주어졌다. 또 다른 예가 '정상 가족' 개념이다. 대중적인 정치 수사에서 정상 가족은, 현재 가족 구조의 다양성을 결코 대표하지 않는 역사적으로 특이한 사례임에도, 중산층의 결혼한 부부, 보통 백인, 두 세 명의 자녀로 구성된다. 더 예를 들면, 진행되고 있는 학교에 관한 북미의 논의에서 정상*normal*은 통계적 방법에 의해 공식적으로 정의된다. 7장에서 논의한 바와 같이, 정상적인 성취, 정상적인 발달 등이 산술적 평균의 관점에서 모두 정해진다. 그러한 평균에서 일탈하는 사람들은 공식적으로 **비정상**_abnormal_으로 규정된다.

위의 사례들은 종교적 신념, 과학적 전제, 매체의 묘사, 그리고 정치적 수사를 포함한 담론 내에서 작동하는 정렬된 권력들을 가리킨다. 예를 들어 이와 같은, 그리고 여자는 남자보다 선천적으로 더 보살피고 배려한다는, 동성애는 자연스러운 것이 아니라는, 공공연한 나체는 잘못된 것이라는, 청소년은 음주와 투표에서 제외되어야 한다는, 공립학교는 자애로운 제도라는 등 확신 속에 들어있는 묘한 권력들이 많다. 이러한 종류의 믿음들은 주도적인 담론들의 표면을 떠돈다. 즉, 바로 지금, 담론들은 집단적 상상력에 가장 큰 권력을 행사하다.

헤게모니를 갖는 담론에 의해 자연스러움과 정상성이 규정된다는 것은, 후기 구조주의 담론은 결코 우세한 담론이 될 수 없다는 것을 의미한다. 당연히 후기 구조의 담론은 상식을 만드는 담론에 주의하고 의심해야 하며, 따라서 결코 상식적이 될 수 없다. 오히려 후기 구조주의 담론은 보이지 않고, 당연히 여겨지고, 구체화되고 실행되는 것에 대해 유의해야 한다. 한 마디로, 후기 구조주의 담론은 모든 진리의 주장에서 유보되고 무시되는 것과 관련 있다. 후기 구조주의적 비평은 지식의 부분성에 관한 것이다. 여기서 **부분**_partial_은 '편견'과 '불완전'이라는 두 개의 의미를 말하며 **지식**_knowledge_을 명시적이기도 하면서 암묵적인 것으로 이해한다.

같은 뿌리,
다른 가지

구조주의와 후기 구조주의 담론은 한 쌍으로 읽어야 한다. 그들이 서로 결별한 것은 강조점이 달라서이지 개념적으로 파고들어가서 그런 것은 아니다.

예를 들어 두 담론의 짝을 가로질러, 형식적인 논리는 새로운 생각을 만들어내고 옛것을 확인하는 데 중요한 도구로 보인다. 그러나 논리는 이러한 목적을 위해 유일하거나 중요한 수단으로 조차 보이지 않는다. 사실 논리는 사고의 자기 완성적이거나 추상적인 양식도 아니다. 오히려 의미를 만드는 모든 양식처럼, 논리는 이야기나 비유 같은 다른 해석 도구와 상호 의존적인 것으로 이해된다. 경험의 한 부류를 다른 것으로 사상하는 과정인 은유는 이러한 담론들을 가로질러 탁월하게 묘사한다. 어떤 사람들은 인류의 가장 세련된 개념적 성취는 걷기, 기기, 그리고 먹기와 같은 기본적인 신체적 경험에서 온 은유의 가공이라는 문제이다라고까지 주장한다.[15]

물론 우리의 추상적인 이해를 뒷받침하는 신체적 경험과 언어적 구조가 구조주의와 후기 구조주의 담론에 의해 만들어진 바로 그 부분이라는 것을 우리는 좀처럼 알고 있지 않다. 의미는 현재 명시적으로 만들어진 것이 아닌, 부재하고 암묵적인 것으로부터 나온다고 주장된다. 의미와 진리는 지시 의미와 대상물 사이의 대응에 관한 것이라기보다는 잊어버린 것과 더 이상 지각되지 않는 것 사이에 있는 일관성들이다.

이 장은 자연 및 언어의 역할과 중요하게 관련된 지식에 관한 담론들을 다루었다. 이러한 담론들은 19세기 후반에 등장하기 시작했다. 그 담론들이 아직 대중들의 상상력을 장악하지 않았지만, 예술과 인문학을 가로질러 학문 연구의 많은 분야에서 깊은 영향을 미치고 있거나 부각되고 있다.

자연과학에서 몇몇 핵심 개념을 공유하면서 움직임이 일고 있지만, 자연과학에서 그 담론들의 영향은 확실히 덜 알려졌다. 인문학의 동시대 담론과 과학 담론 사이의 핵심적 단절은 언어의 중심성을 둘러싼 것이다(14장을 보라).

12장과 13장에서는 구조주의와 후기 구조주의 담론에서 각각 발생한 학습의 개념과 교수행위의 몇 가지 모형에 대해 살펴볼 것이다.

구조주의:
촉진하는 교수행위

12

> *교육은 교사가 행하는 어떤 것이 아니라, … 인간 존재에서 자발적으로 일어나는 자연스런 과정이다. 그 과정은 단어를 듣고 얻어지는 것이 아니라, 아이들이 환경에 작용하는 경험으로 얻어지는 것이다. 교사의 역할은 말하는 것이 아니라, 아이들을 위해 만들어진 특별한 환경에서 이루어지는 문화적 활동을 위한 일련의 동기들을 준비하고 배치하는 것이다.*
>
> *- Maria Montessori* [1]

인간이 이전에 갖고 있던 정서와 지식에 관한 20세기의 논의 중에서 가장 중요한 개념적 변화는 아마도 명시성explicitness이라는 문제와 관련된 것이다. 신비주의, 종교, 합리주의, 경험주의적 전통 등에서 무언가를 안다는 것은 그 무언가를 의식적인 앎으로 전달하는 것이었다. 이런 전통들은 지식의 근원을 무엇으로 보는가에 따라 다르지만, 모두 지식이 되려면 그 지식이 명시적이어야 한다고 보았다.

현상학, 정신분석학, 그리고 실용주의 등 구조주의 담론은 좀 다르게 주장하는데, 공식적이고 명시적인 명제로 이루어진 지식은 광범위한 비공식적이고, 암묵적이며, 구체적인 경험의 바다로부터 생기는 것이라고 주장한다. 개인적인 앎과 집단적인 지식은 대부분 의식적으로 이루어지는 것이 아니다. 이는 100년간 이루어진 인지과학 연구에서 실증된 것이다. 명시적 지식은 뒤얽힌 경험과 해석의 껍데기에 불과하다.

구조주의 이론의 또 다른 중요한 개념적 변화는 진화론을 적용하여 이해가 창발되는 것을 설명한 것이다. 즉, 학습은 지식을 받거나 획득하는 것이 아니라, 이미 우리가 갖고 있는 지식을 변경시키는 것이라는 것이다. 그러한 변경은 우리가 전에는 몰랐던 부적실성inadequacy을 발견했을 때 일어난다. 그렇다면 학습은 무언가를 축적하는 것이 아니라 끊임없이 진행되고 회귀적인 섬세한 구체적 과정이다. 학습자는 불완전한 존재가 아니라 결코 고정되거나 완성되지 않은 자신의 세상을 끊임없이 만들어가는 인지 주체이다.

이러한 개념의 전개는 1960년대 **구성주의**constructivism와 (구조주의라기보다는) **사회적 구성주의**constructionism로 나타나, 교육 연구에 뚜렷한 영향을 미쳤다. 지난 30년간 이러한 연구는 급속히 증가해왔으며,[2] 오늘날 여러 갈래의 교육학 연구에서 대표적인 틀이 되고 있다.

이러한 사례에서 11장에서 언급한 요점을 강조하는 것이 중요한데, 구조주의 담론의 주요한 은유들은 건축물과 같은 이미지와는 관련이 **없다**는 것이다(그러나 이러한 종류의 이미지들은 합리주의자나 경험주의자들의 지식과 학습에 관한 논의에서 뚜렷이 나타난다. 7장, 8장, 그리고 9장을 보라). 오히려 공유된 구조주의 전통으로 인해, 구성주의와 사회적 구성주의 담론의 주요한 은유는 생물학적인 의미의 구조이다. 이러한 보다 생물학적인 관점은 역사적 영향, 진화적 적응, 점진적 펼쳐짐unfolding, 계속되는 맞섬cope, 그리고 내적 응집성 등에 대한 주의를 촉구한다. 이러한 특성은 개인적 이해나 사회적 집단성, 지식의 체계 등이 이미 갖고 있는 것이라고 본다. 이는 교육학 연구자들 사이에서 각각 급진적 구성주의, 활동이론activity theory, 그리고 사회적 구성주의 담론과 관계된 것이다.

이 중 어떤 이론을 누군가가 특별히 만든 것은 아니다. 예를 들어, Giambattisto Vico(1668~1744), Jean-Jacques Rousseau(1712~1778), John Dewey (1859~1952), Jean Piaget(1896~1980) 등을 모두 급진적 구성주의의 원조들이라고 보통 생각하지만, 그들 자신이 그들을 구성주의자로 규정한 것은 아니다. 피아제는 구조주의에서 구조와 구성을 말할 때, 그의 생물학적인 배경을 지향하고 받아들이면서 가장 자주 인용되었다.[3] 그의 발생론적 인식론은 사회적 구성주의의 최근 논의에서 가장 영향력 있는 이론이다.

앞 장에서 논의를 전개했듯이, 구성주의자들은 개인의 인지를, 인지한 것이 그 개인의 외부 세계와 맞는지 안 맞는지를 놓고 얘기하기보다는 서로 얽힌 이해들understandings의 관계로부터 나오는, 닫혔지만 역동적인 의미의 체계로 설명한다. 구성주의자는 형이상학적 가정에 입각한 유심론적이고 인지주의적인 개인의 지식에 관한 모델을 거부한다. 지식은 행위를 일으키는 가능성들로 단순히 외부 세계가 내부에 반영된 것이 아니라고 본다.

이 점이 중요하다. 구성주의자에게 신체적 행위는 이해의 증거가 아니라 이해**이다**. 우리 실존의 매 순간마다 이루어지지만 그 대부분은 무의식적으로 이루어지는 암묵지의 풍부함이 중요한 것이다.

나는 가르치면서 구성주의의 몇몇 주요 원리를 강조하기 위한 유용한 방법이 인공지능 연구의 성공과 실패를 살펴보는 것임을 알았다. 1950년대에 인공지능AI이 등장한 이후, 그 전망에 대해 지나치게 낙관적인 경향이 있어 왔다. 처음부터 인공지능은 전자적으로 만든 지능이 곧 사람의 지능을 능가할 것이라고 예단하였다. 그러나 연구는 곧 내리막길을 걸었다. 이러한 실패는 지식, 학습, 그리고 교수행위에 대한 상식적 믿음의 주요한 면을 보여주는 것이기에 교훈적이다.

초기에 인공지능 연구자들은 대단히 성공적으로 인간의 논리적 작업보다 뛰어난 컴퓨터 프로그래밍, 즉 프로그래머들이 개인적으로 어렵다고 판단한 작업들을 만들었다. 그러한 성공을 기반으로, 컴퓨터가 이제 곧 말도 할 수 있고, 얼굴도 알아보고, 도덕적이고 정치적인 의사 결정도 도와줄 것으로 기대하는 것이 온당하게 되었다. 그리고 이는 광범위한 데이터베이스의 구축과 강력한 프로세서를 만들면 가능할 것으로 굳게 믿었다.

사실 그러한 예측은, 학습자는 논리적으로 사고한다는 합리주의자의 전제와 지식은 학습자의 밖에 독립적으로 객관적으로 존재하는 실재라는 형이상학적 가설에 뿌리를 둔 것이다. 언어 사용이나 세상을 향해 움직이는 것, 도덕적 판단, 그리고 인간이 생애 초기 수년간 숙달하는 다른 모든 능력들은 그렇게 논리에 뿌리를 둔 것도 아니고, 많은 지식의 획득을 필요로 하는 것도 아니라는 것이 나중에 밝혀졌다. 정반대로 인간은 논리보다 은유와 같은 비유적인 상호작용에 의존하는 것으로 나타났다. 나아가 인간은 세상에 대해 극히 적은 양의 정보만을 기억한다는 것이 밝혀졌다. 우리가 살아가기 위해 필요한 정보의 대부분은 우리 내부에 구축되는 것이 아니라 바깥 세상에 남겨져 있다.

보다 최근에는 일부 AI 연구자들이 합리주의적 가설을 포기하고 구성주의의 입장에서 엄밀한 논리적 과정보다는 연상기억장치(기억된 데이터의 내용을 이용하여 원하는 데이터에 접근 하는 방식 – 역자)를 사용하고, 세상을 장치 안으로 프로그램하려고 하기보다는 세상을 탐색하는 장치를 사용한다. 아직 전자 천재를 만드는 것이 요원하고, 연구자들은 비록 제한된 자료와 상대적으로 약한 프로세서를 갖추고 있지만, 예측되지 않은 조건에 혁신적으로 반응할 수 있는 컴퓨터를 만들기 시작했다.[4]

여기서 초점은 새로운 문장을 쓴다든지, 쇼핑하러 가는 길을 잊지 않는다든지 하는 일상적 능력의 이면에는 명백하게 드러나는 개인 지식의 체제가 있다는 것이다. 우리는 우리가 알고 있다고 생각하는 것보다 더 많은 것을 알고 있다. 구성주의자는 이러한 앎이 서로 얽히고 더욱 추상적인 이해로 나아가는 방법과 아울러 앎의 원천과 역동성에 관심을 갖는다. 그래서 구성주의자는 사람들이 세상과 만나면서 만지고 부딪치고 듣고 들리고 하는 등의 육체적이고 물질적인 감각을 통해 모든 공식적이고 명시적인 지식이 추상된다고 주장한다. 각각의 모든 행위는 앎을 만들고, 각각의 모든 앎은 행위를 지향한다. 그렇다면 행위는 경험주의가 주장하는, 세상에 대한 정보를 모으는 수단 이상이다. 그 이상으로 더 나아가 행위는 각자의 지식을 만든다. 우리의 행위는 우리가 바로 누구인지, 우리의 능력은 어느 정도인지, 우리는 무엇이 아닌지를 알게 해준다. 인지는 두뇌로만 이루어지지 않는다는 것이다. 구성주의에 의하면 몸 전체가 인지체이다.[5]

구성주의자들에게 학습은 단순한 경험에 의해서 일어나는 것이 아니라 생물학적으로도 가능한 것이고, 문화적 조건과 사회적 상황에서 일어나는 경험이기 때문에, 복잡하고 통제가 불가능한 현상임은 말할 것도 없다. 교육적으로 말해 결론은, 가르친다는 것이 학습자를 특정한 방법에 의해 특정한 것을 학습하도록 강제하거나 만드는 것은 아니라는 것이다. 학습이 교수행위에 영향을 받는 것이기는 하지만 가르치는 행위에 의해 결정되지는 않는다. 구성주의자들의 논의에서 가르친다는 것은 주로 **촉진**facilitating하는 것으로 이해된다. 이는 라틴어로 'making easy'의 뜻이다. 그리고 가르친다는 것은('유발하기prompting' 또는 '인도하기steering'라는 의미의) **안내**guiding 또는 **가능하게 하는**enabling 것이다. 사실 대부분의 걸출한 몇몇 구성주의 이론가들은, 구성주의가 개인적으로 의미를 만드는 것에 관한 이론이기 때문에 교사들은 무엇을 할 수 있고 무엇을 해야 하는가보다는 기껏해야 무엇을 할 수 없는지를 말해주는 것이라고 주장하면서, 교수행위의 문제에 대해서 매우 조심스러워하는 경향이 있다.[6] 이러한 이론가들은 교수행위를 교사가 학습자로 하여금 특정의 이해로 나아가도록 촉진하려는 시도로서의 섭동과 해석의 연쇄이며 또 계속해서 어떻게 촉진할 것인가를 결정하기 위해 학습자의 실제 이해를 해석하고자 하는 것 등으로 이해하는 경향이 있다.

교수행위에 관한 이러한 관점에 크게 영향을 미친 것 중의 하나가 1762년 루소의 『에밀』이다. 여기서 루소는 자신의 낭만주의 철학을 '자연 교육'의 몇 가지 법칙으로 나타낸다. 낭만주의는 18세기 합리주의와 경험주의에 대한 반발로 나타난 것이다. 낭만주의는 일상에 필요한 지식을 넘어서는 의미를 강조하는 것으로 그노시스를 다시 주장하는 것으로 보인다. 낭만주의는 자연 및 개인의 정서와 상상력을 중시한다. 루소는 아동은 어른들과 다르게 인지하며, 천성적으로 선하다고 보았다. 사람들은 저마다 다르게 발달해 나가기 때문에 세상을 다르게 이해하며 서로 다른 결론을 내도록 격려되어야 한다고 주장했다. 또한 신체적 활동으로부터 정신적 활동이 만들어지며, 교육은 각 개인에 맞춰서 이루어져야 한다고 주장했다. 요약하면, 루소에게 있어 가르침의 목적은 학생들에게 학습하고자 하는 열정이 일어나도록 하는 것이다.

이러한 모든 점이 현재의 교육학 문헌들에서 재강조되고 있다. 교수행위를 위해 자주 인용되고 추천되는 다른 사람이 존 듀이이다. 그는 학습자는 탐구하도록 허용되어야 하며, 가르친다는 것의 요체는 적절한 시점에 설명하면서 도와주는 것이라고 주장했다. 또한 피아제와 마찬가지로 듀이는 적절한 경험을 제공할 때 학습자의 주의를 끌 수 있는 잘 설계된 학습 도구를 주장했는데, 이는 수학 교실에서 사용되는 손으로 다루는 여러 학습 도구의 근거가 되었다.

그러나 이러한 관점은 보통 단기간에 동시에 많은 학생을 가르치는 교사들에게는 한계가 있다. 물론 이러한 구성주의 이론의 문제점은 이해할 수 있다. 구성주의는 사람들 사이의 역동성보다는 개인의 인지 과정에 주로 관심을 갖는다. 이러한 이유로 많은 교육자들이 구조주의의 다른 분야에 주목하였다. 이러한 분야 중 특출한 것이 상황 학습 이론situated learning 7과 활동이론activity theory 8을 포함하여 비고츠키 저술로 거슬러 올라가는 많은 이론들이다.

비고츠키는 학습에서 사람들 사이에서 이루어지는 과정과 언어나 인간 세상을 조직하는 구조와 같은 문화적 도구의 역할에 더 관심을 갖는다. 그가 보기에 학습은 실천적 참여를 통한 사회적 습관화의 과정이다. 개인적 인지 과정도 집단적 또는 외적 과정의 반영이나 내면화이다. 실제 비고츠키는 내면화된 사고가 배워야 할 그 무엇으로 생에 초기에는 없던 것이라고 주장했다. 아동이 처음 하는 상징적 수행은 그 아동들에게 조차도 완전히 공적으로 발생하는 것이다. 이러한 수행은 밖에서 안으로, 문화적인 것에서 개인적인 것으로 그냥 서서히 내면화된다.

공산주의 소련에서 작업하면서 비고츠키의 이론은 생물학적 신체보다는 집단적 신체적 과정을 지향하는 공동 노동의 비유로 짜여졌다. 그의 연구와 그의 저자에 뿌리를 둔 교육 이론에서 분석의 기본 단위는 인간의 상호작용이다. 그러한 상호작용은 목적 지향적이고 특별한 필요에 의한 것이고, 기존의 실천적 공동체에 새겨진 것이며, 일반적으로 특별한 도구에 의해 매개되는 것이다. 이러한 주안점에 따르면, 가르친다는 것은 **중개***mediating* (라틴어의 '가운데 있기*to be in the middle*')이며, **조언하기***mentoring*, **본보이기***modeling*, **원리 가르치기***initiating*이다. 경우에 따라서 가르친다는 것은 전문적 작가나 과학자, 수학자 등이 하는 것과 같은 작업과 상황을 조직함으로써 학습의 경험을 기획하고 **편성***orchestrating*하는 것으로 묘사된다.

그와 같은 교수행위 개념은 종종 Jean Lave와 Etienne Wenger의 사회적 구성주의 담론인 상황 학습 이론과 관련된다. 이 이론은 학습자 개인이 관습을 알게 되는 과정과 여러 직업과 하위문화에 특유한 능력을 개발해가는 과정에 주로 관심을 갖는다. 그러한 상황에서 가르친다는 것은 고의적으로 의도된 과정이 아니다. 학습의 책임이나 부담은 초심자인 학습자에게 있다. 교사는 **전문가***expert*나 **숙련자***master*가 될 것이다.

여기서 *master*는 신비주의나 종교에서 말하는 그것이 아니다. 사회적 구성주의에서 *master*는 전문가와 같은 개념이다. 앞에서 말한 요점을 반복하면, 서구의 신비주의에서 학습자는 그들 자신과 운명을 지배^{mastery}하도록 교육받는다. 일반적으로 서구 종교에서 (운명을 - 역자) 지배할 책임은 가르치는 자에게 전가되고 mastery라는 용어는 학습자에 대한 가르치는 자의 권위를 일컫는 말로 사용되었다. 사회적 구성주의 담론의 경우 mastery는 어떤 기예나 과목과 관련된 가르치는 자의 그 무엇을 말하는 것이고, 숙련^{expertise}과 동의어이다. 목적은 학습자로 하여금 같은 정도의 숙련을 개발하게 하는 것이다.

Lave와 Wenger는 그들의 이론은 '그 자체가 교육의 형식은 아니고, 교육의 전략이나 교수행위의 기술은 더더욱 아니다. 그것은 학습에 관한 분석적 관점이고 학습을 이해하는 하나의 방법이다'⁹라고 조심스럽게 제기한다. 그럼에도 불구하고 많은 교육학 연구자들이 그러한 규정을 무시하고 이러한 학습에 관한 기술^{記述}지향적 이론을 교수행위에 대해 처방을 내리는 이론으로 생각해왔다.

교육적으로 특별히 권장해야 할 것으로, 비고츠키의 영향을 받은 교육 이론은 프로젝트 수업과 모둠으로 구성된 학급 구조, 특히 독특한 어떤 문화적 활동이나 그것을 둘러싼 실천과 규칙을 겨루도록 만드는 구조를 옹호하는 경향이 있다. 예를 들어 과학 수업의 경우 흥미 있는 어떤 주제로 조직되어야 하고, 학생들은 관련된 배경지식을 모으면서 과학자들을 따라하고, 가설을 설정하여 실험을 설계하며, 결과를 증명하고 결론을 도출해야 할 것이다. 이러한 예에서, 교사는 과학적 문제를 해결해 나가도록 초보 과학자들을 이끄는 과학계를 대표하는 과학자처럼 행동을 해야 한다. 따라서 교육의 목적은 만들어진 지식을 전달하는 것이 아니라, 기존 지식을 적용하고 확장 가능하도록 학생들을 의미 있게 참가시키는 것이다. 즉, 가르친다는 것은 학습자를 특정의 실천 집단의 문화에 **적응시키는***enculturating* 과정이다.

11장에서 언급했듯이, 피아제와 비고츠키는 각기 다른 범주를 연구한 것임에도 최근의 교육학 연구 문헌은 서로 대립되는 것으로 보는 경향이 있다. 그렇지만 비고츠키는 피아제가 처음에 강조한 학습과 교수행위에 대한 논의를 더 발전시켰다는 점을 주목해 보아야 한다. 예를 들어 비고츠키는 인간의 의식과 관련하여 보다 더 확장된 설명을 제시하였다. 피아제가 고대 그리스로부터 계속된 가설과 같이, 학습자의 모든 사고가 고립된 학습자의 머리 안에 존재하는 것으로 본 반면, 비고츠키는 개인의 의식은 사회적 참여와 문화적 도구, 특히 언어에 실제로 의존하는 것으로 본다. 비고츠키에게 의식은 개인적 현상이 아니라 주로 인간의 집단적 현상의 반영이다. 비고츠키에 의하면 교사와 학생의 관계(또는 사회적 상호관계에 참여하는 어떤 사람들이건 간에)는 일종의 마음을 공유하는 과정이다*mind sharing*. 효과적인 교육에서는 학생이 교사의 의도를 따라가면서 교사가 학생의 학습과정을 조율하는 상호 안무가 펼쳐진다. 안무는 유동적이다. 나아가 교수행위를 섭동과 해석의 순환으로 보는 급진적 구성주의와 달리 사회적 구성주의는 교사의 행위가 언제나 의식적인 것이 아니라는 것을 강조한다. 실제로 종종 교사의 행위는 의도적인 의사결정의 문제가 아니다.[10]

비고츠키는 학교에 대한 구조주의 이론이 함의하는 관점에 서서, 그 이

전의 사고와 중요하게 다른 점은, 학습이란 무엇인가의 문제가 아니라(물론 이문제도 굉장한 것이지만), 학습자가 무엇인가 하는 것이라는 제안을 강조한다. 구조주의자들은 개인이 유기체적 감옥에 갇힌 하나의 개체가 아니라, 창발하고 진화하는 다른 형태들과 서로 얽혀 있는 창발하고 진화하는 형태로 본다. 학습자는 자신과 무관한 대상이나 자신이 원래 타고난 형태에 의해서가 아닌, 다른 여러 모습들과의 관계를 통해 응집된, 거대한 단위체를 구성하는 자율적인 모습들로, 단어나 수학적 공리와 매우 같은 모습을 하고 있는 것이다.

이러한 개념을 발전시키면서 비고츠키는 지식과 학습과 교수행위에 대한 논의를, 어떤 지식체계에도 내재해 있는 편견들을 포함하여 후기 구조주의 비평가들에 의해 제안된 여러 관심사들에게로 열어놓는 데 도움을 주었다. 이는 지난 수십 년간 최근의 교수행위에 대한 토론에서 가장 활발하게 논의된 것일 것이다.

이 장은 **촉진**^{facilitating}, **안내**^{guiding}, **가능하게 하기**^{enabling}, **중개**^{mediating}, **조언**^{mentoring}, **본보이기**^{modeling}, **원리 가르치기**^{initiating}, **편성**^{orchestrating}, 그리고 문화에 **적응시키기**^{enculturating} 등 구조주의 이론과 연관된 교수행위를 가리키는 동의어들의 기원과 개념적 함의와 관련된 것이었다. 13장에서는 후기 구조주의 이론과 관련된 용어들에 대해 이와 같은 논의를 전개할 것이다.

후기 구조주의:
역능을 증대시키는 교수행위

중립적으로 진행되는 그런 교육은 없다. 교육은 젊은 세대를 현존하는 체제의 논리 속으로 통합하고 체제에 순응하도록 촉진하는 데 사용되거나, 아니면 사람들이 현실을 비판적이고 창조적으로 다루고 그들의 세상을 변화시키는 데 어떻게 참여할지를 발견하는 방법으로서의 '자유의 실천'이 되든지 둘 중의 하나이다.

- Richard Shaull [1]

구조주의자나 후기 구조주의자나 진리는 사회적 합의의 문제이다. 다만 구조주의 담론은 지식 생산의 기작에 더 관심이 있는 경향이고, 후기 구조주의 담론은 진리로 여겨지게 된 진리라고 하는 주장들의 함의와 뒤얽힌 관계에 더 주목한다. 후기 구조주의 담론은 어떻게 개인이 세계를 이해하는가보다는 세계에 대한 이해가 어떻게 개인들을 만들기 위해 형성되는지, 정말로 어떻게 개인들 자신의 정체성이 만들어지는지에 주로 관심을 갖는다.

후기 구조주의 문헌에서 주로 다루는 복잡한 세 주제가 언어, 정체성 그리고 권력인데, 이러한 모든 것들을 유동적이며 간주관적인 현상으로 이해한다. 의미심장하게, 이러한 관점에서 후기 구조주의 이론가들은 분명하게 드러나는 개인과 집단 간의 불균형에도 물론 관심을 갖지만, 불균형과 억압, 그리고 인간들 사이의 침탈을 뒷받침하고 있는 보이지 않고 감춰진 구조에 주로 관심을 갖는다.

이러한 관심은 일련의 주제로 연결된다. 예를 들면, 현재 지배적인 주제의 하나는 자연, 사회적 역할, 그리고 서구 과학의 문화적 결과 등과 관련이 있다. 이 주제의 인기는 근대사회에서 과학이 종교를 대신하여 진리의 권위를 차지한 사실 때문이다. 후기 구조주의 이론가들은 과학이 총체적인 지식을 향해 진보해나간다는 생각을 버리고, 연구자들이 여러 세대에 걸쳐 공들이고, 고치고, 재해석하거나 그들 선배들의 업적을 논박하는 해석 능력을 확장해나가는 의미 내에서만 앞으로 나아갈 뿐이라고 주장한다. 그러한 움직임은 앞이나 위로 나아가는 것이 아니라, 새로운 가능성의 지평을 넓혀가는 것이다.

10장에서 언급한 바와 같이, 토마스 쿤[2]이 사용한 **패러다임**은 특정 학문 내의 연구자들이 그 학문 안에서 연구 주제(반드시 주제를 둘러싼 구체적인 것이 아니라)에 동의하도록 촉진하는 신념과 가설의 그물망을 말하는 것이다. 하나의 패러다임은 어느 한 시기 또는 흐름의 상식이라고 말할 수 있다. 패러다임은 어떤 생각은 분별이 있고, 다른 것들은 어리석으며 여전히 상상할 수도 없다는 뿌리 깊은 습관적 관념으로 이루어진 것이다. 이러한 암묵적 합의는 대부분 당대를 지배하는 언어에 뿌리를 둔 것이고, 사람들이 행하는 해석과 의미의 틀이 된다. 따라서 지식이 진화하려면 언어가 변해야 한다. 새로운 해석의 가능성을 만들어 나가려면, 우리는 새 언어를 만들거나 구 언어를 전유appropriate하면서 다르게 말하기를 배워야 한다. 요컨대 지식의 생산은 매우 시적이다.

이러한 프레임으로 보면, 개인적인 앎은 수세기에 걸친 역사와 전통을 힘으로 이루어지는, 보이지 않는 언어적 사회 현상에 심어져서 통제되고 작동되는 집단적 지식이라는 관점에서 이해된다. 남에게 인정되는 정체성을 갖게 된다는 것은, 문화적으로 우세한 해석과 선호의 습관을 구현하고 실행하는 지배적인 일련의 정체성들을 마스터하는 것이다. 이러한 정체성들을 마스터하지 못하면 주변화되고 이상한 사람이 되며 극단적으로는 정신 이상자로 추방된다.

주체성을 만들어가는 모든 행위는 원래 해석의 여러 가능성을 배제하고 한 가지만 보고자 하는, 다른 것을 무시하는 행위이다. 이러한 배제와 무시, 특히 그 사회적 문화적 결과로 교육에서 비판 담론과 해방 담론으로 나아갔다. 이러한 담론들은, 예를 들면 마르크시즘이나 민주주의 같은 여러 가지 이념적 주장이나 협동조합주의와 세계화 같은 문화 운동, 인종차별주의, 계급주의, 남성우월주의sexism, 동성애차별주의heterosexism와 같은 사회적 이슈, 그리고 연령에 따른 선형적이고, 미리 구성된 교육과정으로 이루어진 교육 구조 등에 따라 변형되었다. 비판적 교육학에서 가장 많이 다루는 주제들이 정치적 억압에 대한 비난, 생물학적 본질주의 사례에 대한 반발, 정체성과 지식의 본성에 대한 뿌리 깊은 형이상학적 믿음에 대한 의문 등이다. 전문적 관심사가 여러 가지이지만 기존의 사회 질서를 영속화하는 문화적 동화 기구로서의 학교에 대해서는 모두 비판적이다. 즉, 전통적인 학교는 선의로 가득 찬 기회의 장소가 아니라 중간 계급, 중년, 기혼, 백인, 기독교 남성이 **정상적** 사람이라는 차별화된 문화를 효율적으로 유지시키는 곳일 뿐이다.[3]

대부분의 비판적 이론가들은 좋은 교수행위의 개념을 정치적 관점에서 직접적으로 규정하려고 하지 않을 뿐만 아니라 그렇게 하는 것이 중요하다고 보지도 않는다. 교수행위는 아마도 '익숙한 것을 이상한 것으로 만드는'[4] 것이며, 특히 **정상적인 것**으로 당연히 인정된 것에 도전하는 것이다. 정상이라는 단어를 오늘날의 학교 문화에서 광범위하고 무비판적으로 사용하는 것에 대해서 비판이론가들은 정상적인 지능이나 정상적인 가정이라는 현상은 주어진 특질이 아니라 그렇게 해석된 것일 뿐이라고 주장해왔다. 이점을 강조하기 위해, 이론가들은 형용사 **정상적인**[normal]이라는 말 대신 **표준적인**[normative]이나 **기준에 맞추기**[normalizing]라는 말을 종종 사용한다. 예를 들어 비정상적인 아이는 없다. 다만 모든 학습자들의 경험을 조직하고 형성하는 데 유용하게 활용하는 여러 가지 전제와 측정에 의해 만들어진 일련의 표준적인 기준들이 있을 뿐이다. 그래서 비판적인 교육은 정상성의 구조를 벗겨내면서, 표준적인 것에 저항하는 전략을 개발한다.

정상성의 담론은 권력 담론과 밀접한 관련을 가지며 때로는 동의어이기도 하다. 정서는 권력 구조에 의해 만들어지고 유지된다. 권력 구조는 뻔뻔스러운 것이기도 하지만 모호하기도 하며, 드러나기도 하지만 숨겨져 있기도 하고, 의식적이기도 하고 무의식적이기도 하며, 고의적이기도 하고 우발적이기도 하다. 예를 들어 남성의 특권은 주로 단조로운 백인 남성의 저작물로 개발된 교육과정,[5] 저학년에서는 여교사가 많다가 고등교육기관으로 갈수록 남자 교수가 많아지는 현실, 남자는 분석적이고 합리적이며 여자는 직관적이고 감정적이라고 보는 담론들과 사회적 관행 등에 의해 강화된다. 이러한 남성 우위의 잠재적 커리큘럼[6]은 개인과 문화 모든 층위에서 동시에 작동한다. 백인, 부자, 이성애, 그리고 지금의 다른 특권적 범주 역시 마찬가지이다. 비판이론가들은 이러한 문제들이 교육적인 것에서부터 정치적인 것에 이르기까지 모든 수준에서 동시에 반향을 일으킬 수밖에 없다고 주장한다.

　교수행위와 연구에서 후기 구조주의적 정서를 지향하는 교육자들의 주요한 교육 전략은 학습자들의 경험을 만들어내고 동시에 학습자들이 함께 만들어가는 관습에 대해 학습자가 비판적으로 살펴보도록 하게 하기 위하여 언어 자체에 흥미를 갖는 것이다. 비판 또는 해방 교육 운동은 1960년대에 일어난 급진적인 사회적 문화적 변화와 함께 창궐하기 시작했다. 이러한 운동과 함께, 교육이론가들은 교수행위는 기존의 사회 질서를 위한 것일 필요가 없다고 주장하기 시작했다. 오히려 교수행위는 **해방***emancipating*, **자유롭게 함***liberating*, 피억압자의 **역능 향상***empowering* 등 어떤 전복적인 행위일 수 있다.[7]

　해방 교육 운동에서 가장 영향력 있는 사람 중의 하나가 상황에 대한 비판적 대화로 다른 사람과 교호하는 과정을 **의식화**[8]라는 개념으로 제안한 파울로 프레이리(1921~1997)이다. 프레이리에 의해 개발된 비판 교육학 버전은 무엇보다도 피억압자로 하여금 자신이 억압당하고 있다는 것을 알게끔 촉진하는 것이다. 그것은 실존적 환경에 적용되는, 후기 구조주의자의 해체 개념보다 더 중요한 문제이다. 낡은 구조를 타도하고 보다 평등한 새로운 구조를 만들어가는 상호 변증법적인 기획을 통해, 교사는 학습자가 되어야 하고, 학습자는 교사가 되어야 하는 것과 같이, 교사와 학습자는 서로의 경계를 넘어서야 한다고 프레이리는 주장하였다. 구조주의자와 후기 구조주의자 간 교수행위 개념의 차이가 바로 이점을 중심으로 가장 분명해지지 않나 생각한다. 구조주의적 담론에서 보면 교수행위는 문화 적응 enculturation에 관한 것이고, 후기 구조주의적 담론은 문화 적응 과정을 의식하고 그것에 영향을 주기 위해 작업을 하라는 것이다. 그러한 비판적 관점에서 보면, 교수행위는 **의견을 표명하고**giving voice) 뭔가를 **주장하는**advocating 것이다.

이러한 운동에서 광범위하게 적용된 또 다른 용어가 오랜 기간 애매모호한 상태에 있는 **페다고지**pedagogy이다. 그리스어의 pais, '아동child'과 agogos, '지도자leader', 즉 paidagogos에서 온 것으로, 아이들을 보호하던 노예를 말하는 것이었다. 이는 라틴어 paedagogus로 통합되면서 일반적인 감독의 책무라는 뜻으로 확장되었다. 이는 다시 통상 '아이들의 교사teacher of children'로 번역되는 프랑스 고어 pedagogue로 의미가 확장되었다.

영어권 밖의 몇몇 유럽언어에서 pedagogy는 **교수법**didactics과 함께, 교사의 역할을 말하는 것이다. 둘 다 정확한 영어 번역어가 없다. didactics는 대충 교수 기법이나 방법과 비슷하나, 교과 지식에 대한 교사의 통솔, 학생의 반응에 대한 이해 능력, 그리고 다른 개인적 능력을 말할 때에도 사용되었다. 그것을 보완하는 pedagogy는 오히려 교사의 인간관계 능력, 즉 학생과의 관계에서 기술적인 것과 반대로 도덕적 윤리적 측면을 말한다. 많은 비판 교육 이론가들이 *pedagogy*라는 명사를 채택하게끔 하고 **비판적인**^{critical}, **해방의** ^{emancipatory}, **자유롭게 하는**^{liberatory} 등과 같은 형용사를 암시하게끔 한 것은 학습자에 대한 이런 의미의 책무성이다.

비판교육 담론에는 역설이 있다. 후기 구조주의 담론은 학문에서 결코 주류 담론이 될 수 없는 것과 같은 이유로, 비판 교육은 학교에서 결코 성공할 수 없다. 그러한 담론들은 어떻게 우리는 늘 습관, 행위, 그리고 해석에 의해 한계를 긋고 한계 그어지는지, 권리를 박탈하거나 권리를 빼앗기는지, 등에 대해 질문을 던져 지배적인 구조를 해체함으로써 현 상태를 중단시키는 것이다. 이러한 습관들은 계속 변하기 때문에 비판적인 교육 역시 그에 따라 변할 수밖에 없다. 그것은 결코 목적을 달성할 수 없는 운명인 것이다.

이 장은 특히 **해방**^{emancipating}, **자유롭게 하기** ^{liberating}, **역능 강화**^{empowering}, **전복**^{subverting}, **의견 표명**^{giving voice}, **주장하기** ^{advocating}, 그리고 **비판적 교육학**^{pedagogy} 등 후기 구조주의 사상과 연관된 교수행위 동의어들의 기원과 개념적 함의에 관한 것이었다. 간주관성 개념으로 만들어진 지식, 학습, 그리고 교수행위에 대한 관점인 해석학적 담론을 둘러싼 한 줄기 논의를 마친 것이다. 14장에서는 참여적 인식론^{participatory epistemologies}, 즉 간객관성 개념과 관련된 지식, 학습, 그리고 교수행위에 대한 관점을 논의할 것이다.

간객관성:
복잡성 과학 V 생태학

> 대량의 추상에 사로잡혀, 우리 자신만을 반영하는 다수의 인공 기술에
> 무력해진 우리의 주의력으로, 우리가 원래 인간 이상의 감각과 정서의
> 망 속에 존재함을 너무 쉽게 잊어버린다.
>
> *- David Abram[1]*

간객관성의 개념은 경험주의 과학에서 말하는 객관성과는 근본적으로 다른 것이다. 베이컨과 뉴턴, 그리고 그들과 같은 시대의 사람들은 이 세계와 분리된 총체적인 지식, 즉 신의 눈으로 우주를 보고 있다는 신념으로 연구를 하였다. 그러한 지식은 인간들이 얼마든지 생각할 수 있고 또 결국은 접근할 수 있는 것이었다.

　간객관성 개념은 객관적이거나 관찰자 없는 관찰과 같은 형이상학적 주장에 대해 정면으로 도전하면서 등장했다. Humberto Maturana는 '말해지는 모든 것은 관찰자에 의한 것이다.'[2]라고 간명하게 주장하였다. 관찰 행위는 관찰된 그 무엇 이상을 수반한다. 즉, 관찰이라는 그 무엇이 분명 있는 것이다. 게다가 관찰된 것과 관찰자는 공간에 의해 분리된 두 형태가 아니다. 오히려 그 반대다. 분리된 물체들이 있고 나서 공간이라는 개념은 비로소 필요한 것이다. 즉, 공간이라는 개념은 이미 간객관성을 암시하고 있다.

앞 장들에서 예시하였지만, 이러한 근대적 사고와의 결별은 지난 일이백 년간에 걸친 몇 개의 영향들로부터 알아볼 수 있다. 하나의 중요한 개념적 영향이 현상학, 특히 Maurice Merleau-Ponty(1908~1961)의 연구이다. 그의 주요 관심사는 지각perception이었는데, 그는 지각을 행위자와 그 대상을 연결시켜주는 것interface으로 보았다. 감각저 지각은 지각하는 자와 지각된 것을 분리시키는 것이 아니라 통합하는 것으로 보았다. 이와 같이 그는 지각을 분리가 아니라 지속적으로 포용하는 개입engagement의 관점에서 서술하였다.

특별히 이점을 강조한 것이, 뽕띠가 20세기 다수의 구조주의나 후기 구조주의 이론가들과 다른 점이다. 이 다른 점은 특히 언어에 관한 논의에서 분명하다. 그는 언어를 사회적 행위로부터 만들어진 것으로 보았을 뿐 아니라, 끊임없이 진행되는 우리 몸의 적응 능력physicalities과 이 세상 살flesh과의 비언어적 교환으로부터 온 것으로 보았다. David Abram이 이 점을 요약했듯이, 뽕띠는 인간의 언어가 인간의 몸과 인간 사회의 구조로부터 만들어지기도 하지만 인간 이상의 세상이 촉발하는 형태와 유형에 의해 만들어진다고 결론지었다.[3]

이 문제에 대한 뽕띠의 연구는 구조주의 담론에서 등장하고 많은 후기 구조주의 담론을 뒷받침해온 언어 결정주의에 대한 응답으로 해석할 수 있다. 가끔 사피어 워프 가설Sapir-Whorf Hypothesis로 불리는 언어 결정주의의 극단적 형태는 우리가 지각하고 경험하는 것은 우리 문화의 언어적 습관에 의해 엄격히 제약된다고 주장한다.[4] 이 프레임에서는 언어가 해석과 지각의 가능성 모두를 규정한다고 주장한다. 뽕띠의 주장은 거의 반대이다. 언어를 포함한 인간의 해석 체계는 세상에 대한 우리의 원초적인primal 개입에 뿌리를 둔 것이고 또 그러한 개입에 의해 조건 지워진다.

어쨌든 뽕띠는 구조주의자들이 그렇게 비판했던(10, 11장을 보라) 언어의 대응이론을 소생시키고자 하는 것이 아니다. 그는 구조주의자들이 주장하듯이 언어가 외부의 영향과 상관없이 봉인되고 자기준거적이기만 한 것이 아니라는 것을 주장하고자 한 것이다. 아울러 그는 인간이 생물학적으로 우주와 결합되어 있음을, 실로 인간은 우주의 일부분임을 강조하고자 하였다. 이렇게 그는 인간의 지식이 내적으로 일관된 명제들로 이루어진 체제 이상의 것임을 주장하였다. 지식은 상황적으로 적절한 행위를 수반한다. 지식은 상황적이며 구현되는embodied 것이다. 지식의 언어 중심적 담론과 결별해서, 뽕띠는 지식은 표명되고 수행enacted되는 것일 뿐 아니라, 문화적이며 생물학적이라는 것에 주목하였다.[5]

이러한 움직임에 대해, 언어를 포함한 인간의 지식이 육체적이고 생물학적이라면, 인간과 자연, 정신과 육체, 야만과 문명, 앎과 아는 사람, 명시적인 것과 암묵적인 것, 자신과 다른 사람 등의 이분법을 어떻게 견뎌내게 되는가?라는 질문이 제기된다.

그러한 질문에 대해 지금 나의 상황을 묘사함으로써 답을 구해보고자 한다. 나는 부엌 식탁에 앉아 있다. 나는 잠시 글을 멈추고, 지난 한 시간 동안 창밖의 우리 집과 이웃집 뒤뜰의 나무 사이에서 자유롭게 떼 지어 나는 수천 마리의 새무리들을 본다. 밖은 영하23도라서 창문은 굳게 닫혀 있다. 그렇지만 새들이 지저귀는 소리는 3장의 창유리를 두들기며 들려온다. 나는 그들(또는 하나의 부정할 수 없는 단일체를 이룬 것으로 볼 수 있는 **그것**^a)을 지나칠 수 없는데, 그 이유는 그들이 지저귀기 때문만이 아니다. 그들과 내가 벽이나 창문으로 단절되어 있어도, 내가 그들이 펼치는 안무의 한 부분이고 그들이 나의 일부분이기 때문이다. 대부분의 시간, 그들 중 대다수는 나뭇가지에 앉아 있고, 수십 마리는 사절단처럼 무리들 사이를 날아다닌다. 이러한 움직임에 의해 수시로 한 무리가 일어나 한 나무에서 다른 나무로 날아오르고, 때때로 그러한 작업은 거대한 사회적 집단을 만들어내는 것처럼 보인다. 모든 새들은 흐트러짐 없는 형태를 갖춘 날갯짓을 하는 것 같지만, 그러한 질서는 내가 의식적으로 무어라 해석할 수 없는 것이다. 내가 지금 사용하고 있는 담화, 은유, 의인화, 인과 관계적 논리 등을 넘어선 것이다. 나 또한 이해하고 있다는 몸동작을 한다. 나의 마음 또한 그들 무리들과 함께 움직이고 있다. 순간 나는 나의 행위가 거대한 집합체를 만드는 데 일조하고 있음을 깨닫는다. 나는 창문의 구석으로 보이는 나무에 가까이 앉아 있다가 날개 짓을 하는 작은 무리의 새들을 본다. 그들이 움직이는 순간 더 많은 새들이 날아오른다.

창밖의 새들은 충만함을 나누는 것 같다. 개개의 몸짓은 그걸로 그치지 않는다. 행위는 다른 행위를 유발하며, 상호 간의 응답으로 인한 수백만 가지의 사건들로부터 만들어지는 그 집단성은 소통의 안무이다. 물론 이러한 소통은 언어로 이루어지는 것이 아니다. 인간끼리 이루어지는 그런 상징적 상호작용이 아니다. 예를 들어 이러한 몸짓 안무는 그 순간에만 타당하거나 식별 가능한 즉각적이고 특수한 상황 속에서 이루어지는 것이다. 반면 언어는 그러한 춤의 어떤 측면을 보존하는 수단을 제공한다. 사건이 종료된 후에 회상할 수 있게 해준다. 더욱이 언어는 불완전 하지만 시간적으로, 공간적으로, 그리고 다른 풍토에 있는 남을 끌어들일 수 있게 한다. 언어를 통해 간접 경험이 가능하다. 다른 사람의 이야기를 통해 그들의 경험을 투사할 수 있다.

언어가 무엇이며, 어떻게 시작되었는지, 공간과 세대를 가로질러 어떻게 그 힘을 갖게 되었는지에 대해 많은 이론들이 있다. 이러한 문제들에 대해 합의점은 없지만, 많이 받아들여지고 있는 가설 하나는 언어가 몸짓으로부터 시작되었다는 것이다.[6] 뽕띠는 그러한 생각을 발전시켜, 환경의 변화에 따라 일어나는 몸의 반응에서 소통하고자 하는 의미가 비로소 생겨난다고 주장하였다. 그러나 언어가 언어가 되기 위해서는 특정 맥락 속의 행위를 넘어 그 표현이 탈맥락적 몸짓으로 나아가야 한다. 예를 들어 끄덕인다든지, 가리킨다든지, 흔든다든지, 다른 살아 있는 형태와의 마주친 모습의 흉내를 내는 발성 등 언제든지 나타낼 수 있는 간객관적 움직임처럼. 이와 같이 현실적이고 즉각적이며 현재적인 상황에서 우리를 가능성의 세계나 과거 또는 미래, 그리고 부재의 상황으로 나아가게 할 수 있는 것이 언어의 힘이다. 그래서 인간은 추상적 사고와 상상을 할 수 있는 것이다.

그러나 언어는 몸짓이나 발화 이상의 그 무엇이다. 사실 언어가 영향을 미친 현실에 가장 극적인 효과를 가져 온 기술은 상징적인 기록일 것이다. Walter Ong,[7] David Olson,[8] 그리고 다른 사람들은, 글을 쓰는 것을 발명함으로써 문자는 화자와 결합된 일시적인 발화로부터 독립적이고 지속적이고 가시적인 것으로 변형된 것이라고 주장해왔다. 재현하는 체계가 상형문자에서 알파벳으로 진화하면서, 알파벳으로 쓰인 문자에 담긴 생각이 그 원래 의미의 흔적이 거의 없어져, 단어 자체는 더 이상 맥락이 필요 없게 되었다. 문자에 담긴 생각은 기억되거나 되풀이되거나 몸짓을 섞어가며 이야기 되거나 구체화되지 않아도 된다. 알파벳 문자로 기록된 지식은 그 자체가 따로 독립된 그 **무엇**^{thing}이 되어버렸다.

알파벳 문자가 처음으로 사용된 셈어족의 문화와 그리스 문화가 서구의 형이상학적 전통의 부흥과 밀접한 관련이 있는 것은 아마 우연이 아닐 것이다. 세속을 초월하고 인간에게 지구를 다스리라고 명령하는⁹ 유대의 신은 인간과 자연을 구분하는 뿌리 깊은 전통을 의미하는 것일 것이다. 마찬가지로 이 세상을, 지각할 수 없는 이상 세계의 불완전한 그림자라고 보는 플라톤의 생각은 몸과 마음의 개념적 분리를 나타낼 것이다(유대교와 그리스 철학이 혼합된 기독교는 이러한 세계관을 서구에 널리 퍼트렸다). 자연으로부터 인간을 분리하고 육체로부터 정신을 분리한 것은 플라톤의 생애 중에 대중화된 기술인, 알파벳 문자의 사용에 의해 가속화된 것이다. 글을 쓰게 되면서, 사람들 및 지각될 수 있는 세계와 생각이 분리되고, 사람들은 이러한 **생각**^{ideas}에 직접 개입할 수 있게 되었다. 실제로, 생각의 원천은 이상 세계의 그림자나 결과물로 보게 되었다.

알파벳의 사용이 인간의 육체적이고 생물학적인 문제에 대한 관점에 많은 영향을 미쳤기 때문에, 그러한 주제들이 철학적 논의에서 주요하게 다루어졌을 것 같기도 하다. 사실은 그렇지 않았다. 11장에서 논의를 전개한 바와 같이, 20세기 철학자들이 과도하게 강조한 것은 인간 경험을 조직하는데 대한 언어의 공헌이었다. 생물학적 구성과 육체적 맥락에 관한 주제는 거의 무시되었다. 뒤 이어 제기된 문제는 알파벳을 쓰는 근대 문명의 우리들이 인간 밖 세상에 대한 인간의 관계에 대해 어떻게 다른 의미를 부여하는가이다. 이러한 문제를 다루는 노력으로 취해진 개념적 지향 중에 지난 수십 년 사이 주요하게 부각된, 밀접히 관련된 두 개의 사조가 복잡성 과학과 생태주의 담론이다.

복잡성 과학:
자기조직화와 지식

분석 과학과 달리 **복잡성 과학**complexity science은 그 탐구의 방법보다는 연구의 대상이 무엇이냐에 의해 정의된다. 복잡성 과학의 역사는 20세기 중반 물리학과 생물학의 일부 연구에서 시작되어 몇 개의 분야가 합류하여 만들어진 뒤 하나의 일관된 연구 분야가 되기까지 이제 30년 정도 되었을 뿐이다. 인공두뇌학, 정보과학, 체계이론, 인공지능, 후기의 파국이론, 결합설, 프랙털 기하학, 비선형 동역학 등이 복잡성 과학을 만든 학문들이다. 더 최근에는 사회과학의 열렬한 일부도 복잡성의 범주에 포함되었다.

이러한 분야의 등장에 대한 설명으로 널리 알려진 M. Mitchell Waldrop[10]은 소련의 붕괴, 주식 시장의 동향, 지구에서 생명의 탄생, 눈의 진화, 그리고 마음의 창발 등과 같은 이질적인 사건들이 포함된 목록을 제시하면서 복잡성 연구의 다양한 관심과 폭 넓은 근원에 대해 말하였다. 이러한 목록은 하나의 살아 있는 적응체계adaptive system라고 할 수 있는 모든 현상- 인간의 직접적 관심과 관련된 것을 보면, 세포, 신체 기관, 개인, 사회 집단, 문화, 사회, 종, 생물권 등과 같은 조직의 포개진nested 수준들- 이 포함될 수 있다.[11] 이러한 현상들은 모두 두 가지 특성을 갖고 있다. 하나는 적응한다는 것이다. 즉, 복잡계는 내부 또는 외부의 압력에 의해 자신의 구조를 바꾸어나갈 수 있으며, 그래서 물리학적 법칙보다는 진화적 과정으로 더 잘 묘사될 수 있다. 더 간명하게 말하면, 복잡계는 그 구조 속에 역사를 구현한다. 두 번째 복잡 현상은 자기조직화self-organizing인데, 복잡계는 개별 인자들의 상호 영향을 미치는co-implicated 행위로 구성되고 만들어진다는 의미이다. 복잡계는 부분의 합이 아니다. 즉, 하나의 객체an object가 아니다. 부분들과 그 상호작용의 산물an interobject이다.

복잡성을 연구하는 과학자들complexivists은 그러한 적응하고 자기조직화하는 현상을 종종 **학습계**learning system라고 하는데,[12] 여기서 학습이란 지속되는 회귀적인 적응 노력으로 역동적인 환경에서 체계의 일관성coherences을 유지시켜 나가는 것이다. 이러한 예로 새들의 무리, 생각의 확산 또는 문화운동의 전개 등을 종종 든다. 스스로 유지되는 그러한 현상들은 그 부분들을 초월한다. 그들은 개별 인자들에서는 나타나지 않는 집단적 가능성을 나타낸다. 자기 조직적이고 자기 스스로 유지되는 형태는 목표나 계획이나 지도자 없이 만들어지고 진화할 수 있다.

이러한 초월적 집합체의 특성이 복잡성 과학이 분석 과학과 다른 점을 잘 보여준다. 복잡성은 비결정론적 현상의 새로운 범주를 단순히 인정하는 것이 아니라, 분석 과학으로는 그러한 현상을 이해하기에는 불충분하다는 주장이다. 끊임없이 변하는 복잡 현상의 특징을 이해하려면 다른 관점과 방법이 필요하고, 그래야 연구자들이, 일관된 단위이며 동시에 일관된 단위들로 구성되어 있으며, 더 큰 단위의 구성 인자일 수도 있는 그러한 체계를 이해할 수 있다.

지금 복잡 현상이라고 불리는 것에 대한 관심은 복잡성 과학이 등장한 한 세기 이전까지 거슬러 올라간다. 예를 들어 복잡성에 대한 정서적 감지는 서로 얽힌 종들의 진화를 연구한 다윈, 사회 집단에 대한 엥겔스의 연구, 그리고 도시의 흥망에 대한 Jane Jacobs의 연구 등에서 나타났다. 자연 과학과 사회 과학 모두에서 수많은 사례를 들 수 있을 것이다.[13]

그러나 중요한 것은 이 연구자들이 진화적 역동성이라는 관점에서 연구를 만들어 갔지만, 그 누구도 자기조직화의 개념을 제기하지는 않았다는 것이다. 그래서 어떤 조건에서 인자들이 스스로 집단적 기능체로 응집하는지를 잘 이해하지 못했다. 즉, 인자들은 그들 자체에서는 나타나지 않는 통일성과 잠재성을 가진 단위체로 되는 것이다. 자기조직화는 위에서 아래로의 명령 부과가 아닌 개별 인자들의 국지적 규칙과 행위에 의해 일어나는 창발적인 거대 행위macrobehaviors(예를 들어 집단적 특징, 초월적 능력 등)로서 아래에서 위로 일어난다. 예를 들어 북미에는 모든 것을 조절하는 음식 공급자가 없다. 국지적 규칙과 지역 정보에 기초하여 움직이는 생산자, 가공업자, 판매자의 어떤 행위와 상호작용을 통해 수억 명의 사람들이 필요로 하고 원하는 음식을 얻을 준비가 되어 있는 것이다. 복잡성 과학은 말하자면 특정한 현상의 촉발boot-strapping 과정을 통한 초월적 가능성의 창발을 이해하고자 하는 하나의 예이다.[14]

짧은 역사 동안 대부분 복잡성 과학은 주로 복잡계의 근접 관찰과 컴퓨터 모델링으로 자기조직화를 보다 잘 이해하기 위한 노력에 초점을 맞추어 왔다(복잡계는 스스로 변형되는 것이기 때문에 고전적인 실험 방법은 특별히 유용하지 않았다. 그래서 그들의 연구에서 두 가지 문제가 나타났다. 전혀 알 수 없는 이유로 유사한 계들이 동일한 환경에 매우 다르게 반응할 수 있거나, 사실상 동일한 상황에 대해 같은 계가 다르게 반응할 수 있다). 대부분 이러한 연구는 현실을 기술적descriptive으로 나타낸 연구였다. 연구자들은 복잡 체계에 공통적인 특성과 조건을 규정하려고 했다. 보다 최근에는 생태계의 복원과 같은 복잡계의 생성과 유지에 대한 많은 연구가 이루어졌다.[15] 이러한 연구를 통해 자기조직화와 지속적인 적응에 필요한 몇 가지의 핵심적 조건들이 밝혀졌다. 복잡성이 일어나기 위해서는 행위자 사이의 (상호작용이 가능한) 상당한 정도의 중복성redundancy, (혁신적 반응을 가능케 하는) 일정 수준의 다양성diversity, 인자들이 서로 영향을 미칠 수 있는 방법, 그리고 분산되고 탈중심화된 통제 구조 등이 필요하다(이러한 것들에 대해서는 15장에서 상술).

예술이나 인문학 분야에서 사회 인공두뇌학, 생물기호학, 신경현상학, 생물정신의학 등 기존의 제도화된 학문의 영역을 가로지르는, 복잡성 정서를 보여주는 새로운 학문들이 등장하고 있다. 이러한 과정에서 개인적 앎에 관한 생물학적 근원, 집단적 지식에서 문화의 역할, 인간 밖의 환경적 맥락과의 관계에서 인간의 행위가 어떻게 일어나는지 등을 명시적으로 중시하는, 앎과 지식에 대한 새로운 이해가 시도되고 있다.[16] 앎과 지식에 관해서 신경과학과 현상학적 연구를 결합하여 인간의 의식을 연구하는 몇 가지의 신경현상학 담론이 만들어졌다. 그 대표적인 것 중의 하나가 Francisco Varela(1946~2001)의 발현주의^{enactivism}이다.[17]

발현주의는 **복잡성**을 과학적으로 정의하는 경우와 유사한 용어로 인지 작용을 재정의하는 것으로 시작되었다. 인지^{cognition}를 적응 행위의 지속적인 과정으로 이해한 것이다. 복잡계와 마찬가지로 인지하는 행위자^{agent}는 일종의 자율적인 형태이며, 다른 인지 행위자들과 접속되어 있는,[18] 더 큰 형태의 부분이다. 인지는 어느 한 개체의 안에서만 일어나는 것이 아니라는 의미이다. 오히려 인지 작용은 지속되는 적응 행위를 구성하는, 인지 행위자에서 내적, 그리고 외적으로 일어나는 살아 있는 모든 과정이다. 인지 과정은 생명활동이다. 다른 각도에서 보면, 인지에 대한 이러한 발현주의적 이해는 인지 작용이 우주의 역동성 속에 본래 갖추어져 있다는 고대 그리스의 그노시스^{gnosis}와 일맥상통하는 점이 많다(**인지**^{cognition}, **개념**^{notion}, **지식**^{knowledge} 등은 모두 **그노시스**^{gnosis}에서 온 말임을 상기하라).

대부분의 복잡성(그리고 대부분의 간주관성) 담론처럼 발현주의는 내부에 있는 핵으로서의 절대적인 자아 개념을 거부한다. 대신 주체성은 생물학적인 기질, 육체적인 영향, 사회적 환경, 문화적 맥락 등 주체가 맞서는 실존적 우연성들의 복잡한 혼합에서 만들어진다고 본다. '앎이 함이며 있음이다'[19]라는 경구는 이러한 점을 강조하기 위한 것이다. 또한 **발현주의**^{enactivism}는 주체성이나 지식은 이상적인 형태가 아니며 오히려 발현이라는 것은 역동적 형태의 포개진 상호작용에서 구현되는 개념임을 강조하려고 한다. 이와 같이 삶, 그리고 학습을 상황마다 적절하게 취하는 행위의 선택(꼭 의식적인 것은 아니다)이며 끊임없이 진화하는 가능성의 지평을 탐색하는 것으로 본다.

　더 나아가 특히 인간의 인지에 대한 논의와 관련하여 발현주의의 또 다른 면은 언어사용languaging 개념이다. 복잡성 용어로 이해하면, 언어는 그것을 사용하는 행위자를 넘어서서 창발하는 현상이다. 언어는 행위자의 상호작용에서 일어나고, 이어 상호작용의 조건을 만든다. 그러면서 그 자체의 진화를 통해 확실한 영향을 미친다. (명사 *language*에 대해서) 동명사 **언어사용**languaging은 이러한 열려져 계속되는 언어작용을 나타내는 것이다.

　언어사용의 핵심적 특성이 회귀성recursivity이다. 인간은 언어에 대해 말할 수 있는 능력이 있다. 이는 끝없이 지속되는 섬세한 과정으로 지식의 생산과 의식의 창발에 필수적이다.[20] 우리의 자기준거self-reference 능력, 즉 우리 개인들을 서로서로, 그리고 환경과 구분하는 능력은 언어에 뿌리를 두고 있는 것이 아니라 하더라도, 분명 언어에 의해 증폭되는 것이다. 이러한 면에서 보면 발현주의는 간주관적 담론과 공통점이 많다. 중요한 차이점은 세련된 언어 능력으로 가능한 것이기는 하지만, 우리의 습관과 해석이 진화의 산물이고 우리는 물리적 세상과 접속된 생물학적 존재임을 과학적으로 연구하고 집요하게 주장하는 것이다. 남아 있던 많은 형이상학적 가정들이 여기서 부정된다. 인류가 이룬 대부분의 추상적 개념들 조차도 생물학적으로 만들어진 경험에 바탕을 두고 만들어진 것으로 본다.[21]

　발현주의의 또 다른 특징은 윤리적 행동에 대한 관심이다. 이는 사실 복잡성과 생태주의적 정서 양자에 모두 해당된다.

생태주의 담론:
존재하기와 알기

복잡성 과학은 서구 학문에서 거의 금기시 되어 왔던 초월성을 복권시켰다. '자유로운 질서'[22]라는 생각, 즉 높은 수준의 통일된 질서는 자연스럽게 창발된다는 생각은, 궁극적인 기본 입자와 인과관계적 설명의 탐구를 지향한 분석 과학의 사고방식과 도저히 맞지 않는다.

분석 과학과 복잡성 과학 사이의 공공연한 정서적 단절은 1970년대 초반에 이루어졌다. 연구과학자였던 James Lovelock은 지구 생물권이 평형과 멀리 떨어져 자신을 유지하고 있는 거대 단위인 하나의 초유기체로 볼 수 있다고 주장하였다. 러브록은 초월적 전체성, 자기조직화, 지속적인 비평형 상태로서의 삶 등의 현상을 제시하였는데, 이는 분석적 전통이라는 정통성에 도전한 것이었다. 실제로 러브록은 이 가이아Gaia 이론의 처음 버전을 주장하면서 NASA에서 연구과학자의 직을 잃어버렸다.[23]

상호 연결과 거대 단위 개념의 복권에 대한 공헌에도 불구하고 복잡성 과학 연구의 담론들은 수사학적 전략이나 증명의 규범 등에서 분석 과학과 매우 유사한 경향을 보였다. 이는 복잡성 과학자들이 그들의 문화적이고 자연적인 참여 방식을 모른다는 것을 말하는 것이 아니다. 정 반대로 그러한 주제들은 제일 중요했다.[24] 그럼에도 인간, 마음, 사회적 집단, 그리고 생물권(다른 형태 중에서)을 기계보다는 체계라는 관점에서 같은 범주로 다듬고 다시 기술하고자 하는 움직임은 개념적으로 복잡성 과학이 객관적인 근대과학적 관점의 특성을 유지하고 있다는 면을 나타냈다. 특히 복잡성 과학은 그 자신을 의미의 문제와 연결시키지 않는 경향이 있다.

많은 면에서 계속된 이러한 회피는 기묘하다. 복잡성 과학은 우리의 지식 체계가 우리의 신체적 형태로부터 기인하는 것이고, 우리의 신체는 다른 모든 살아 있는 것들과 맞물려 돌아간다고 본다. 이러한 인식에 따라 현재의 많은 개인적, 문화적, 지구적 고통의 원인이 과학을 행사해온 인간의 능력에 기인한다는 증거를 축적함에 따라 과학은 그 자신에 반하는 하나의 사례가 되었다.[25] 바람직한 답을 찾기 위해, 설명만 하는 과학적 자세와는 다른 것의 제안이 비합리적으로 보이지 않는다. 지식이 유용한 것이지만 지혜가 필요하다.

특히 생태학적 철학 또는 생태지혜ecosophy('지혜wisdom'라는 뜻의 그리스어 *sophia*에서 온)가 요구된다. 이는 어떻게 우리가 인간이 아닌 다른 세상을 경험하느냐로 변화를 추동하는 흐름인 심층 생태학을 뒷받침하는 사고방식이다. 인간의 자연에 대한 관리와 감독이라는 여전히 인간 중심인 대부분의 환경주의 담론에서 벗어나, 심층 생태학은 모든 형태의 생명은 본질적으로 가치가 있다는 주장으로 시작한다. 다른 말로 하면 심층 생태학에서 인간의 역할은 관리가 아니라 마음 충만함과 윤리적 행동이다. 심층 생태학의 신조는 인간이 지구 자원을 생명 유지에 반드시 필요한 경우만 사용해야 한다는 것인데, 이는 지속가능성 담론보다 더 근본적 입장이다.[26] 많은 심층 생태학자들은 인구 감소, 무한 경제 성장이라는 서구 기업의 강박관념 재고, 생산의 소규모화, 지역 중심의 통치 구조 등 명시적인 정치적 의제를 갖고 있다.[27] 심층 생태학 의제에서 중요하게 추천하는 것 중의 하나가 생태지역주의bioregionalism인데, 이는 지역 생활에 적합한 삶과 생산 활동을 하고자 하는 운동이다.

상황을 주의 깊게 보기attentiveness to situation는 생태 담론에서 중요한 주제이다. 예를 들어 생태심리학은 사람들 사이의 고립감과 집단이 제대로 기능하지 못하는 현상collective dysfunction 등은 인간이 자연으로부터 분리되었기 때문이라고 본다. 생태심리주의자들의 중요한 치료 방법은 자연과 다시 결합하는 것이다.[28] 부각되는 또 다른 담론인 생태여성주의ecofeminism는 지배 담론이 **인간 중심주의적**(인간 – 지배의)anthropocentric일 뿐 아니라 **남성 중심주의적**(남성 – 지배의)androcentric이라고 주장한다. 자연에 대한 억압과 여성에 대한 억압에 기여하는 신념과 구조의 밀접한 관련에 주목한다.[29] 실제로 심층생태주의자들과 함께 생태여성주의자들은 억압에 반대하는 담론과 운동들이 인종, 계급, 성, 그리고 성성과 함께 자연 범주도 포함시켜야 한다고 주장한다.

인간이 어떻게 그 자신과 다른 생명들을 차별하는지는 오래 전부터 일반적인 주제였다. 이 책에서도 계속해서 다양한 흐름으로 그 개념적 주장이 등장한다. 예를 들어 서구 신비주의와 종교계에서는 혼soul을 갖고 있기 때문에 인간은 비인간과 다르다고 본다. 합리주의와 경험주의에서는 이성reason 능력이 있기 때문에 다르다고 본다. 구조주의와 후기 구조주의에서는 언어 등 다른 상징적 상호작용이 가능한 인간은 뭔가 다르다고 본다. 복잡성 과학에서는 인간의 두뇌는 가장 정교한 구조로 보고, 인간의 의식과 사회체제는 종종 조직의 최고 형태로 본다.

대부분의 생태주의 운동을 통해 인간과 비인간을 차별하는 이러한 명백한 이유들은 무너진다. 이 점이 생태지혜ecosophy, 심층 생태학, 생태심리학, 생태여성주의에 일관되게 적용된다. **생태영성**ecospirituality이라는 포괄적 개념에 속한 생태 담론들 중 일부는 특히 고대 신비주의 전통을 강하게 암시하는 묘사와 참여 방법을 역설하였다.

생태영성운동에 대한 이와 같은 간략한 소개를 믿음의 생물학이라고 할 수 있는 최근의 신경학 연구 입장에서 살펴보자. 인간은 생리학적으로 신비주의적이고 영적인 경험을 하게 되어 있다는 증거들이 제시되었는데, 이는 일반적으로 영적인 사건과 관련된, 시간과 공간의 한계를 초월하는 초월성transcendence과 단일성oneness에 대한 느낌과 지각이다.[30] 극히 최근까지만 해도 신비주의적이거나 종교적 체험은 과학적으로 신경증이나 정신병 또는 뇌에 다른 문제가 있는 병적인 현상으로 설명했다(실제로, 1994년만 해도 미국심리학회는 '강한 종교적 신념'을 정신적 기능 장애의 하나로 보았다). 신비주의적 또는 종교적 광신자는 실제 현실과 분리된 것이라고 보는 가설도 어느 정도는 문제가 있는 것으로 밝혀졌다. Newburg, D'Aquili, 그리고 Rause가 지적한 것처럼, 과학은 영적 체험이 망상임을 증명하지 못했다. 오히려 그 반대로, 진정한 신비주의적 체험을 하거나 종교적 삶에 헌신한 사람들은 일반인들보다 높은 수준의 심리적 건강 상태를 갖고 있는 경향이 있다.[31] 신비주의적 체험은 정신병과 전혀 다르다는 증거가 속속 제시되고 있다. 후자는 혼돈과 무서운 환각으로 나아가지만, 전자는 평온함과 전체성, 그리고 사랑과 같은 말로 묘사되는 경향이 있다.[32]

사실, 신비적인 체험은 이례적인 것만은 아닐 것이다. 사실상 모든 사람은 책을 읽는 데 열중한다든지, 활동에 전념한다든지, 군중 속에 몰입된다든지 하는 경험을 회상할 수 있다. 또한 그러한 경험이 반복적이고 리드믹한 행동으로 유도되고 강화될 수 있다는 것은 놀라운 일이 아닐 것이다. 거의 모든 의식儀式의 명시적 목적은 개인 각자가 더 거대한 그 무엇에 참가하도록 고무하는 것이다. 이러한 반응들은 신경학적으로 설명된다. 그러한 행위들은 이성과 관계되는 뇌의 부분에 영향을 미치고 자아의 형성에 영향을 미친다.[33] 극히 단순화시키면, 논리의 이분법적 경향과 자기 인식self-identification이 느슨해질 때, 신비주의적 체험과 관련된 지각력이 창발된다.

이러한 종류의 무언가가 일어날 수 있다는 것과 그것이 도대체 왜 일어나고 왜 그렇게 일반적인 현상인가 하는 문제를 다루는 것은 전혀 별개의 문제이다.[34] 왜 인간은 생리학적으로 초월성에 대한 감각을 갖추고 있는가? 이러한 질문에 가능한 많은 답 중에, 신비주의, 종교, 합리주의, 경험주의, 해석학, 복잡성 철학 또는 생태주의 입장 그 무엇을 택하던 간에, 우리가 언제나 이미 그 부분을 이루고 있는 초월적 단일체들이 **있기** 때문이라는 답은 특별히 직관적으로 다가온다. 인간이 그들 자신과 자연에 대해 깨닫는 과정을 통해, 인간은 자연이 그 자신을 의식하는 하나의 수단이 된다. 인간의 사고는 단순히 우주에 관한 것이 아니라 자연의 일부이다. 따라서 작고 보잘 것 없는 하나의 생각이 변하면 우주가 변하는 것이다. 이러한 신념이 생태영성운동의 핵심이다. 생태영성의 결정적인 특성은 모든 생명과의 관계 맺음과 모든 생명에 대한 존경의 태도이다. 그러한 자세는 유신론이건 무신론이건 고대의 거의 모든 영성적 전통에서 나타난다.

영성spiritual이라는 말은 생태영성운동에서 재정의되었다. 고전적으로 근대 서구에서 영성은 육체적인 것과 반대되고 육체에 구현되지 않는, 이상적이고 속세를 부정하는 것에 사용되었다. 또한 과학은 명백히 검증된 것인 반면, 영성은 검증되지 않은 믿음이라고 생각하여 과학적 태도와 상반

된다고 보는 경향이 있다.

이러한 부류의 특징들은 영혼spirit은 문자 그대로 숨breathing임을 기억하는 생태영성 담론에서 자연스레 제거되었다. 라틴어 *spiritus*에서 온 '숨breath'이라는 의미의 영성은 살아 있는 세상과 끊임없는 육체적 연결 및 물질 교환에 관한 것이다(**영혼***psyche*이라는 말도 '숨breath'이라는 의미의 그리스어 *psukhe*에서 온 것이다).

이러한 관점은 새로움의 창발에 관한 것이기도 하지만, 여전히 고대적 이해의 재발견에 관한 것이기도 하다. 역사학자와 인류학자, 그리고 문화 논평가들이 문화와 사회를 가로지른 심층 생태학적 정서의 많은 지표들에 대해 보고해왔다. 불행하게도 이러한 믿음들이 토착 문화에 접한 최초의 유럽인들 – 기독교 복음을 전파하는 기독교 선교사들 – 에 의해 해석되면서, 신령과 영혼은 서구 담론의 형이상학적 형태the other-worldly forms로 해석될 수밖에 없었다.

자신을 초자연적 신성의 노예로 생각하는 그들은 나무와 강에 영성과 존재의 모든 면이 깃들어 있다는 말을 무지의 산물이고 신비주의적 환상으로 보았다. 그러나 형이상학적 전제의 틀을 벗어버리면, 그러한 믿음은 생태학적인 이해와 매우 잘 어울리는 것이다. 그것은 앞forward이나 위upward로 파악하는 것이 아닌 옆lateral으로 또는 밖outward으로의 관계에 관한 것이다.

밑바탕을 이루는 것은 하나의 **참여***participation* 자세이다. 참여는 약 한 세기 전, Lucien Lévy-Bruhl(1857~1939)이 원주민과 무문자 문화권 세계관의 애니미즘적 특성을 기술할 때 사용한 말이다.[35] 지금은 '참여적 인식론'을 말할 때 쓰인다. 이는 10장에서 논의를 전개한 바와 같이 살아 있고 죽어 있는 이세상의 모든 것이 인간과 함께 계속해서 지식 생산에 참여한다고 주장하는 모든 이론을 말한다. 전체는 부분이 펼쳐지는unfold 것이고 부분(참여)으로 접혀지는enfold 것이다. 한 마디로, 참여적 인식론에서 중심 주제는 의미meaning이다.

같은 뿌리,
다른 줄기

개념적으로 복잡성과 생태주의 담론은 밀접하게 연결되어 있다. 둘 다 현상들의 상호 얽힘과 영향을 중시하고, 우주는 끊임없이 펼쳐지는unfolding 것으로 이해하며, 집단성의 창발에서 인자들의 역할을 중시한다. 그리고 인간의 이해뿐 아니라 인간 밖의 것the more-than-human world도 중시한다.

나아가 둘 다 맥락을 무시하는 (사실상 형이상학적인) 근대성을 반대한다. 예를 들면, 환경에 미치는 결과를 무시하는 과학 기술, 좋은 건강을 유지하는 것보다는 병의 치료에 집착하는 의술, 집단적 책무성을 무시하고 개인의 권리를 옹호하는 법체계, (상황이나 개개인에 적합한 것이 아닌) 연령에 따라 표준화된 교육과정으로 구조화된 교육체제 등 맥락의 무시는 만연해 있다. 이러한 예는 얼마든지 들 수 있다.

묘하게도 복잡성과 생태주의 담론의 차이는 고대에서 에피스테메와 그노시스를 나누는 것처럼 생각할 수 있다. 복잡성 과학은 대부분 자신을 객관적인 근대과학 용어로 묘사하고 의미보다는 사물의 작동에 더 관심을 갖는다. 대조적으로 생태주의 담론은 의미나 윤리적 행위, 영적인 결합, 그리고 마음 충만하게 우주 진화에 참여하기 등을 더 중시한다.

또 다른 측면에서 보면, 생태주의 담론은 인간 의식의 역할을 재차 강조한다. 20세기에 걸쳐서 몇몇 중요한 이론적 흐름들은 의식은 주로 환상을 일으키고 보잘 것 없는 부수 현상으로 종결짓거나 가볍게 보았다. 행동주의나 정신분석, 그리고 후기 구조주의 등 다양한 이론가들은 의식이 의식적 존재를 자율적이고 뭔가를 알고 있고, 자유로운 행위자라고 어느 정도는 가까스로 속일 수 있어도 인간의 실제적 실존을 거의 통제하지 못한다고 주장하였다.[36]

생태주의 담론은 의식이 널리 알려진 바대로가 아닐 수 있음을 인정하였다. 그러나 이러한 담론들은 실존의 조건에 영향을 미치는 의식의 역할을 강조하였는데, 이러한 믿음은 신경학, 심리학, 그리고 사회학 연구에 의해 매우 실질적으로 뒷받침되었다.[37] 의식의 역할에 대해 재천명된 이러한 믿음이 윤리적 책무성, 마음 충만한 인식을 강조하게 만들었다.

이 장은 특히 복잡성 과학과 생태주의의 공통점과 다른 점을 다루었다. 15장과 16장에서는 교수행위와 관련하여 이러한 이론들의 함의하고 있는 바에 대해 살펴볼 것이다. 이러한 담론들은 상대적으로 새로운 것이기에 널리 승인된 원리나 어휘들은 아직 등장하지 않았지만 몇 가지 특징적인 경향은 있다. 15장과 16장에서 진화적 정서에 뿌리를 둔 교수행위 개념에 대한 논의를 완성할 것이다.

복잡성 과학:
불러일으키는 교수행위

15

> *다윈 이래로, 생명체를 서로 적응하면서 새롭게 만들어져 나가는 것으로 보고, 자연 선택을 질서의 유일한 원천으로 생각하게 되었다. 이제 다윈이 자기조직화의 힘을 의심할 수 없게 되었을 것이다. 우리는 새롭게 복잡계에서 적응의 원리를 찾아야 한다.*
>
> *Stuart Kauffman*[1]

급진적 구성주의, 사회적 구성주의, 비판이론 등 간주관적 담론들이 교육에 미친 중요한 공헌 중 하나는 개인과 사회를 집요하게 이분법적으로 나누는 것에 대해 반론을 제기한 것이다. 구조주의와 후기 구조주의 담론은 개인과 사회가 서로 별개이고 변치 않으며 미리 주어진 것이라는 형이상학적 개념을 제거하고 개인과 집단이 포개지고nested, 역동적이며 창발되는 현상으로 보았다.

12장과 13장에서 주목하였듯이, 개인과 사회의 관계를 이렇게 보는 것은 교육적으로 중요한 의미를 갖는다. 그러나 동시에 개인과 사회의 구성은 교수행위와 학교에 관한 논의를 간주관적 담론 내에 계속 가두어 놓았다. 그러한 논의의 한쪽 끝에 급진적 구성주의는 사회적으로 만들어진 실재를 구성하는 개인과 관계있는 것이고, 다른 한편 비판이론은 간주관적으로 만들어진 실재가 개인의 가능성을 어떻게 제한하는가에 초점을 둔다.

여러 면에서 학습과 교수행위 논의에 대한 이러한 제약은 아이러니하다. 구조주의와 후기 구조주의 담론이 생물학에 기반을 둔 진화적 비유를 수용해 왔음에도, 생물학의 영역을 무시해온 경향이 있다. 특히 이러한 담론에서 **적자**_fitness_와 **적응**_adaptation_과 같은 개념은 사고와 지식을 지탱하는 생물학적 구조가 아닌, 개인의 사고와 집단적 지식을 묘사하는 데 사용되어왔다. 예를 들어 피아제는 자신의 이론이 인지 작용의 생물학적 과정에 관한 것이 아니라 개인적 이해의 창발에 관한 것임을 분명히 했다. 그는 생물학적 관련성을 부정하지는 않았지만 몇몇 후기 구조주의 담론은 그 관련성을 명백히 부정하였다. 이렇게 부정하게 된 하나의 이유는, 생물학에 근거한 주장을 형이상학적 의미의 본질주의나 결정론으로 보는 뿌리 깊은 경향 때문이다.

인간의 주체성 문제에서 생물학적 역할을 부정하는 경향은 육체적 차이를 근거로 한 문화적 편견을 반대하고자 하는 담론에서 지배적이다. 가장 많이 눈에 띄는 것이 여성주의나 반인종주의의 몇몇 버전을 포함한 담론들이다. 그러나 이러한 정치적인 이유로 생물학을 거부하는 것은 인간과 자연, 정신과 육체를 나누는 이분법에 근거한 것으로 보인다.

이러한 주제에 대한 복잡성 담론의 입장을 이해하기 위해 구조주의와 후기 구조주의 담론의 관계를 프랙털 기하학적으로 알아보는 것이 유용하다 (부록 B를 보라). 이미 논의를 전개한 바와 같이, 급진적 구성주의, 사회적 구성주의, 그리고 비판이론 담론은 개인, 에피스테메, 정치 등 특정 신체[body]와 각각 관련된 이론이다. 이러한 신체들은 포개지고[nested], 역동적이며 적응한다. 나아가 그들은 자기유사성을 갖는다[self-similar]. 즉, 어느 곳에 초점을 맞추더라도, 유사한 종류의 회귀적[recursive]이고 자기유지적[self-maintaining] 과정이 작동하고 있음을 볼 수 있다. 프랙털의 관점에서 보면, 개인의 앎, 집단적 지식, 문화적 정체성은 세 개의 서로 얽힌, 전체의 자기 유사 부분[self-similar aspects of the whole]이다. 그러나 이러한 현상들은 다른 한쪽으로 해소되지 않는다. 각각의 수준에서 다른 가능성들이 발생하고, 다른 규칙들이 창발된다. 복잡성 담론은 이런 식으로 서로 다른 간주관적 담론의 상대적 가치의 문제를 둘러싼 논쟁을 해소해나간다. 대신 각 수준(또는 어느 영역)에서 설명되는 특정의 이론이 무엇인가를 묻는다. 예를 들어 급진적 구성주의는 문화적 진화의 수준을 잘 설명할 수 없다. 마찬가지로 문화연구는 개인이 수학적 개념을 구성하는 것에 대해 거의 아무것도 설명할 수 없다.

10장에서 언급한 바와 같이 이러한 인지의 포개진 구조에 대한 프랙털적 해석은 미시적 또는 거시적 양 방향으로 확장될 수 있다. 예를 들어 인간 개체보다 하위 수준에서, 최근의 복잡성 지향의 의학 연구는 신체의 각 기관들을 상대적으로 자율적인 인지 단위체로 본다. 예를 들어 면역 체계는 인과 관계적으로 작동하는 기작이 아니라, 신체의 다른 기관들과의 복잡한 안무를 통해 학습하고, 잊어먹고, 가설을 설정하고, 틀리기도 하며, 고치고, 깨닫고, 제거하기도 하는 스스로 변형되는 행위자이다.[2] 마찬가지로 뇌도

정적인 형태가 아니라 프랙털 식으로 조직된 활력 있게 변화하는 체제이다. 뉴런들은 미니 칼럼으로, 미니 칼럼들은 거대 칼럼으로, 거대 칼럼들은 피질 영역으로, 피질 영역은 반구로 조직되며, 각 수준을 구성하고 있는 인자들은 서로 상호작용하며 서로 영향을 미친다.[3] 이것이 인지주의자들이 말하는 두뇌 컴퓨터 모델이 문제가 있다는 이유 중 하나이다. 학습의 매 장면은 뇌를 물질적으로 변화시킨다. 따라서 계속되는 각각의 학습은 매번 다른 뇌에서 일어나는 것이다. 생물학적 수준에서 개인의 학습은 정보의 획득, 처리, 저장에 관한 것이 아니라 구조가 창발되는 것에 관한 것이다.

문화 이상의 수준에서 인류를 하나의 종으로 이해하려면 지구생태계의 그물망으로 들어가야 한다. 말하자면 인류는 집단적 가능성의 창발 속에서 다른 기관 - 종들과 함께 생물권이라는 신체에 있는 많은 기관 중의 하나라고 볼 수 있다. 생물학적 존재인 모든 인간들 속에 이 지구상에서의 우리 종의 역사와 연관성이 새겨져 있다. 간단한 예를 들면 인간의 허파와 지구의 공기가 완벽하게 들어맞는 것은 우연이 아니다. 그들은 함께 진화하였다.

그렇다면 개인의 인지는 단지 개인적 경험의 산물이 아니다. 그것은 그 종이 창발된 과정을 또한 반영한다. 복잡성의 관점에서 생물학적인 면을 경시하거나 무시하면 학습이 무엇이며 어떻게 발생하는지를 제대로 이해할 수 없다. 이는 생물학적인 면이 우선한다는 것이 아니라 단지 인간은 생물학적이며 동시에 문화적인 존재라는 것이다. 우리 모두는 행위자들agents의 집합체이며, 일관된 단위체이고 동시에 다른 창발된 단위체들의 한 부분이다. 그래서 복잡성 과학이 지식과 학습과 교수행위를 이해하는 데 유용한 담론이다. 복잡성 과학은 과학과 인문학의 고전적이고 제도적인 분리를 넘어선다.

교육적으로 복잡성 과학은 개인과 사회를 넘어설 뿐 아니라, 그 둘 **사이**에 놓인 구조적 단위체의 수준들에 주의를 환기시켜오기도 했다. 예를 들어 일반적이고 일상적인 대화 역시 복잡성 사건임이 드러났다. 대화 참여자는 그러한 사실을 좀처럼 모를지라도 그들의 상호작용을 천천히 들여다보면 그것은 행위의 복잡한 안무이다. 말하는 유형은 섬세한 몸의 동작과 함께 일어나며 그 몸의 동작은 주위 환경의 사건에 대해 예민하게 작동한다. 그러한 안무로서의 대화는 잘 짜인 개인들의 주의 체계^{attentional system} **접속** ^{coupling}이다.[4]

그러한 종류의 구조 접속, 즉 한 사람의 주의와 행위가 다른 사람과 깊이 관계된 것은 부모가 자녀들의 언어 학습이나 섬세한 몸동작을 도와줄 때 일어난다. 부모가 너무 많아서도 안 되고 너무 적어서도 안 되는 섬세한 균형을 유지하면서 묘한 단서나 도움을 제공할 때 절묘한 행위의 안무가 창발된다. 놀라운 것은, 부모들과의 후속 면접에서 드러났듯이 이러한 한 사람의 행위와 다른 사람의 행위와의 예사롭지 않은 접속 과정이 의식적인 지식 없이 이루어질 수 있다는 것이다. 어떻게 이런 도움과 격려를 줄 수 있느냐고 물어보면, 대부분의 부모들은 그들의 행위를 합리적으로 설명하지 못한다. 실제로 언제, 어떻게 이런 복잡하고 참여적인 방식의 교수행위를 배웠냐고 물어보면 종종 매우 당황한다. 이는 인간이 **타고난**^{natural} 교사임을 말해주는 것이다.[5] 우리는 문화적으로 뿐만 아니라 생물학적으로 충분히 교수행위라고 할 수 있는 방식으로 다른 사람과 관계를 맺게 되어 있다.

둘 이상의 의식이 접속된, 결합된 경청joint attention은 가르치고자 하는 모든 의도적인 노력의 기초이다. Merlin Donald가 지적했듯이, '인간의 문화는 거미줄 같은 문화의 관습을 통해 그 구성원들이 서로 간의 경청을 조절하는 강력한 교사이다.'[6] 그러나 인간이 이러한 능력을 갖고 있다는 것과 엄격하게 조직되고 미리 설정된 근대적 교실에 유용한 어떤 것을 주장하는 것은 전혀 별개이다. 반드시 특별한 흥미를 끄는 것도 아닌 주제를 놓고 30명의 학생들과 교사는 어떻게 구조 접속을 할 것인가?

이러한 질문에 대해 우선, 우리는 언제나 이미 다른 사람들과 구조적으로 접속되어 있다는 것이 밝혀졌다. Judith Rich Harris는 개인의 정체성 창발을 둘러싼 실제적인 자료를 검토하고 재해석해서 이러한 점을 주장했다.[7] 그녀의 주장은 한마디로, 정체성이 만들어지는 과정에는 유전과 또래집단이 중요한 영향을 미친다는 것이다. 친구나 동년배에 비해 부모나 어려서의 가정생활은 작은 역할을 한다. 해리스는 이렇게 영향이 다른 것은 아이들이 행하는 주요한 일은 성공적인 어른이 되고자 하는 것이 아니라 성공적인 아이가 되는 것, 튀지 않고 적응하며 집단의 일원이 되고자 하는 것이기 때문이라고 설명한다. 다른 말로 하면, 성인도 마찬가지이지만 아이들은 다른 사람들과 구조적으로 접속하도록 되어 있다는 얘기다. 이러한 현상은 사회적으로 자기조직화하는 경향으로, 집단 수준에서 더 잘 살펴볼 수 있다.

학급의 교사는 이미 존재하는 이러한 경향에 의존할 수 있다. 점심시간에 학교 교무실에서 교사들의 대화를 들어보면 이점을 확인할 수 있다. 통상 교사들은 학급을 의도와 습성, 그리고 다른 특질들을 지닌 일관성 있는 단위체로 본다. 그러나 문제는 그러한 집단성이 일반적인 적응 과정에서는 지속적으로 나타나나, 교과 주제와 관련해서는 좀처럼 일어나지 않는다는 것이다. 어떻게 하면 교사가 미리 작성된 교육과정의 주제를 통해 학습자의 역량과 의도를 끄집어내서 학생들을 집단적 인지 단위체로 만들 것인가? 이는 이제 막 답을 찾기 시작한 문제이다. 14장에서 간략히 언급한 바와 같이, 가능한 하나의 전략은 복잡성 창발에 필요한 조건이 만들어지도록 학급을 조직화하는 것이다.

예를 들어 행위자들 자신의 가능성을 능가하는 복잡한 상호작용을 가져오기 위해서는 그들 사이에 어느 수준의 **다양성**^{diversity}이 존재해야 한다. 그러한 변이는 혁신적인 반응의 원천이 된다. 예를 들어 인간 유전체에서 표현되지 않는 엄청난 양의 DNA, 한 사회에서 직업 능력의 범위, 지구의 생물학적 다양성 등을 들 수 있다. 복잡성 체계가 어려움에 부딪히면 이러한 다양성의 풀 속에서 적절한 해결책이 모색될 수 있다.

그러한 다양성은 그 시스템 내의 다른 인자들에 의해 감지될 수 있을 때만 유용한데, 이는 두 번째의 중요한 조건인 **중복성**^{redundancy}8을 가리킨다. 결합된 행위에 참여하려면, 즉 구조 접속이 일어나려면, 인자들은 상호 작용할 수 있는 공통된 기반을 충분히 가져야 한다. 대부분의 경우, 일부 인자들이 제 기능을 못하더라도 다른 인자들이 역할을 하여 체계를 공고히 유지하려면 인자들이 서로 달라야 하기보다는 같은 점을 공유해야 한다는 것이 사실이다. 교사가 통상 학급에서 다양성이 만들어지는 조건을 만든다 해도 적절한 중복성을 보장하기 위한 어떤 작업이 필요할 것이다. 예를 들어 세계 정치에 대한 생산적 토론이나 분수 개념에 대한 탐구 등에 참여하기 위해서는 이슈에 대한 어떤 친숙함이나 공통된 경험이 필요한 것이다. 그러한 배경 또는 그러한 배경을 만들어내기 위한 기회를 준비하는 것은 교육적 의사 결정에서 중요한 범주의 하나다.

의사 결정의 또 다른 범주이며 가르치면서 경험한 진짜 도전은, 중복성에 기반을 두고 적절한 다양성들이 분출되도록 하는 수업을 개발하는 것이다. 예를 들어, 학습자들이 그들의 특별한 관심과 이해에 적응하도록 허용하면서 하나의 공통된 어휘의 기반이며 공통된 경험의 원천으로, 종잇조각을 자르고, 접고, 맞추는 작업을 통해 분수의 덧셈 수업이 전개될 수 있다.[9] 그러한 작업은 통제, 또는 더 정확히 말하면 **작동시키는 통제**_liberating constraints_10를 부과하는 것이다. 이는 어떤 사회 집단에서도 나타나는 경험과 능력과 흥미의 다양한 표현을 위한 충분한 개방성을 허용하면서 학생들이 행동하게끔 충분한 조직을 제공하고자 하는 행위의 지침이며 제한이다. 창발되는 복잡 현상의 결과는 완전히 예측될 수 없기 때문에, 작동시키는 통제는 과도하게 미리 규정되어서는 안 된다. 마찬가지로 작동시키는 통제는 아무렇게나 하도록 내버려 두는 것을 의미하지 않는다(실제로 모든 제한을 없애 버리면 복잡성은 창발되지 않는다).

적어도 부분적으로, 행위가 창발되어야 한다. 즉, 행위는 참여하는 과정 속에서 만들어진다. 여기서 나오는 것이, 복잡성이 창발하기 위한 네 번째 조건인 **탈중심화된 통제**_decentralized control_이다. 수업 장면에서 발생하는 이해와 해석은 미리 완전히 기술될 수 없다. 이해와 해석은 미리 결정된 학습 목표나 선형적 학습 계획 또는 경직된 전략에 의해서가 아니라, 오히려 어느 정도까지는 창발되어야 하며 공유된 기획을 통해 유지되어야 한다. 복잡성은 각본대로 되지 않는다.

　학교 상황에 적용하면, 탈중심화된 통제의 조건이 교사 중심의 수업에 대한 비난이나 학생 중심의 수업에 대한 지지로 해석되어서는 안 된다. 오히려 탈중심화된 통제는 양자에 대한 비판, 즉 학습이 개인 수준에서 이루어진다고 보는 것에 대한 비판이다. 복잡성 과학이 주장하듯이 학습 능력을 갖고 있다는 것이 모든 복잡계의 특성이다. 그렇다면 수업에 바람직한 복잡계 단위체의 성질에 대해 잘 알아야 한다. 그러한 단위체는 지식의 발생과 이해의 발전과 관련된 것으로, 초점이 학생이나 교사에 맞춰지는 것이 아니라 이해를 위한 집단적 가능성에 맞춰져야 한다.

　이상 제시된 생각이 근대 학교의 이론 및 구조와는 매우 근본적으로 다른 것이기 때문에, 이해되기보다는 혼란스러울 것이다. 실례들이 유용할 것 같아서 후주에 이러한 원리들을 매우 상세하게 발전시키고, 복잡성 원리를 중심으로 심사숙고하여 구성한 교수행위 사례에 대한 설명을 담은 몇 가지 책을 찾아 제시하였다.[11]

　불행하게도 복잡성 교육의 교수행위를 나타내는 어휘가 아직 없다. 지금은 그러한 교수행위가 어떤 것이 아닌지를 말하는 것이, 어떤 것인지 또는 어떤 것일지를 말하는 것보다 훨씬 쉽다. 예를 들면, 그것은 규정적이거나, 객관적이거나 예측 가능하지 않다. 다른 학습 집단들에게 같은 결과를 가져오게 할 수 없고, 복잡 현상이 꼭 창발된다고 볼 수 없다. 또한 교수행위의 방법은 오케스트라를 지휘하는 방식도 아니다. 원래대로 복잡성 창발이 이루어지도록 조작할 수 없다. 그러나 복잡성 과학에서 가르친다고 하는 것은 다른 사람들과 집단적으로 과제를 수행하면서 경청하고 공감하면서 참여한다는 의미에서 재즈 음악의 **즉흥 연주**^{improvising}와 같은 종류로 볼 수 있다.

교수행위의 동의어로 하고 싶은 다른 용어는 **불러일으키기**^{occasioning}이다. 원래 의미로 $occasioning$은 사물들을 공명시킬 경우 놀라운 가능성이 일어날 수 있는 방식을 말한다. 따라서 이 단어는 교수행위의 의도적이고 우연적인 성격을 모두 지적하는, 학습의 참여적이고 창발적인 특성을 강조하는 데 유용하다. 또한 같은 이유로 교수행위는 건축적 의미보다는 생물학적 의미(11장을 보라)의 **구조화하기**^{structuring}라는 용어로 묘사될 수 있다.

교수행위와 관련된 또 다른 단어가 **짜기**^{framing}인데, 이는 $from$이라는 단어와 같은 어원을 갖고 있다. 두 단어의 원래 의미는 특별한 조건과 역사에 의한 흐름과 관계있다. 짜기의 개념은 이와 같이 복잡성 창발에 필요한 조건을 보장하는 교사의 역할을 지적하면서 복잡한 역사가 의도와 경험으로 엮이는 방식을 환기시킨다.

즉흥적으로 연주하기^{improvising}, 불러일으키기^{occasioning}, 구조화하기^{structuring}, 짜기^{framing}의 개념에서 공통적인 특성은 교사의 참여 역할이다. 복잡성 담론에서 가르친다는 것은, 개인적 지식과 집단적 지식의 생산, 개인적 정체성과 집단적 형태의 진화, 그리고 개인적 행위와 집단적 가능성의 형성에 **참여하기**^{participating}이다.

복잡성 담론에서 교사의 역할을 재인식하였듯이 학생의 역할도 마찬가지이다. 구조주의와 후기 구조주의 담론과 달리 복잡성 과학은 복잡계를 묘사하는데, 가장자리, 주변, 표면 등의 말을 사용하지 않는다. 체계가 체계 속에 포개진 구조에서는 그러한 말들이 거의 의미 없다. 이 대안적 구조에서 학생들은 기존 질서로 편입되어야 할 초심자나 입문자나 풋내기가 아니다. 오히려 교사와 마찬가지로 학생들도 참여자^{participants}이며, 실제로 학생들은 그들을 만드는 것으로 보이는 방식을 만드는 데 심오한 역할을 한다.[12]

이 장은 특히 즉흥적으로 **연주하기**^{improvising}, **불러일으키기**^{occasioning}, **구조화하기**^{structuring}, **짜기**^{framing}, 그리고 **참여하기**^{participating} 등 복잡성 과학과 관계된 교수행위 동의어들의 기원 및 개념적 함의와 관계된 것이었다. 16장에서 생태주의 담론과 관계된 용어에 대해 유사한 논의가 이루어질 것이다.

생태주의:
대화로서의 교수행위

16

> *어떤 것을 그것만 끄집어내려 할 때, 그것이 우주의 다른 모든 것과 연결되어 있음을 우리는 발견한다.*
>
> *- John Muir* [1]

14장에서 언급하였듯이, 생태주의 담론은 복잡성 과학과 공통점이 많다. 그들은 세계관을 공유한다. 의견을 달리하는 부분은 에피스테메로부터 그노시스가 분리된 논점과 같은 것으로, 의미에 관한 관심과 물음이다.

이런 면에서 복잡성 과학은 경험주의 과학의 형이상학적 전제를 포기하였지만 형식지explicit knowledge의 생산을 여전히 강조한다. 세상을 총체적으로 통제하려는 바람과 함께 완전히 예측 가능한 세상은 유보되었다. 그럼에도 복잡성 과학은 여전히 윤리적 질문인 '무엇을 해야 할 것인가?'보다는 가치 중립적인 '무엇이 가능한가?'를 추구하고 있다. 즉, 복잡성 과학은 에피스테메의 철학적 강박을 제거하여, 객관성에 대한 열망이 간객관성에 대한 깨달음으로 차단되었음에도, 여전히 실용적인 노하우를 추구했다.

생태주의 담론은 다른 방향을 지향한다. 생태주의 담론은 모든 형태와 사건은 깊이 얽혀 있다는 신념을 복잡성 담론과 공유하지만, 실용적 노하우보다는 윤리적 노하우에 대한 관심에서 촉발된 것이다.

윤리적 문제는 수천 년에 걸쳐 논의된 폭넓은 논쟁의 주제이다. 지식이나 학습과 같이 윤리 개념은 진리의 근원과 우주의 성질에 대한 믿음과 연결된다. 예를 들어 형이상학적 전통은 윤리를 이상적이고 보편적이며 천지창조 시에 만들어진 불후의 원칙으로 본다. 신비주의자는 우주의 짜임 속에 윤리가 얽혀 있는 것으로 보고, 종교를 믿는 사람들은 윤리를 신성한 계시의 문제로 보며, 합리주의자는 윤리를 논리적으로 추론할 수 있다고 본다.

이러한 개념에 공통된 전제는 윤리가 의식적이고 형식적인 지식의 문제라는 것이다. 신념의 원천은 다양해도 모든 형이상학적 전통에서는 옳고[2] 그른 것이 분명하다. 반면 생태주의 담론에서는 윤리가 형식적인 원리나 정리가 아니라 행동action의 문제이다. 윤리적 행동은 의식적일 수도 있고 아닐 수도 있으나 보통은 상황맥락적으로 적절한 의식적이지 않은 행위로 본다.

윤리가 의식적으로 진행되지 않을 수도 있다는 것은 간주관적 담론, 특히 후기 구조주의 담론에서 사실상 처음 제기되었다. 윤리는 집단적 동의, 암묵적인 사회적 제약의 문제라는 주장이었다. 몇몇 구조주의자나 후기 구조주의자에게 윤리적 코드는 주로 기존의 사회질서를 유지하기 위해 임의로 만들어진 일련의 규칙들이다. 그러나 윤리가 이상적이고 보편적이라는 형이상학적 윤리관과의 결별에도 불구하고, 이러한 해석들은 한 가지 고대 시대의 가정을 유지하고 있다. 간주관성과 같이 형이상학은 윤리를 인간과 인간 사이의 문제로 보는 경향이 있다. 윤리는 간주관적 공간에서 작동하는 것이었다고 말할 수 있다.

윤리를 간주관적인 관점보다는 간객관적관점에서 보는 것, 즉 인간의 문제로 논의를 한정하기보다는 인간 이상 세상the more-than-human world의 윤리 문제로 보는 것은 어떤 의미가 있는 것인가? 이러한 흐름은 형이상학적 세계관과 간주관성 담론을 넘어서는 것일 뿐 아니라, 복잡성complexity 개념을 넘어 연관성complicity의 문제로 나아가는 것이다. 이러한 변화는 이제 생태계에서 분명해진 인간 행위의 역할, 의식의 영역에서 다루는 생물학적 진화의 전망, 유전공학에 대한 결단, 지구 행성에 우리의 잠재적 영향을 증폭시키는 기술의 등장 등을 발전시켰다. 이러한 관심들은 후기 구조주의 담론에서 이미 부각된, 예를 들면 문화적 다양성의 감퇴, 지속적으로 확대되는 국가 간 빈부격차, 인종과 계급 간 차별에 뿌리를 둔 지속적인 사회적 불공평, 그리고 인간과 인간을 구분하는 다른 방식 등의 문제들에 추가된 것들이다.

단지 25년 전에 어떤 심리학자가 (인간이 아닌) 동물들은 생각할 수 없다고 하는 것을 150명의 다른 예비 교사들과 함께 들었는데, 그 이유는 학습은 바로 반응 및 인과관계 현상으로 이러한 학습 능력이 제한되어 있기 때문이라고 설명했다. 그에게는, 그리고 그가 재현한 인간 중심의 학문 담론에서는 지식이 오로지 인간에게만 해당하는 현상이었다. 또 다른 강의에서 그는 앎이 이루어질 수 있는 유일한 곳인 인간 개인이 아닌 어떤 것에, 의지 및 지식과 같은 특성이 있다고 하는 것을 의인화의 폐해로 설명하였다. 그 강좌에서 윤리에 관한 물음은 제기되지 않았다.[3] 그들은 할 수가 없었다. 비

인간의 영역이 인과적으로, 기계적인 논리로 작동하고 초월적 단위체가 없다면 의미나 가치, 그리고 행위의 문제에 개입하는 것을 이해할 여지가 없어진다.

나의 모교에서 유일하게 예비교사 교육 프로그램에 개설된 학습에 대해 공부하는 과정에 사용된 교재에 그와 같은 정서가 계속해서 작용하고 있다는 것을 보고 당황하였다. 나는 이러한 상황이 보통 일이 아니라고 생각하였다. 이는 학습자에게 16세기 사회에나 어울리는 태도와 지식을 갖추라고 여러 가지 면에서 수세기 동안 강조해온, 인간이 만든 근대적 산물인 공교육에서 시대착오적인 현상이 점증한 것과 맞아떨어진다.

미래를 준비한다고 하는 문화 기관이 현실을 그렇게도 모르는 것은 어떻게 가능한가? 학교에서 윤리적 행위가 아닌 실용적 행위를 추구한 것에 그 부분적 원인이 있다고 믿는다.

Varela[4]는 윤리적 행위가, 유동적이고 계속 창발되며 생물학적이고 문화적 형태인, 자신의 정체성의 실질적 성질에 대한 깊은 이해로부터 온다고 보았다. 앎과 함과 있음은 하나이다. 어떤 이는 자아 개념이 미리 주어진 것이고, 영원하며 이 세상과 분리된 것으로 본다. 또 어떤 이는 상황에 따른 것으로, 창발하는 것이며, 이 세상과 얽혀있는 것으로 본다. 윤리적 행위는 후자와 같은 경우에 발현된다. 윤리적 노하우는 본능적이거나 우주에 깃들어 있는 이론에 기반을 둔 것이 아니다. 오히려 지금 여기에서의 적절한 대응, 진행 중인 맞서는 방식이다.

이러한 윤리적 행위가 일반적으로 삶에서 특히 교수행위에서 무엇을 의미하는지에 대해 많은 생태주의 담론은 개인적, 집단적 정체성, 문화, 이문화 간의 공간, 그리고 생물권이 펼쳐지는 속에 **마음을 다해**(마음 충만하게 – 역자) **참여**^{mindful participation5}하는 태도라고 주장한다. 몇 가지 중요한 면에서 마음 충만한 참여라는 개념은 교수행위를 끌어내다^{drawing out}는 의미의 *educing*과 *educating*의 관점에서 묘사하게끔 한 신비주의 전통에 닿아 있다(5장을 보라). 자아가 미리 주어진 것이라기보다는 현실화되지 않은 잠재된 창발하는 가능성이라 할지라도, 생태주의 정서에 깃든 교수행위는 같은 용어로 이해될 수 있다. 나아가 신비주의 전통과 또한 공명하면서 생태주의 정서에 깃든 교수행위는 거대한 단일체 속 개인의 위치에 주목할 것이다.

예견한 바와 같이, 이러한 종류의 교수행위에 걸맞고 널리 받아들여지는 용어는 아직 등장하지 않았다.

Sylvia Ashton-Warner가 말한 **대화하기**^{conversing6}나, Nel Noddings의 **배려**^{caring7}의 윤리, Max van Manen's의 **교육학적 심사숙고**^{pedagogical thoughtfulness8}, Chet Bowers의 **생태 정의**^{eco-justice9}(그가 후기 구조주의자들의 사회 정의에 대한 강조를 구체화해서 제시한 것)와 같은 윤리적 노하우 원리들과 공명하는 몇 가지 용어들이 제시되었다. 앞선 작업에서 나는 교수행위의 이러한 개념을 **해석학적 듣기**^{hermeneutic listening10}라고 하였다.

이러한 개념들은 교수행위의 실용적인 측면보다는 교사의 자세를 더 강조한다. 그 부분에 대하여, 수업에서 교사의 행위를 묘사하는 데 특히 유용한 것 중 하나가 **대화**^{conversing}이다. 이 단어는 라틴어의 '함께 살다^{living together}'라는 뜻의 *convertio*에서 유래한 것으로, '가족^{household}'이라는 뜻의 *oikos*나 지금의 접두사인 *eco-*와 관계가 있다. 하나의 대화는 하나의 창발되는 형태이며, 그 결과는 결코 미리 알 수 없는, 매우 우발적인 것이다.

교수행위를 대화에 비유하는 것이 교실의 생활에서 무엇을 의미하는지에 대한 탐구가 Maori족의 어린이들에 대한 연구로 Sylvia Ashton-Warner에 의해 진행되었다. 1963년에 출간된 『교사Teacher』에서 Ashton-Warner는 지금의 복잡성 담론과 생태주의 교수행위 관점의 많은 특성들을 예견하였다. 예를 들어 학습자와 교실을 지금 사용하고 있는 말로 하면, 하나의 창발된 구조인 유기체로 보았다. 아마도 가장 중요한 것은 그녀가 특별한 교수행위 전략과 강조점을 묘사하면서 생태주의적 정서와 일치하는 방식으로, 심오한 윤리적 책무성deep ethical responsibility의 의미를 말한 것이다.

또한 그녀는 구조 접속과 집단성에 관한 앞 장의 논의를 암시하는 방식으로 '아동의 사회성 동력화하기harnessing children's sociality'와 '공동체 정신communal mind'에 대해 말하였다. 그녀가 교수행위를 대화라고 한 것은 그러한 개념과 관련된 것이다. 최근의 신경생리학적 연구는 그녀의 그러한 용어 사용을 뒷받침한다. 대화하는 동안 우리의 기억 용량은 우리가 혼자 생각할 때보다 매우 크게 늘어난다고 한다. 우리는 혼자 생각할 때보다 대화할 때 더 미세한 것들을 생각해낼 수 있고, 더 많은 이슈들을 만들어낼 수 있으며, 더 복잡한 생각들을 떠올릴 수 있고, 더 오래 집중할 수 있다.[11] 그 이유의 상당 부분은 대화가, 극히 개인화된 전통적 교실에서 무시되어온 개인 간 결합의 특성인 의식의 연결을 포함하기 때문이다.

15장에서 주체성의 연결이라는 개념을 확장하면서 논의를 전개한 바와 같이, 복잡성 담론을 구체화하기 위해 또한 제안하지 않을 수 없는 것은 교실을 생산적인 집단적 단위체로 개작할 수 있다는 것이다. 그러나 이 제안의 문제는 복잡성의 창발이 적절하게 일어나는 데 필요한 조건을 보장하는 책무성을 넘어서는, 교사의 역할에 대해서는 별로 말하는 것이 없다는 것이다. 생태주의 관점에서 학급 집단에서 교사의 역할은 개인에서 의식의 역할과 유사하다.

앞서 말한 점 몇 가지를 반복하면, 일반 사람들이 생각하는 것과는 달리 우리의 의식이 우리의 생각과 행동을 이끄는 것이 아니다. 실제로 대부분의 경우 인간의 의식은 지휘자라기보다는 주석자로 작동한다.[12] 그러나 의식은 주의력을 지향하는 데 중요한 역할을 한다. 즉, 주의를 세분하여 의식 주체에게 유용한 행위나 해석을 선택하는 데 중요한 역할을 한다. 간단히 말해 의식은 이끌진^{direct} 않지만 지향^{orient}한다. 이것이 생태적 정신을 가진 학급에서 학급 구성원들이 인식하는 가능성 중에서 선택하고 주의 집중하는 교사의 역할이다. 이런 의미에서 교수행위는－마음 충만하게 되고, 집단을 의식하고, 집단의 의식이 되는－집단의 **의식되기**^{minding}에 관한 것이다.

이 장은 특히 **마음 충만한 참여**$^{mindful\ participation}$, **대화**^{conversing}, **배려**^{caring}, **교육적 사려 깊음**$^{pedagogical\ thoughtfulness}$, **생태 정의**$^{eco-justice}$, **해석학적 듣기**$^{hermeneutic\ listening}$, 그리고 **의식되기**^{minding} 등 생태주의 담론에서 등장한 교수행위와 관계된 개념 및 어휘와 관련된 것이다. 간객관성 개념에서 나온 교수행위의 강조점에 대한 논의와 진화적 역동성에 뿌리를 둔 교육적 관점에 대한 논의로 이 장을 마치고자 한다.

교수행위의 재발명:
가능성의 영역 넓히기

17

> 종교적 신화이거나 과학적 이론이든지 간에 하나의 훌륭한 속임수는
> 우리의 경험을 잘 설명한다는 느낌을 준다. 우리가 말하거나 글을 쓸
> 때처럼 어떤 것을 상징적으로 재현한다는 것은 어떻게 해서든지 그것
> 을 표현하는 것이고, 그렇게 해서 그것을 자신의 것으로 만드는 것이
> 다. 그러나 이러한 어림값으로 우리는 실재의 직접성을 부정하고, 대체
> 물을 창조함으로써 우리의 거대한 환상이라는 거미줄에서 또 다른 가
> 닥을 뽑아냈다는 것을 깨닫게 된다.
>
> *- Heinz Pagels*[1]

오늘 아침의 기온은 영하 32°C로 이는 일 년 중 이때의 평균 기온보다 20
도가 낮다. 온도계를 본 나의 첫 반응은, "영하 10°C**이어야** 하는데!"였다.
나의 최선의 노력에도 불구하고, 이 주장은 형이상학적 신념이라는 면(예
를 들어 우주는 **당연히 이래야** 한다는*supposed to be*)과 정상성의 수치화된 관념
(예를 들어 **평균***average* 기온은 어쨌든 **이상적인***ideal* 기온이라는)이 경솔한 나

의 해석 습성을 계속 틀 지우고 있음을 보여준다.

사람은 내면에 서로 충돌하기도 하는 다양한 정서들이 있다는 사실에 나는 안도한다. 이 책에 나오는 견해들을 연구하는 과정에서, 인간은 모순된 신념들을 수용할 뿐만 아니라 일관성 있는 개념으로 자유롭게 결합할 수 있음을 보여주는 매우 많은 사례들을 접하게 되었다. 예를 들어, 진화적 결정론, 자연주의적 형이상학, 생태 기독교, 그리고 수많은 뉴에이지 운동 등을 보았는데, 이 모든 것들은 한 가지 이상의 방식으로 이상 세계에 대한 믿음을 진화적 역동성을 받아들이면서 통합한 것이다. 우리가 대체로 이성적인 창조물이라는 데카르트의 주장은 명백히 틀렸다.

그렇다면 학습과 교수행위에 관한 현재의 논의에서 엄청나게 다양한 생각들이 나타나는 것은 전혀 놀라운 일이 아니다. 사실상 오늘날 문서화된 교육과정의 모두에 나오는 어떤 이론적 설명문도 이러한 점을 강조하기 위해 사용할 수 있다. 모든 잠재력을 발휘하도록 개인들을 양성하기, 건전한 마음 습성을 갖도록 가르치기, 교육적 성취를 측정하기, 적절한 행위 모형, 그리고 학습자의 역량 강화 등 일관성 없는 것들을 함께 모아놓고 서술하는 것이 보통이다.

학습과 교수행위의 문제를 중심으로 다양한 생각이 펼쳐지는 것이 당연함에도, 교수행위 현상 자체는 교육 개혁 논의에서 좀처럼 논쟁의 대상이 아니라는 사실이 당황스럽다. 사실 교수 **방법**^{methods}은 널리 논의가 되는 주제이지만, **교수행위**^{teaching}가 무엇인지에 대해서는 거의 논의가 없다. 대신 논의는 교육과정상 가르쳐야 할 학습 주제, 제시되어야 할 학습 수준, 그리고 어떤 수업 구조가 더 또는 가장 효율적인지 등을 중심으로 빙빙 도는 경향이 있다. 이러한 점은 1,500명 이상의 학회 참가자들이 3,000개 이상의 연구 보고서를 검토한 교육 연구 모임을 몇 년에 걸쳐 경험하면서 분명해졌다. 이 시기에 개최된 모임의 화려함에도 불구하고 우리는 학습과 교수행위에 대해 공통적으로 이해하는 것이 거의 없다는 생각이 점점 들었다.

거의 모든 나의 공식적인 교육 경험은 사람들을 어떻게 학습하게 만들고 무엇을 학습하길 원하는가에 대한 답을 구하기 위한 것이었다. 이렇게 두 개의 일치된 관심은 학습과 관련되어 확립된 전망과 교수행위와 관련된 과업은 서로 어울린다는 명백한 가정에 근거한 것이다. 그것은 분명 나의 학부생 교사 양성 프로그램 대부분 코스의 전제였다. 예를 들어 기억이 또렷한데, 한 수업 학기말 시험의 선다형 문제 주제 하나가 '학습이 무엇인가?'였다. 여전히 기억하고 있는데, 정답은 바로 '학습은 경험을 통한 행동의 변화'였다. 그렇다면 교수행위는 바람직한 행동의 변화를 가져오기 위한 경험을 준비하는 것이 되어야 한다.

그 당시 나는 이러한 생각이 간주관성 담론과 간객관성 담론을 통해 고쳐진 지식에 관한 두 주제, 즉 인과성과 독립성이라는 뿌리 깊은 문화적 가정에 사로잡힌 것이라는 것을 몰랐다. 이 담론들은 학습을 단순한 '행동의 변화'가 아닌 학습자 존재의 변화로 본다. 또한 학습자의 학습을 '경험으로 돌리는', 배운 것에 대한 책무성을 학습자의 경계 밖의 사건에 놓고 설명하는 주장에 문제가 있다고 본다. 간주관성과 간객관성 담론은 경험을 원인이 아닌 유인誘因, trigger으로 이해한다. 학습은 학습자의 구조가 변화하는 문제이고, 그러한 구조 변화는 특정의 환경이라는 조건에 의해 이루어지는 한편, 행위자 자신의 복잡성 구조에 '상응하여 이루어진다due to'. 이러한 결론은 분석 과학에서 교수행위에 관한 논의로 옮겨진 선형적 인과관계라는 관념을 제거했음을 보여준다. 학습자 자체를 그들 자신의 역사를 구현한 것으로 보면, 원인－결과적인 해석은 설 자리가 거의 없게 된다.

실제적으로 이와 같이 생각하면 교수행위와 관련된 논의에서 지배적이었던 많은 구조와 작위적인 결과들을 다시 생각해보지 않을 수 없다. 예를 들어 미리 설정된 학습 목표나 형식적인 수업 계획과 같은 기본적인 장치들은 자신의 역사가 구현된 학습자에서 일어나는 학습과 맞지 않는다. 작금의 난제들 중의 하나는 이와 같은 새로운 행태를 설명할 새로운 어휘들을 개발해내는 것이다. 이 책에서 마련한 몇 가지를 다시 사용하면, 학습 목표와 수업 활동은 작동시키는 통제^{liberating constraints}에 해당한다고 볼 수 있는데, 이는 학습자의 행위를 적응시키기 위한 충분한 조직화와 어떤 수업에서 다양한 경험과 능력, 그리고 흥미가 표현되도록 충분한 개방성을 허용하는 것 사이의 균형을 말하는 것이다. 학급은 하나의 집단적인 학습자로 재구성해서 볼 수 있는데, 이는 스스로 조직하고, 일관성 있고, 진화하는 단위체로, 독립적이고 분리된 학습자들을 상정하는 것과는 정 반대이다. 이렇게 변한다면 수업 계획은 미리 상술된 여행 계획서나 정해진 선로가 아니라, 미리 하는 연습이나 사고 실험과 같은 것이 된다. 그렇게 본다면 수업 계획은 교수행위에 의해 비로소 현실화될 수 있는 수업 구조와는 구별된다 (이러한 생각은 다른 곳에서 매우 자세하게 다룰 것이다).[2]

그러나 이 책을 쓰게 된 중요한 목적은 교수행위에 관한 새로운 어휘를 제기하는 것이 아니었다. 오히려 지금 사용하고 있는 어휘를 통해 놀랍도록 다양한 의견이 제시되고 있다는 것을 강조하고자 했다. 나는 우리가 이러한 다양성이 교육 개혁 논의의 배경 뒤로 사라지지 않도록 주의해야 한다고 믿는다. 우리가 다룬 것은 교수행위 종류이다. 가르치고자 하는 노력을 중심으로 세운 구조에서 우리는 무엇이고, 우리는 무엇이어야 하는지에 대한 믿음을 우리는 실현해낸다. 예를 들어 인간은 합리적이며 근본적으로 개별적이라는 근대적 주장은 4세기 동안 교수행위의 강제된 공학적 규범으로 구현되어왔다.

아마도 더 심각한 다른 예는 다양한 형이상학적 믿음이 언어 습성에 의해 유지되고 감추어져 온 방식이다. 이 책의 전반부에서 논의된 교수행위의 많은 동의어들의 역사에 대해 연구하면서, *educe, educate, induce, induct, introduce, introduction, deduce, deduction, induction, reduce,* 그리고 *reduction* 등[3]으로 나타난 'to lead, draw, drag, 세계 끌어당기다[ug]'라는 의미의 인도유럽 어원인 *deuk-*를 계속 접하게 되었다. 통제, 파악, 그리고 미리 제한된 잠재 능력에 관한 주제들이 이러한 어족에서 부각되었다. 지식의 본성, 학습 과정, 그리고 교수행위의 함의에 관한 신비주의, 종교, 합리주의, 그리고 경험주의적 믿음은 이러한 연관과 분리의 특정 그물망 속에 모두 나타나 있다.

이 책의 전반부에서 논의된 종류의 정서를 통해 짜인 또 다른 어휘군은 유클리드 평면 기하학에 뿌리를 둔 것이다. 유클리드로부터 온 개념들은 straightness, rightness, directness, normality, 그리고 standardness 등(부록 B에서 보는 바와 같이 모두 원래 선이나 직각과 관련이 있다)이 명백히 지배적이고 특권적이었던 것으로 보아, 전근대적이고 근대적인 세계관을 많이 고취한다. '평평하다[flat]'는 뜻의 라틴어 *planus*에서 온 평면[plane]의 어원은 *plan, plain,* 그리고 원래 '평평하게 놓다'라는 의미의 *explanation*과 같은 단어들과 서로 통하는 것이다.

교수행위를 주로 무언가를 평평하게 한다는 의미의 설명explanation의 문제로 보는 신념은 오늘날 교육의 논의에서 여전히 지배적이다. 그러나 그러한 관념에 대해 교수행위가 설명explanation보다는 해설explication이라는 제안이 제기되었다. '짜다, 땋다, 접다, 얽히게 하다'는 뜻의 인도유럽어인 *plek*-에서 유래하였고, *explicit, implicit, implicate, complicit, complicate, complex, complexity* 등[4]과 상통하는 해설explication은 보다 더 실험적인 어떤 세상, 미리 결정되기보다는 창발하는 가능성, 보다 더 단속적이고 흐트러진 통제에 관한 행위들을 기리키는 어족에 속한다. 이 책의 후반부에서 나타난 용어들의 어원을 연구하면서 이러한 어족에 해당하는 것들을 수시로 접하였다. 이러한 단어군은 지식, 학습, 그리고 교수행위와 관련된 구조주의, 후기 구조주의, 복잡성 담론, 그리고 생태주의 담론을 통해 엮어진다.

여기서 학교의 목적과 목표를 다른 의미로 보지 않을 수 없다. 이 책의 후반부에서 묘사된 것과 같은 수업에서는 해석과 행동의 가능성이 미리 결정되지 않는다. 오히려 그러한 수업에서는 가능성의 새로운 영역을 열게 될 것인데, 이러한 제안은 근대학교의 목표 지향적이고 시험으로 몰아가는 문화와는 완전히 맞지 않는 것이다. 공식적인 교육의 전통적인 구조가 간주관적이고 간객관적인 정서와 관련된 교수행위 개념을 받아들일 수 있을 정도로 유연한지는, 비록 이러한 정서를 많이 구현하고자 하는 비전통적인 기관들이 있다 하더라도 나는 잘 모르겠다.[5]

요 전의 책에서 Dennis Sumara, Rebecca Luce-Kapler, 그리고 나는 교수학습의 본성에 대한 다양한 견해를 통틀어 동의하는 한 가지 점이 있다고 하였는데, 그것은 교수행위가 한 집단이 다른 집단을 자신들과 같은 방식으로 세상을 보도록 하게 하는 의식적이고 무의식적인 욕망과 관련이 있다는 것이었다.[6] 이제 나는 그러한 주장에 동의하지 않는다.

복잡성과 생태주의 담론을 따르면, 교수행위와 학습은 해석의 뿌리 깊은 습성을 영속화하는 것과 관련된 것이라기보다는 아직 생각되지 않은 것을 창발하기 위한 조건을 창조하고 가능성의 영역을 넓히는 것과 관련된 것으로 보인다. 교수행위와 학습은 기존의 진리에 수렴하는 그 무엇이 아니라, 알 수 있고, 할 수 있고, 있을 수 있는 것을 넓혀가는 발산에 관한 것이다. 강조점은 무엇인가에 있는 것이 아니라 무엇이 이루어질 수 있을 것인가에 있다. 이와 같이 학습을 현재의 영역을 탐색함으로써 가능성의 새로운 공간을 열어나가는 회귀적인 정교한 과정으로 이해하게 되었다.

학습은 존재의 역동성으로, 개인 이상의 수준에서 일어날 경우 우리는 그것을 (종, 사회, 문화, 지식, 사회 운동 등의) 진화로 인식하는 경향이 있다. 교수행위는 이러한 얽히고설킨 진화하는 형태의 층들을 통과하고 가로질러 미치게 된다. 그렇다면 교수행위는 단순히 개인적인 하나의 행위나 사람들 간의 하나의 행위가 결코 아니다. 교수행위는 인간 이하의 단위에서부터 지구적인 단위에 이르기까지 전개된다. 교수행위는 존재하는 것의 변환에 참여하는 것이다.

이러한 방식으로 교수행위는 그 자신의 발명과 재발명에 참여한다. 우리 존재의 구조에 공헌하는 많은 형태와 달리, 교수행위는 그것이 무엇이 될지를 결정할 수 있다.

부록 A:
수형도로 본 교수행위 개념의 계보학

형이상학
우주는 완전하고 변하지 않는다. 따라서 이 세상과 다른 이상 세계이며 본질적 존재이다.
집단적 지식이나 개인의 앎은 결국 궁극적 진리를 향해 나아가는 것이다. 지식과 앎은 절대적 진실을 획득하고 쌓아나가는 것이다. 인간만이 생각할 수 있다.

형이하학
우주는 창발하는 것이다. 따라서 변형되고 변화한다.
집단적 지식이나 개인의 앎은 분기하여 새로운 가능성을 열어나가는 것이다. 지식과 앎은 여러 수준의 조직에서, 그리고 그것들을 가로질러 끊임없이 발생하는 과정이다.

부록 B:
프랙털에 대한 간략한 소개

상식과
유클리드 기하학

기하학이라는 단어는 대부분의 영어 사용자들로 하여금, 다소 이해하기 어려운 전통적 중학교 수학시간에 공부한 선분, 삼각형, 원, 그리고 다른 도형들을 떠올리게 한다. 기하학은 기원전 3세기에 개발된 **유클리드 기하학**과 동의어로 이해되는 경향이 있다.

유클리드는 기하학을 발명하지 않았다. 오히려 그는 컴퍼스나 자와 같은 도구만을 사용하여 평면위에 구성할 수 있는 특별한 형식의 수학 체계를 만든 것이다. 고대 그리스 사람들이 알고 있던 모든 평면 도형은 다섯 개의 공리로부터 판독되고 구성될 수 있다는 것을 보여주는 연역적 논리를 적용한 것이 유클리드의 위대한 공헌이었다.

사실 이러한 논리는 **기하학**을 협소하게 한정했다. 한 세기 전에 그 용어는 '논리적 사고reasoned thought'를 말하는 것으로 더 많이 사용되었다. 플라톤이 그의 아카데미 입구에 사용한 유명한 문구에서 의도한 그 의미이다. '논리geometry를 모르는 자는 이곳에 들어오지 마라.'1 플라톤의 기하학은 평면 도형만 해당하는 것이 아니라, 이 물질적 세상 너머 존재한다고 설정된 진리에 도달하기 위해 사용될 수 있다고 믿어지는 논의 양식을 말하는 것이었다(2장을 보라).

유클리드가 플라톤보다 기하학이란 용어를 더 협소하게 사용했다는 사실에도 불구하고, 그의 평면 기하학은 서양 사람들의 사고방식에서 형식적인 논리적 논쟁을 확립하는 데 실제로 기여하였다. 오늘날 유클리드 기하학은 이 세상과 학문적 담론을 상식적으로 이해하는 데 일종의 보이지 않는 배경으로 작용한다. 예를 들어, 우리는 생활공간을 직각과 평행선으로 구성하고, 삶을 선형적 시간 개념으로 조직하며, 사실상 모든 대학의 연구자들은 평범한 말plain language 및 간단한 논의straightforward argument를 요구하는 것과 고군분투하고 있다.

이러한 현상들이 유클리드 기하학에 실제로 뿌리를 두지는 않았지만 관계가 있는 것으로 논의를 종결시키고 싶을 지도 모른다. 결국 원리 원칙이든 아니든, 집이나 도시를 건설하는 가장 효율적인 모든 방법은 직각으로 하는 것이다. **평범한**plain 언어와 **평면**plane 기하학에서 *plain*과 *plane*은 동음이의어에 다름 아닌 것으로 보인다. 그러나 유클리드 기하학과 연관되고 유래된 용어들의 역사와 이어받은 의미들을 조사해보면, 오늘날 물리적이나 개념적으로 평면 형태에 푹 빠져 있는 것이 좋은 것도 타성적인 것도 아님을 알게 된다. 그러한 말들은 특별한 세계관에 기인한 것이면서 그 특별한 세계관을 투사한 것이다.

집단적 상상력에 영향을 미친 유클리드 도형들은 선분을 둘러싸고 발생한 관계망을 통해 보여줄 수 있을 것이다. 곧바르다는 의미의 라틴어 *rectus*는 *correct, direct, rectangle, rectify*, 그리고 *erect*를 포함하여 오늘날 많은 영어 단어에서 보인다. *Right* 또한 *rectus*에서 온 것으로, '통행권right of way', '옳고 그름right and wrong', '우와 좌right and left', '권리와 의무right and responsibility', 그리고 '직각right angle' 등의 구문 및 짝에 반영되어 있다. 라틴어로 '직선자'인 *regular*는 rule 및 ruler와 함께 regular와 regulate의 어원이다. 단어 *line*은 '아마섬유의 실'이라는 의미의 라틴어 *linum*에서 온 것으로, 몇 개의 핵심적 개념에서 두드러지게 보이는데, '시각표time line', '논법line of argument', '선형적 인과관계linear causality', 그리고 '규칙을 따르다toeing the line' 등은 많은 일반적인 표현들 중 일부일 뿐이다. '늘리다to stretch'라는 독일어 *streccan*에서 온 *straight*는 예를 들면, '직접적 언급straight talk', '정직한straight and narrow', 그리고 '신중한straightlaced' 등의 구문에서 오늘날 마찬가지로 쓰인다. '목수용 직각자carpenter's(right-angled) square'라는 라틴어 *norma*에서 온 *normal*은 '정상 가족normal family', '정상적인 아동normal child', 그리고 '정상적인 삶normal life' 등 낯익은 복합 개념에 사용된다. 예는 얼마든지 들 수 있다.

사실 나는 더 계속할 수도 있다. *standard, normal, orthodox*, 그리고 *plain*과 같은 단어들 역시 유클리드 기하학으로부터 온 것이다. *truth, justification*, 그리고 *ordinary* 등도 그러하다. 그런데 반의어 몇 가지를 살펴보면 이 점에 대해 더 잘 알 수 있다. 예를 들어, 평평하지 않은 것은 정상을 벗어난warped 것이고, 왜곡되거나distorted 정직하지 않은not on the level 것이다. 똑바르지 않은 것은 굽은bent 것이고, 괴팍한kinky 것이며, 외고집이거나perverse 꼬인twisted 것이다. 정상적이지 않은 것은 상궤를 일탈한deviant 것이고, 변태적인aberrant 것이다.

맺고 끊음이 없는 것은 어리석은dull 것이고 무딘blunt 것이다.

그 논리 양식과 도형을 통해 유클리드 기하학은 근대 철학과 근대 과학의 태동에 중대한 영향을 미쳐왔다. 가장 주목할 만한 것은 데카르트의 철학적 방법을 다듬는 데 모형이 되었다는 것이다(7장을 보라). 특히 선분과 관계된 개념을 포함하여 근대 학문에서 해석적 도구의 중요한 원천이 되었다. 사실 현재까지 복잡성 및 동역학 현상에 관한 거의 모든 연구에서 연구대상의 선형적 관계를 규정하기 위해 노력했다.

이러한 선형적 모형의 탐구는 원래 정확한 묘사가 아닌 계산이 필요한 문제였다. 예를 들어 뉴턴은 많은 현상이 선형적이 아니라는 것을 잘 알고 있었다. 뉴턴과 그를 추종한 과학자들은 단지 비선형 모형을 계산하려면 너무 많은 펜과 종이가 필요하다는 이유로 비선형적인 사건들을 선형적 근사치로 대체하지 않을 수 없었다.[2] 불행하게도, 비선형적 현상을 선형적으로 해석함에 따라 너무 쉽게, 그리고 너무 많이 과학자들(그리고 주로 많은 대중들)이 사실상 모든 현상을 선형적으로 구성해도 괜찮을 것으로 믿게 되었다.

최근 몇 년에 이러한 상황은 변하기 시작했다. 강력한 계산 기술이 등장하면서 과학은 가차 없이 비선형성적인 이 세상의 비기계적인 면을 해석하게 되었다(11, 14장을 보라). 그렇다 하더라도 선형적 인과관계에 대한 믿음은 뿌리 깊고 선형적 관계는 계속된다. 그러한 믿음은 다른 집단과 마찬가지로 교육자와 교육 연구자들 사이에서 우세하다. 예를 들어, 교수행위 또는 교실 상황의 특정 양상과 학생들의 수행 사이에 선형적 관계가 존재한다는 전제하에, 교사들은 수업의 구조, 질문 제기, 좌석 배열, 설명 양식,

실행 연습, 벽의 색, 조명도, 학급 규모 등에 관한 충고와 책무를 강요받아 왔다. 마찬가지로, '교사, 학교, 그리고 학급'이라는 '교란 변수^{confounding} ^{variables} (원인과 결과 사이의 진정한 관계를 왜곡시키는, 종속변수와도 관계 가 있고 다른 독립변수와도 관계가 있는 독립변수 – 역자)'를 '통제하기 위 해' 사용된 통계학적 방법으로 선형적 관계를 찾는 연구를 흔히 볼 수 있다. 마음이 섬뜩하다.

그러한 연구들은 지식, 학습, 그리고 교수행위에 관한 합리주의적이고 경험주의적인 관점에 사로잡혀 있다. 이 책에서 논의하였지만 다른 해석의 틀이 가능하다. 그리고 그 모든 틀은 비선형적 해석 도구를 구하고 있다. 내 가 개인적으로 끌리는 하나의 비선형 이미지가 프랙털 기하학이다.

프랙털 기하학의 비상식적 의미

1800년대 초, 수학자들은 기하학에는 유클리드 기하학만 있는 것이 아 님을 깨달았다. 유클리드의 5가지 공리 중 하나를 이리 저리 적용해본 결과 새로운 가능성들이 만들어졌는데, 그렇게 만들어진 새로운 도형과 결론들 은 유클리드로부터 나온 것과 똑같이 타당하고 유용한 것으로 증명되었다 (예를 들어, 이 새로운 수학의 줄기 하나는 구면기하학인데, 이는 지구의 지 도를 만들 때와 같이 평면 도형보다는 구형을 포함하는 것을 연구할 때 놀 라운 진가를 보여주었다). 1800년대 말이 되면서, 수학 연구의 다른 분야에 서 몇몇 수학자들은 유클리드 기하학의 대상과는 근본적으로 다른 도형들을 탐구하고 만들어내기 시작하여, **기괴하고 병적인** 것이라고 하였다. 불행하게도, 이러한 도형들은 그 이미지를 만들어내기 위해서는 너무나도 많은 계산이 필요해서 연구하기가 어려웠다. 수십 년간 거의 이목을 끌지 못하였다.

그렇게도 많은 계산이 필요했던 것은 회귀적인 과정을 통해 그러한 도형들이 만들어졌기 때문이다. 일련의 선형적인 계산을 통해 만들어지는 유클리드 도형과는 대조적으로, 이 기괴한 도형을 만들어내기 위해서는 한 결과를 만들어내는 어떤 규칙을 적용하고, 그 규칙을 그 결과에 적용하여 또 하나의 새로운 결과를 만들어내며, 이런 식으로 계속하여야 한다. 회귀적인 과정에는 단순히 끝내는 마지막 점이 없다.

예를 들어, 씨가 되는 하나의 단순한 선분으로 시작해보자.

씨:

그리고 하나의 규칙을 적용한다. 이 경우, 씨와 같은 형태를 그릴 때마다 그 끝에 두 개의 가지를 그린다는 것이다.

규칙(그리고 반복1):

몇 번 **반복**을 한 후(예를 들어, 회귀적인 과정을 적용), 창발된 도형이 다소 나무처럼 보이기 시작한다.

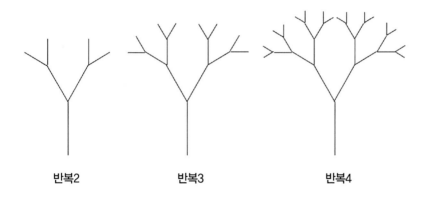

반복2   반복3   반복4

그리고 계속 반복한 후(이 경우 16번), 나무의 모양과 매우 흡사하다.

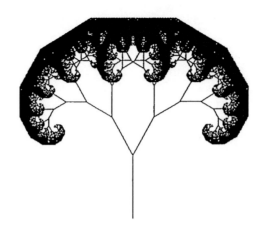

씨 그리고/또는 규칙을 조금만 달리 해도 매우 놀라운 다른 결과가 나온다.[3]

프랙털이 만들어지는 모든 단계는 한층 더 상세하게 이루어지며 이는 곧 놀라운 복잡성을 만들어낼 수 있다. 결과적으로 만들어진 형태는 몇 가지 비범한 성질을 갖는데, 적어도 유클리드 기하학 입장에서 보면 그러하다. 예를 들어 하나의 프랙털은 **척도로부터 자유로운데**[scale independent], 이는 그 울퉁불퉁한 세세한 모습이 아무리 확대하거나 축소해도 그대로 나타난다는 의미이다.[4] 몇몇 프랙털은 또한 **자기 유사성**을 갖는데[self-similar], 이는 위의 나무와 같이 어느 한 부분을 잘 보면 전체와 꼭 같다는 신기한 특성이다. 그 어떤 가지도 적절히 확대하면 전체 나무와 같게 될 것이다. **기괴하고 병적이**라는 형용사를 사용한 이유인 또 다른 특징은 프랙털 도형의 차원이 정수가 아니라는 것이다. 예를 들어 해안선을 그린 모양은 1차원도 2차원도 아닌 그 사이 어딘가에 있다.[5] 고전 수학에 가장 깊이 각인된 구조 중 하나―불

연속적인 차원 – 로부터의 일탈과 분열은 최근 우주의 본성을 상상하는 데 극적인 발전을 촉진시켰다.[6]

　프랙털 기하학은 몇 가지 분야를 보면, 의과학(예를 들어, 뼈의 구조, 순환계, 면역 반응, 뇌 조직, 그리고 신경 연결 등을 묘사하는데), 정보과학(예를 들어, 인터넷 디자인, 자료 압축, 전송 중 잡음 감소 등), 경제학(예를 들어, 시장 동향 제시, 거대 기업 조직의 특성 기술 등), 그리고 지식 사회학(예를 들어, 다른 사상가와 철학 사이의 뒤얽힌 개념적 관계와 서로 미치는 영향에 대해 설명하기) 등 많은 방식으로 적용되어왔다. 적용된 사례는 꾸준히 빠르게 증가하고 또 다양하여, 프랙털 기하학은 '경이로운 수학', '복잡성 수학', 그리고 '자연 기하학' 등으로 불리게 되었다.

　'자연 기하학'이라는 것은 특히 널리 알려진 것으로, 프랙털 기하학 초기에 만들어진 진술에 의해 주로 촉진되었다. **프랙털**이라는 말을 만들어낸 수학자 Benoit Mandelbrôt는 '구름은 구형이 아니고, 산은 원뿔이 아니며, 해안선은 원이 아니고, 나무껍질이 매끈하지 않고, 번개도 직선으로 내리치는 것이 아님'에 주목했다.[7] 이러한 진술을 통해 만델브로는 두 가지 점을 지적했다. 우선 뭔가 의문의 여지가 있게 근대 과학은 자연적 형태를 유클리드 도형으로 묘사하는 경향을 보여주었다. 두 번째로 자연적 형태는 기저에 있는 회귀적인 과정을 포함하여 종종 간단한 모습으로 시작해서 척도로부터 자유롭다든지, 어느 정도 수준의 자기 유사성, 그리고 어느 정도의 예측 불가능성 등 놀라운 복잡성을 띤다는 면에서 프랙털 형태와 유사한 점이 많다. 수많은 연구 분야에서 이러한 이유로 프랙털 기하학을 받아들이게 되었다. 복잡한 현상을 제시하거나 해석하려고 할 때 유클리드 기하학보다 단지 더 잘 맞는다는 이유 때문이다.

교육 연구에서 프랙털 기하학의 가치는 이제 막 제시되기 시작했을 뿐이다. 예를 들어, 기술할 때, 자기 유사성이나 척도로부터 자유롭다든지 하는 것은 개인, 사회 집단, 지식체, 문화, 그리고 사회 등의 각 수준들과 포개진 성질을 이해하는 데 유용하다. 이 책에서 논의한 바와 같이, 서로를 비교하여 이러한 현상들을 해석하려고 하는 고전적인 시도들은 이분법적 사고의 경향(즉, 다름에 초점을 맞추는), 유클리드 기하학과 연계된 종류의 논리와 얽힌 습성 등에 의해 좌절되어왔다.

프랙털 기하학이 복잡성 과학의 기하학이기에 교육 논의에 대해 더 많은 공헌을 하게 된다. 14장과 15장에서 논의하였듯이, 복잡성 과학은 교육자와 교육연구자에게 중요한 해석적 도구와 실천적 도움을 제공하기 시작했다. 특히 선형적 인과관계라는 틀에서 벗어나 학습과 교수행위에 대한 논의를 살펴보는 수단을 제공해왔다.

프랙털 기하학에 대해 더 상세한 논의를 하기 위해 만델브로의 1977년 저작, Gleick의 1987년 저작, 그리고 Stewart의 1998년 저작을 추천한다. 프랙털 기하학과 교육적 주제와의 관련성에 관심이 있는 사람에게는 Doll의 1993년 저작과 David와 Sumara의 2000년 저작을 추천한다.

부록 C:
장별 용어 해설

여기서 해설하는 용어들은 **알파벳 순서**가 아니라 서로 **연관된 정도**에 따라 분류하였다. 실재, 지식, 그리고 학습의 본성을 둘러싼 전제를 공유하고 있는 것끼리, 즉 용어들을 사용하고 만든 세계관에 따라 모아 놓았다. 사용의 편리를 위해 알파벳 순서로 정리된 목록을 먼저 제시하고자 한다.

이탤릭체로 표시된 것은 이 용어 해설에서 정의된 용어를 가리킨다.

내용

간객관성interobjectivity

간주관성intersubjectivity

게슈탈트심리학gestalt

결정론determinism

결합설connectionism

경험주의empiricism

계보학genealogy

공손deference

구조structure

구조결정론structure determinism

구조 접속structural coupling

구조주의structuralism

권력power

규범성normativity

그노시스gnosis

근대 시대modern era

근대주의modernism

근본주의fundamentalism

금지proscription

급진적 구성주의constructivism

기호학semiotics

나는 생각한다, 고로 나는 존재한다cogito

낭만주의romanticism

다윈주의Darwinism

담론/담론체계discourse/discourse system

담론적 실천discursive practice

대륙철학Continental philosophy

대응 이론correspondence theories

데카르트의(근대적) 주체cartesian subject

데카르트주의cartesianism

도제방식apprenticeship

로고센트리즘logocentrism

마르크스주의Marxism

마음mind

마음 충만한 실천mindfulness practice

목적론teleology

문화연구cultural studies

미토스mythos

발생적 인식론genetic epistemology

발현주의enactivism

방법적 회의method of (systematic) doubt

범신론pantheism

복잡성 (과학)complexity (science)

복잡성 주체/행위자/계complex
subject/agent/system

본질주의essentialism

분기bifurcation

분석analysis

분석 과학analytic science

분석 철학analytic philosophy

불러일으키기occasioning

비판이론critical theory

비표상주의non-representationisms

사회적 구성주의constructionism

사회적 구성주의social constructivism

산티아고 인지이론Santiago Theory of Cognition

상대주의relativism

상황 학습situated learning

생득설nativism

생태심리학ecopsychology

생태여성주의ecofeminism

생태영성ecospirituality

생태철학ecosophy

생태학ecology

선험적 관점a priori

신경현상학neurophenomenology

신과학new science
신비학hermeticism
신플라톤주의neoplatonism
실재론realism
실존주의existentialism
실증주의positivism
심리주의mentalism
심층 생태학deep ecology
언어결정론linguistic determinism
언어화languaging
에피스테메episteme
역능 증대empowerment
연금술alchemy
원자론atomism
윤리적 행위ethical action
은유metaphor
이분법적 사고dichotomization
스콜라철학scholasticism
실용주의pragmatism
이상주의idealism
이성reason
이신론理神論deism
인격신론theism
인공두뇌학cybernetics
인공지능artificial intelligence

인본주의humanism
인식론epistemology
인지cognition
인지과학cognitive science
인지이론cognitive theory
인지주의cognitivism
자기산출적인autopoietic
자기조직화self-organizing
자연적 부동natural drift
자연주의naturalism
자율적인autonomous
전체론holism
정보과학information science
정상적인/정상성normal/normality
정신분석psychoanalysis
조건화conditioning
종교religion
주체성subjectivity
지시instruction
진화evolution
차연différance
차이의 체계systems of difference
참여교육학participatory pedagogy
참여적 인식론participatory epistemology
창발emergence

체계이론systems theory

체현embodied/embodiment

촉진하기facilitation

탈근대적 주체postmodern subject

탈근대주의postmodernism

파국이론catastrophe theory

표상주의representationism

프랙털 기하학fractal geometry

합리주의rationalism

해석주의interpretivism

해석학hermeneutics

해체deconstruction

행동주의behaviorism

헤게모니hegemony

현상학phenomenology

형이상학metaphysical/metaphysics

형이하학physical

혼돈이론chaos theory

환원주의reductionism

활동이론activity theory

회귀recursion

회의주의skepticism

후기 구조주의poststructuralism

후험적 관점a posteriori

1장과 2장 · 서양의 세계관: 형이상학 V 형이하학

분기Bifurcation : 우리가 구별하고자 하는 특성들의 역사와 결과를 더 잘 이해하고자 특징의 차이가 왜 만들어졌는가를 판단하는 일. 이러한 판단은 '온건한 중도의 철학'이라고 해도 좋을 것이다. 이 판단은 구별되는 특징들이 공유하는 전제에 유의하도록 한다. 이러한 접근 방식의 주요 산물은 **계보학**이다(즉, 해석하는 습성의 기원과 상호 연결을 추적한다). 예를 들어, 정신과 육체를 쌍으로 대립시키는 것은 정신적 과정은 이상 세계에서 발생하는 것이기 때문에 육체적인 과정을 포함하지 않는다는 고대 시대의 전제에 뿌리를 둔 것으로, 신경생리학, 그리고 다른 **인지 과학** 연구는 이러한 전제를 지지하지 않는다(**이분법적 사고**와 대조를 이룬다).

이분법적 사고*Dichotomization* : 쌍을 이루는 요소들 사이의 다른 점을 명확히 하는데 초점을 맞춰 특정의 차이를 만드는 방식으로, 이러한 과정을 통해 해결되지 않는 긴장된 의미들을 촉발할 수 있다. 예를 들어, 누구나 잘 알고 있는 정신 대 육체, 나와 타자의 이분법 등이 근본적인 이분법으로, 시사하는 바가 많다.

최소한 아리스토텔레스 이후 많은 학문적 사고는 이분법적 사고에 경도되어 왔으며, 그 중요한 산물은 분류학(즉, 종·인종이나 쟁점들 사이를 별 문제없이 구분하는 특징들을 밝히는 분류체계)이다. 실로 학문적 연구에서 특권적 양식인 형식적 논쟁은 진리에 대한 무의미한 반대 주장을 중심으로 차이점들을 명확히 하는 것에 노골적으로 초점을 맞춘다(특징을 구별하는 대안적 관점으로 **분기**를 보라).

인식론*Epistemology* : 앎과 지식에 관한 연구에 대한 논의(그리스어 *episteme*에서 온 것이다 – 아래를 보라).

형이상학*Metaphysical/metaphysics* : 널리 사용되는 전문용어 중에서 형식적인 **논거**를 신봉하는 **분석 철학**에서부터(즉, **합리주의**) 설명 원리의 원천으로 초자연을 선호하여 형식적 논의를 명시적으로 거부하는 것까지 망라하기 때문에 겉으로 보기에는 모순된 의미를 함께 가지고 있는 용어이다. 진리는 이상적이고 형태가 없으며, 타락하고 오류를 범하는 육체를 가진 피조물인 우리는 우리의 육체를 거부하고, 깊게 의심하거나 무시해야 진리에 도달할 수 있다는 신념에 뿌리를 둔 것이라는 점에서 두 관점은 모순되지 않는다.

형이하학*Physical* : 신체 또는 물질적인 것에 관한 것이다. 서양의 **형이상학적** 전통에서 형이하학은 정신 또는 영혼과 구분이 되지만, 이러한 **이분법**은 10장에서부터 16장까지 논의된 이론적이고 철학적인 흐름을 통해 제거된다. 이 책에서 수식어로서 **형이하학**은 창발과 존재에 대한 물음을 풀어나가기 위해, 이상 세계와 초자연성 개념에 의존하지 않는 담론들을 가리키는 데 사용되었다. 이러한 용법은 고대 아리스토텔레스 이전에 이 용어가 사용된 방식과 일치한다. 형이하학은 '성장, 자연'이라는 의미의 그리스어 *physis*, 영어 부정사 *to be*의 어원이기도 한 '산출하다*to bring forth*'는 의미를 가진, 같은 어족의 *phyein*에서 온 것이다.

3장 · 형이상학 : 그노시스 V 에피스테메

에피스테메*episteme* : 일상의 실용적이 노하우. 영적인 의미 및 신성한 진리의 문제와 더 관련된 **그노시스**와 상보적인 것으로, 에피스테메는 당면한 실용적인 것에 초점을 맞춘다. 그노시스와 달리, 지식의 한 범주로서 에피스테메는 실제 관찰된 것과 맞아떨어져야 한다. 그노시스는 시초를 되돌아보면서 거대한 질문을 던지는 반면, 에피스테메는 현재의 세세한 상황 속에서 작동하는 것에 더 관계된다.

그노시스*gnosis* : **그노시스와 에피스테메**는 한때 둘 다 필수적인 지식의 범주로, 상보적인 특징을 가진 것으로 보았다. 비교적 최근까지, 그노시스는 존재의 궁극적이고 보편적인 모습이라고 생각되는 것을 다루기 때문에 일차적인 것으로 보았다. 그노시스는 삶의 근원, 문화의 기본 그리고 인간 정신의 가장 깊은 수준을 되돌아본다. 즉, 그노시스는 실용적인 문제가 아닌 의미와 관계된 것이다.

4장 ~ 6장 · 그노시스 : 신비주의 V 종교

연금술*Alchemy* : 모든 사물의 상호 연결을 강조하는 **신비학**의 변종. 연금술은 비금속을 귀금속으로 변형하고자 하는 몇몇 연금술사들의 노력으로 가장 잘 알려져 있지만, 속된 인간을 고차원적인 영적 존재로 바꾸고자 하는 **신비주의** 전통으로 이해하는 것이 더 적절하다.

결정론*Determinism* : 우연은 없다는 사고방식. 발생하는 모든 것은 (20세기 전 과학에서 전제한 바와 같이) 이미 발생한 것에 의해 만들어진 (신비주의와 종교적 전통에서 단정한) 더 높은 힘이나 질서에 의해 완전히 미리 정해진다.

근본주의*Fundamentalism* : **합리주의**나 **근대주의** 정서를 받아들여(또는 최소한 합리주의의 외관을 빌려 – 왜냐하면 근본주의는 실존의 법칙이 이미 신성하게 드러나 있어 이성적으로 의문을 가질 필요가 없다는 전제하에 작동하는 경향이기 때문에) 과거의 어떤 신조나 실천을 선택적으로 만회함으로써 고착된 **종교적** 정체성을 강화하려는 노력. 대부분 (서로 다른 근본주의 흐름에 따라 특징적인 강박관념이 다르다 하더라도 대부분의 주요 종교들에서) 근본주의들은 정교분리 정책이나 경제적 또는 군사적 침탈, 그리고 (특히 공학의 발달에 따라 촉진되고 가능해진)

급속한 문화적 변화 등의 위기에 대응하기 위해 등장했다.

신비학^{Hermeticism} : 다양한 영향과 전통을 받아들이는 **신비주의**의 한 줄기. 신비학은 사람들과 인류의 위대한 업적은 신의 창조적이고 변화시키고자 하는 개입에 의해 단일체 상태로 되돌아 갈 것이라고 믿는다.

신비주의^{Mysticism} : 실재는 인간의 능력으로 설명할 수 없다는 신념을 중심으로 만들어진 세계관을 말하는 포괄적 용어. 지식(**그노시스**)은 우주 안에 존재하며 본능적 직관으로 알 수 있다. 신비주의는(**종교**와 대조적으로) **인격신론**보다는 **범신론**을 주장하는 경향이다.

미토스^{Mythos} : 사회 또는 문화의 특징이면서 인간들이 서로 간에, 그리고 인간 아닌 세상과 어떻게 상호작용해야 하는지를 방향 짓는 믿음, 가치, 태도 등을 포함하는 (**그노시스**) 지식의 복합체.

신플라톤주의^{Neoplatonism} : **신비주의** 철학 전통의 하나로, 원래 플라톤의 형이상학에서 온 것이다. 3개의 핵심 교의로 : (a) 정신과 육체의 이분법, (b) 감각적 지각에 대한 회의 (c) 속된 경험을 초월하기 위한 방법으로 금욕적 삶을 신봉한다. 신플라톤주의는 근대 서구 사회에서 **신비주의**와 **종교적** 신념체계 모두에 중요한 영향을 미친 것 중의 하나다.

범신론^{Pantheism} : 자연과 초자연을 동일시한다. 자연이 신에 의해 창조 또는 통제된다고 보는 대신, 신성이 자연 세상에 불어 넣어진 것으로 이해한다(**이신론, 인격신론**과 대조된다).

종교^{Religion} : 보통 **인격신론**으로, 제도화된 신앙 체계. 종교는 신성한 지식이 전능한 신에 의해 계시된다고 보는 입장을 중심으로 발전하는 경향이 있다. 인간은 이러한 계시에 따라 삶을 살아야 할 의무가 있다. 종교적 신화와 서사들은 보통 어떤 계시를 필요로 하는 이분법적 관점에서 구성된다. (예를 들어 빛으로부터 어둠의 분리, 죽음으로부터 신성, 자연으로부터 인간 등) 창조 설화를 포함하며, 구속 설화를 동반하는 것이 전형적이다.

목적론*Teleology* : 모든 사물은 궁극적인 의도가 있거나 궁극적인 목적에 따라야 한다는 전제에 기반을 두고 어떤 현상을 설명한다.

인격신론*Theism* : 신은 초자연적 존재로 세상의 모든 일에 적극적으로 관여한다는 믿음(**이신론**과 대비된다).

---

7 ~ 9장 · 에피스테메 : 합리주의 V 경험주의

분석*Analysis* : 연구를 위해 하나의 사건, 지식에 관한 어떤 주장, 물질적 대상 등이 될 수 있는 하나의 단위체를, 구성하고 있는 부분들로 나누는 것. 이 용어는 분해한다는 뜻의 그리스어 *analusis*에서 온 것이다(**분석 철학, 분석 과학**, 그리고 **환원주의**를 보라).

분석 철학*Analytic Philosophy* : **분석**이라는 관점에서 구성된 형식적 논의로 연구하는 방법으로, 진리에 대한 주장을 그 기초가 되는 전제까지 논리적으로 환원한다. 분석 철학은 **합리주의**와 연결된다.

분석 과학*Analytic Science* : 지식을 만들고 검증하는 연구 방법으로, 모든 현상은 궁극적으로 기본 입자와 기초 법칙으로 환원될 수 있는 논리적 또는 인과적 관계로 이해할 수 있다고 극단적으로 전제한다. 분석 과학은 **경험주의**와 연결된다. 분석 과학에 대해 정말로 완전히 이해하기 위해

서는 **분석**과 **과학**이 사물들을 분리된 것으로 다룬다는 것을 알아야 한
다(*Science*는 **가위***scissors*, **끌***chisel*, 그리고 **앞니***incisor*와 같은 어원에서 왔다.
*analysis*를 *analytic*의 어원으로 보라). 더 일반적으로, 분석 과학은 과학
연구의 몇 가지 관점 중 하나인데, 특히 기계론적 사건에 잘 들어맞는
다(**복잡성 과학**과 비교하라).

후험적 관점*a posteriori* : 논의의 귀납적 양식으로, 관찰된 사건들로부터 결론이
유도된다. **경험주의**와 연결되는 양식이다(문자 그대로 *a posteriori*는
'후자로 부터'를 의미한다. **선험적 관점**과 비교하라).

선험적 관점*a priori* : 논의의 연역적 양식으로, 자명한 공리로부터 결론이 유
도된다. **합리주의**와 연결되는 양식이다(문자 그대로 *a priori*는 '전자로
부터'를 의미한다. **후험적 관점**과 비교하라).

원자론*Atomism* : **환원주의**를 보라.

행동주의*Behaviorism* : (a) **경험주의**적 관점(특히 **실증주의**)에서, 그리고 (b) **데카
르트의 주체**를 전제로 하여 학습에 대해 연구하는 접근 방법. 그 결과,
학습을 경험에 의해 일어나는 관찰 가능한 행동의 변화로 보는데, 나
아가 행동과 보상 구조, 의미의 연쇄(망이 아닌) 등, 인과관계가 성립
한다고 전제한 것에 주목하도록 촉구한다. 특히, 행동주의는 정신적
과정과 정신적 대상을 부정하지 않는다(사실 이 이론은 두뇌의 자극 -
반응 체계를 전제로 한 것이다). 요점은 단지 정당한 연구(경험주의를
지향하는)는 관찰 가능한 현상에 초점이 맞추어져야 한다는 것이다
(**조건화**를 보라).

데카르트의(근대적) 주체*Cartesian Subject* : 실제 세계와 분리되고 서로 격리되었

으며, 물리적인 육체의 덫에 갇힌 앎의 주체인 인간 정신이라는 실체 개념. 데카르트 주체 개념은 일반적으로 정신/물체, 마음/신체, 사고/행동, 내부/외부, 개인/집단, 자아/타자, 아는 자/지식, 주체/객체, 관찰자/관찰된 것, 사실/허구 등 이분법적 분리와 관계된다(**탈근대적 주체**와 **복잡성 주체**와 비교하라).

데카르트주의*Cartesianism* : 대략 **근대주의**와 동의어지만, 문화적으로 폭넓고 보다 점진적으로 확산되었다기보다는, 집단적 정서에서 일어난 변화를 개인들(이 경우, 17세기 수학자이면서 철학자인 데카르트)에게 돌린 서양에서의 흐름을 강하게 반영한 것이다.

나는 생각한다, 나는 존재한다*cogito*. : 데카르트의 어구인 *cogito ergo sum*의 약자로(보통, 약간 부적절하게 '나는 생각한다, 고로 나는 존재한다.'로 번역하지만, 덜 인과적인 용어인 '나는 생각한다, 나는 존재한다.'는 구문이 더 적절하다), *cogito*는 자명한 공리로부터 모든 진리를 유도하고자 하는 **합리주의**의 의도를 말한다.

인지이론*Cognitive theory* : **심리주의**를 보라(이 용어는 **인지과학**과 혼동하면 안된다).

인지주의*Cognitivism* : (계산주의*computationalism*로 알려지기도 함) '컴퓨터로서의 뇌'라는 은유를 중심으로 발달한 **심리주의**의 한 줄기. 따라서 입력, 처리, 저장, 출력 등의 개념에 관심을 갖는다. (데카르트가 말한) 형식적인 공리 또는 (대중적인 말투에서 보이는 개념과 같이) 세상에 대한 몇 가지 종류의 이미지나 언어 모형과는 반대로, 보통 내적인 표상을 정보의 이진 코드라는 관점에서 이해한다.

조건화*Conditioning* : 학습에 관한 **행동주의** 관점에서 (논리적으로) 만들어진 교수행위 모형. 심리학적으로 말해, 조건화(또는 훈련)는 특정 자극이나 상황으로 학습자의 반응을 바꾸고자 하는 과정이다.

대응 이론*Correspondence theories* : 단어들이 실제 세계의 물체나 사건과 대응하기 때문에 의미 있다고 주장하는 언어에 대한 설명(**구조주의** 및 **차이의 체계**와 대조를 이룬다).

이신론*理神論 Deism* : 보통 신(또는 **유일신**)이라고 하는 초자연적 실체가 우주를 창조하였고 주원인 이지만, 더 이상 관여는 하지 않는다고 보는 믿음. 우주는 초자연적이고 형이상학적인 기원을 갖지만, 창조되는 그 순간에 설정된 자연적이고 물리적인 법칙에 따라 창조의 순간 이래로 우주는 전개되어왔다는 제안이다.

경험주의*Empiricism* : 근대주의의 중요한 두 관점 중 하나이다(**합리주의**와 비교하라). 진리에 관한 어떤 주장도 객관적이고 반복 가능한 경험으로 제시될 수 있어야 한다고 단언한다. 경험주의는 모든 과학이 **분석 과학**이라는 전제에 뿌리를 두고 있다. 몇 가지 면에서 합리주의와 대조를 이루는데, 자명한 공리의 논리적 짜임으로부터 현상을 설명하고자 하는 것과 반대로, 현상의 관찰로부터 기초적인 원리와 기본적인 법칙을 이끌어내고자 한다. 그러나 둘 다 **이성**의 힘에 대한 무조건적인 믿음을 공유한다(**후험적 관점**을 보라).

본질주의*Essentialism* : 인간의 정체성은 언어, 문화, 그리고 경험 이전에 미리 존재한다는 믿음(이 용어는 또한 물리적인 대상들도 그들의 물질적인 속성과 구별될 수 있는 본질을 갖고 있다는 고대 그리스 철학으로부터 유래한 교의를 일컫는 데 사용된다. 예를 들어, 개가 개인 것은 개임 dogness이라는 본질을 갖고 있기 때문이다). 본질주의는 우주는 진화하는 것이 아니라 언제나 원래대로라는 전제에 뿌리를 두고 있다.

인본주의Humanism : 철학적으로 말해, 신이나 초자연적인 개념에 의존하지 않고 진리를 개발하거나 정의하고자 하는 관점이다. 인본주의는 진리는 자연에 존재하는 것이 아니라, 인간이 만든 것이라고 주장한다. 인본주의의보다 극단적인 변형은 인간이 우주를 완벽하게 이해할 개념적 수단을 갖고 있다고 믿는다(**인격신론**과 대조된다).

이상주의Idealism : 플라톤에 의해 조리 있게 표명된 교의/믿음으로 생각이나 마음만이 실재하는 것이고 외부의 대상들은 단지 생각이 구성한 것으로 본다(**본질주의**를 보라. **실재론**과 비교하고, 두 관점이 어떻게 외부와 내부의 근본적인 분리에 의존하는지에 유의하라. 또한 고대 그리스 철학과 함께 등장한 **이상주의**가 어떻게 **합리주의자**들의 연구와 보조를 같이 하는지 유의하라).

지시Instruction : 학습과 인지에 관한 **심리주의자**의 관점으로부터 (논리적으로) 만들어진 교수행위 모형. 최근 모든 사전에서 강조하려고 하듯이, **지시**는 질서와 방향을 제시하는 것과 연결된다(밑에 깔린, 선형에 기반을 둔 전제에 유념하라). **지시**가 이제는 컴퓨터가 특별한 기능을 수행하도록 이끌어가는 코드화된 명령을 가리키는 데 사용된다는 것에 주목하는 것도 재미있는데, 이는 뇌와 컴퓨터가 유사하다는 **인지주의** 전제에 의거한 확장된 의미이다(따라서 학습자를 지시하듯이 컴퓨터를 지시할 것이고, 그 역도 성립한다).

로고센트리즘*Logocentrism* : (말하던지 쓰던지) 단어가 존재함, 본질 또는 실재를 재현할 수 있고, 이것이 인간의 모든 생각, 언어, 그리고 경험의 기반으로 작용할 것이라는 근대주의의 믿음. 로고센트리즘은 언어의 **대응이론**을 가정한다.

심리주의*Mentalism* : 일단 **데카르트의 주체**를 전제로 하고, **행동주의**와 대조적으로 학습자의 외적인 행동보다는 내부의 정신적 과정과 구조에 초점을 맞춘 학습에 관한 연구 관점. 이러한 틀에서 학습은 외부의 실재를 재현하고 내부의 모형을 조합하는 과정이다. 개인적인 지식과 이해는 독립되어 있고, 객관적이며 접근 불가능하다고 전제된 외부 실재와 대응한다는 관점에서 이해되고 측정된다(**인지이론**이라고 하기도 한다. **인지주의**와 **지시**도 보라).

방법적 회의*Method of (systematic) doubt* : 데카르트의 연구 신조로, 이를 통해 그는 의심의 이유가 조금이라도 있는 어떤 믿음이나 주장도 폐기되어야 한다고 주장하였다(이러한 절대적인 확신의 필요와 진리를 주장하기 위한 **실용주의**적 범주를 비교하라).

근대 시대*Modern Era* : 산업혁명, 자본주의와 도시화와 민주주의, 그리고 과학혁명의 발흥과 같은 문화적 사건과 함께 17세기경 시작된 서구 문명의 시기. 이 시기는 계속되고 있고, **근대**가 새로움과 현재성을 말하는 것이기에 말 그대로 라면 결코 끝나지 않을 것이다(**근대주의**를 보라).

근대주의*Modernism* : **인식론적**으로 말해 지식과 지식 창출에 대한 근대주의적 관점은 실제로는 **형이상학** 연구에서 의심할 여지없는 믿음이다. 근대주의적 관점은 진리는 외부에 있고(우리 감각의 오류 가능성으로 우리가 직접 접근할 수 없을지라도), 주의 깊게 **추론**과 경험을 쌓아가면서 진리에 도달할 수 있으며(**분석 과학**을 보라), 점차적으로 우주의 완전하고 총체적인 지식으로 진보한다는 점 등이 핵심적 전제이다. 근대주의에 대한 주목할 만한 비판 중에는 과정의 선형성이라는 전제, 전반적인 (주가 되는master) 서술들로 나아가는 경향, 다른 인식론적 관점과 세계관의 배제, 그리고 '우리가 무엇을 해야 하는가?'라는 지혜를 지향하는 질문보다는 '우리가 무엇을 할 수 있을까?'라는 지식을 구하는 질문을 고수함으로써 생기는 맹점 등이 있다(**탈근대주의**와 비교하라).

근대적 관점은 두 개의 주요 범주로 나뉘는데, 내적이고 추상적인 것을 지향하는 **합리주의**와 외적이고 물질적인 것을 더 지향하는 **경험주의**가 있다. 여기서 정 반대되는 점은 단지 표면적이다. 진리의 일반적 구조에 대해 **합리주의**와 **경험주의**는 같은 전제를 공유한다.

생득설*Nativism* : 각 두뇌 또는 마음은(이 두 용어는 서로 바꾸어 사용할 수 있다) 경험적으로 변하지 않는 타고난 특별한 구조를 갖고 있다는 관점. 이 전제는 인성 유형, 학습하는 방식, 그리고 다중지능이론 등에 관한 현시대의 믿음들을 뒷받침하고 있다.

정상적인/정상성*Normal/Normality* : 근대주의의 틀에서 **정상**은 통계적 측정에 의해 가장 잘 이해된다. 어떤 것이 평균의 1 또는 2 표준편차 내에 있으면 정상이다(**규범성**과 비교하라).

실증주의*Positivism* : 진리에 대한 모든 주장은 관찰 가능하고, 측정 가능하며, 반복 가능한 현상에 기초해야 한다고 강변하는 **분석 과학**의 흐름. **실증주의**라는 용어는 과학은 실증적인 지식의 생산에 초점을 맞추어야 한다는 주장에서 유래하였다. 즉, 진리는 부정과 모순율에 기초해야 한다는 주장(**회의론** 전통이나 데카르트의 **방법적 회의**를 통해 만들어지는 것과 같은)에 반대하여 진리를 확정하는 통찰은 검증 가능해야 한다는 것이다.

합리주의*Rationalism* : 고대 그리스 철학의 **이상주의** 학파에 기원을 두는 **근대주의** 입장(**경험주의**와 비교하라)의 두 중요한 관점 중 하나이다. 둘 다 **이성**에 대한 여지없는 믿음을 갖고 있다. 합리주의의 경우, 신뢰할 수 있는 지식에 도달하는 길은 원리에서 시작하여 물질적 세계로 나아가는 것이라고 전제한다. 실제로, 자명한 공리와 그 결과들은 모든 지식과 도덕, 행위 등의 기초를 형성한다(**선험적 관점**을 보라).

실재론*Realism* : 한마디로 '진리는 밖에 있다.'는 보편적 진리는 마음과 독립하여 존재한다는 신조/믿음. 우리가 실제로 진리를 알게 되는지는 완전 별개의 문제이다(**관념론**과 비교하여, 두 관점이 어떻게 내부와 외부의 근본적인 분리에 의존하는지 유의하라. 또한 고대 그리스 철학과 함께 유래한 **실재론**이 어떻게 **경험주의** 연구와 서로 통하는지 유의하라).

이성*Reason* : **합리주의**와 같은 어원에서 유래한 것으로, 이성은 형식적인 논리적 논의를 말한다. 진리를 추론하고 정당화하는 이러한 방식의 서구적 특권은 역사적으로 최소한 고대 그리스까지 거슬러 올라간다. 이성이 형식적인 수학과 가장 공통적인 관계가 있다하더라도(에를 들어, 데카르트는 유클리드 기하학을 그의 모형으로 삼았다), 학문과 문해능력의 경우 형식적 이성 능력을 더 요구하고 무엇보다 우선시한다.

환원주의*Reductionism* : **근대** 계몽주의 사고방식에서, 모든 현상과 모든 진리 주장은 근본적인 입자, 기초적인 법칙, 원초적인 가정, 그리고 본질적인 원인으로 환원될 수 있다는 관점. 예를 들어, 어떤 환원주의적 경제 이론은 경제적 사건을 개인의 행위라는 관점에서 철저히 설명할 수 있으며, 나아가 그들을 구성하고 있는 부분들 등으로 철저히 설명할 수 있다고 주장할 것이다(**원자론**으로도 알려져 있다).

표상주의*Representationism* : 학습과 사고는 내적인 모형의 조합/외적인 실재의 재현이라는 문제로 보는 인지이론들(두 개의 주요 흐름이 **행동주의**와 **심리주의** 관점이다. 둘 다 **데카르트의 주체** 가설에 의존한다).

스콜라철학*Scholasticism* : 아리스토텔레스 철학, **신플라톤주의 신비주의**, 그리고 중세 기독교 신학의 개념적 혼합. 스콜라 철학은 중세 시대 기독교 신학과 서구 철학의 흐름에서 지배적인 사상적 학문이었으며, 베이컨과 데카르트 시대의 이론적이고 철학적인 흐름에 지대한 공헌을 하였다.

회의론*Skepticism* : (기원전 4세기에서 시작된) 고대 철학 교의의 하나로 객관적 또는 절대적인 개념과 철학에 의문을 제기한다. 첫 번째 회의 철학자는 인간의 지식은 특정 환경에 의존한다고 주장했다(그래서 회의론은 때때로 부적절하게 **상대주의**와 연관된다). 회의론자들은 진리 주장의 적합성에 접근하기 위한 수단으로 **방법적 회의**를 옹호한다.

10장 · 형이하학 : 간주관성 V 간객관성

다윈주의*Darwinism* : 시간이 지남에 따라 형태가 변하고(종, 의미, 그리고 습관 등의 진화를 포함하여) 다양성과 복잡성이 증가한다는(예를 들어, 생

태계, 사회적 집단 또는 문화에서) 다윈이 제기한 기작. 인식론적으로 다위니즘의 등장은 근대주의적 믿음, 특히 우주는 미리 주어진 것이고 변치 않는다고 가정한 **본질주의**에 심각한 균열을 촉발하였다.

다원적인 또는 진화적인 과정이 종종 방향성이 있다고 전제되어도(예를 들어, 낮은 것, 간단한 것 또는 나쁜 것에서 높은 것, 더 복잡한 것 또는 더 좋은 것으로), 다윈의 이론은 방향을 제시하지 않았고, 단지 변형과 다양화의 기작이라는 점을 유의하는 것이 중요하다(최근 다위니즘을 더 다듬은 **자연적 부동**을 보라).

간객관성*Interobjectivity* : 현상과 현상에 대한 지식 간의 상호 영향을 주는 관계를 강조한 지식에 대한 관점. 간객관적 관점에서 세상에 대한 지식은 인자들의 행위 안에서, 그리고 세상과의 상호작용 안에서 만들어진다. 지식은 상호작용 안에 존재하는 것으로 본다. 즉, 우주 안에서 끊임없이 펼쳐지는 안무를 통해 구현되고 발현된다(**간주관성**과 대조를 이룬다).

해석주의*Interpretivism* : 데카르트가 (그의 관점에서, 우리들의 제한되고 지각적으로 타락한 판단 밖에 있는) 존재와 실존의 문제가 아닌, 우리가 어떻게 알게 되는지에 대한 합리적인 문제에 시간을 써야 한다는 주장으로 철학에서 '인식론적 전환'을 촉발했다고 한다. 대조적으로 많은 20세기 담론들은 - 특히 이 용어 해설에서 다루고 있는 것들 - 철학에서 '해석학적 전환'에 해당하는 부분으로 묘사되는데, 이는 합리적 사고를 포함하지만 또한 넘어서기도 하는 방법을 통해 실재의 구성이라는 문제로 초점을 옮긴 것이다. 특히 데카르트/분석 철학에서 무시되었을 뿐인 무의식적인 인지 과정과 함께 **은유**, 환유의 역할, 그리고 다른 비유 방식들을 해석적 관점으로 진지하게 다룬다.

언어에 영향을 받는 실재들에 초점을 맞추면서, 이 담론의 범주는 인간의 관심과 행위의 영역에 초점을 맞춘다(**참여적 인식론**과 대조를 이룬다).

간주관성*Intersubjectivity* : 간단히 말해 모든 인간의 지식은 - 보통 암묵적이고 언어에 이미 성립된 의미에 의해 늘 가능하기도 하고 제약되기도 하는 - 사회적 동의의 문제라는 개념(**해석주의**를 보라. **간객관성**과 대조된다).

참여적 인식론*Participatory epistemology* : 세상 속에서, 그리고 세상과 함께하는 학습자의 역할을 강조하는 지식에 관한 이론. 참여적 인식론은 살아 있든 죽었든 세상의 모든 모습은 지식의 모든 모습에 함축되어 있다는 주장에 뿌리를 두고 있다(**간객관성**을 보라).

11장 ～ 13장 · 간주관성 : 구조주의 V 후기 구조주의

활동이론*Activity theory* : 비고츠키의 연구와 그의 제자(특히 A.N. Leont'ev and A.R. Luria)에 뿌리를 둔 **사회적 구성주의이론**. **행동주의**와 **심리주의**를 포함한 많은 심리학 이론의 개인에 맞춘 초점을 거부하고, 활동이론은 일상생활에서 인공물들의 역할을 강조한다. '마음'은 목적 지향적이고, 인공물에 의해 중개되고, 인간과 그들의 물리적 장치들 간에 문화적으로 구성되는 상호작용 등의 관점에서 비로소 이해될 수 있다. 활동이론은 행위자, 인공물의 체계(예를 들어, 도구, 언어, 신호), 그리고 다른 개인들을 동시에 연구할 것을 요구한다. 왜냐하면 이러

한 형태들이 서로 묶여, 상호 간에 특징을 만드는 과정을 계속하기 때문이다.

도제방식*Apprenticeship* : **상황학습** 이론가들에 의해 만들어진 교수행위 개념. 학교에서의 실천을 해석하고 만들기 위한 **은유**로 몇몇 교육 연구자들에 의해 선정된 개념(예를 들어, 과학을 학습하는 초등학교 학생은 멘토나 모델로 활동하게 되는 전문가인 교사에 의해 과학 분야에 초청된 도제 과학자이다).

사회적 구성주의*Constructionism* : (*social constructivism*이라고도 한다) 집단적 지식이 개인들의 협력적 행위를 통해 만들어지는 방법과 나아가 어떻게 그 지식이 그 개인들의 활동, 이해, 그리고 정체성을 구성하기 위해 작동하는지에 대해 관심 있는 일군의 이론들. 이와 같이 학습은 주로 사회화와 문화화의 관점, 즉 **구체적**으로 형성된 집단적인 정서라는 관점에서 본다. 사회적 구성주의 사이에서 다양한 이념들이 나타나는 경향을 보이는데, **맑시즘**을 포함하여 탈식민주의, 급진적 여성주의, 그리고 덜 정치적으로 지향된 해석적 관점과 부합하는 다른 비판적 관점들이 있다.

급진적 구성주의*Constructivism* : 보통 피아제의 연구에서 온 것으로, (적지 않은) 급진적 구성주의 담론들은 개인의 개념적 발달을 생물학적 발달의 **은유**라는 관점에서 이해하려고 노력한다고 그 특징을 말할 수 있다. 이와 같이 개념은 세상에 대한 개인의 신체적 개입에 뿌리를 두고 진화한다. 학습을 학습자가 새로운 경험을 그의 이해체계로 합일화incorporate하기 위해 해석과 경험을 끊임없이 적응시키는 유기적인 과정으로 본다(**촉진하기**를 보라).

대륙철학*Continental philosophy* : **현상학**, **구조주의**, 그리고 **후기 구조주의** 등을 포함
하여 20세기 동안 유럽에서 지배적으로 일어난 철학적 담론을 일컫는
포괄적 용어.

비판이론*Critical theory* : 19세기 후반 비판적 **해석학**에 뿌리를 둔 **사회적 구성주
의**의 한 줄기. 이 장에서 언급한 몇 가지 담론들(특히 **맑시즘** 등)로 제
시되었는데, 비판적 이론은 특정 지식 영역과 문화적 실천에서 현저하
게 보이는 권력의 **은유**에 초점을 맞추는 경향이 있다. 대부분의 경우,
권력은 의식적이거나 계획적인 수준에서 작동하지 않고, 특히 근대적
교육과정에서 나타나는 것과 같이, 여러 해석 체계에 암묵적으로 새겨
져 있는 경향이 있다(**역능 증대**를 보라).

문화연구*Cultural studies* : 동시대의 문헌과 문화적 실천을 논의하기 위한 다양한
노력들을 말할 때 사용되는 포괄적 용어. 문화연구는 인류학, 사회학,
성 연구, 여성주의, 문예 비평, 역사, 그리고 이 장에서 언급한 모든 담
론들로부터 이루어지는 것이다.

해체*Deconstruction* : **구조**와 그러한 구조를 인식할 수 있는지 또는 인식할 수 없는
지에 따라 의미가 어떻게 언제나 제약되는 지를 새롭게 이해하기 위해,
평소에는 인식되지 않는 언어, 이미지, 생각, 그리고 실천의 모습들을
연구하기 위한 해석적 실천. 이는 언제나 정교한(vs. **환원적**) 과정으로,
배제되고, 감춰지거나 아니면 말해지지 않거나 말할 수 없는 것을 드
러내고자 하는 것이다.

공손*Deference* : 주체/객체를 특히 주의 깊게 고려해볼 때 만들어지는 필연적인

무지를 강조하는 개념. 이러한 생각은 **탈근대주의** 담론이 총체적 이해라는 **근대주의**적 요청에 도전함으로써 부각된 것이다. 탈근대주의는 완전한 지식은 얻을 수 없다고 주장하는데, 왜냐하면 진리에 대한 모든 주장은 부분적이기 때문이다('불완전'하기도 하고 '편견'이기도 하다는 의미에서). **정신분석학**이 억압된 충동에 초점을 맞추고, **비판이론**이 권력을 우려하는 것을 포함하여, 몇몇 담론들은 부분성의 다른 기작을 제시한다.

차연*Différance* : **차이의 체계**에서 의미가 발생한다는 **구조주의** 개념과 **후기 구조주의 공손** 개념을 모두 받아들여 데리다가 만든 개념.

담론/담론체계*Discourse/Discourse system* : 학교 교육, 성, 인종, 그리고 성성과 같은 문제들을 중심으로 무엇을 말할 수 있고 생각할 수 있으며, 할 수 있는지를 조직하고 제한하는 언어사용(그리고 언어사용과 관계된 행위들)의 통일되고 구조화된 영역. 담론은 늘 다른 담론과의 관계나 대항 속에서 기능한다. 각 담론들은 의미 또는 진실 여부의 생산을 다스리는 그 자체의 분명한 규칙 또는 절차의 묶음을 갖고 있다.

담론적 실천*Discursive practice* : **담론체계**를 창조하는 기능을 하는 언어와 관련된 말하기 또는 실천의 특별한 사용(예를 들어, 아이에게 분홍색 또는 청색의 옷을 입히는 것은 성에 관한 담론적 실천이다).

역능 증대*Empowerment* : **비판이론**이 제기한 교수행위 개념. 특권적인 학문과 교육 구조에 새겨진 **헤게모니와 권력**에 대한 염려로부터, **사회적 구성주의** 관점을 지향하는 교사가 학습자에게 학습자의 사회 참여를 제한하거나 가능하게 하는 구조에 대해 주의를 환기한다. 바라는 것은 그러한 구조를 알게 되면, 학습자가 억압적인 상황을 변화시키는 데 참여하도록 역능이 증가하리라는 것이다.

진화^{Evolution} : **다위니즘**을 보라(**자연적 부동**도 보시오).

실존주의^{Existentialism} : 존재를 이해하는 데 지각(경험주의의 기초)도 논리적 사고(합리주의의 기초)도 적절치 않다는 주장에 기반을 둔 철학. 오히려 실존주의는 존재의 이해는 삶을 통해서만 가능하다는 것인데, 실존주의 용어로 말하면, 존재한다는 것은 해석과 재해석의 무자비한 과정이다.

촉진하기^{Facilitation} : **급진적 구성주의**에 의해 제기된 교수행위 개념. 교사는 학습자가 그 어떤 것을 학습하도록 하는 원인이 될 수 없고, 학습자가 만든 것을 이해하기 위해 노력하고, 학습자의 이해에 섭동을 일으키고, 학습자에게 만들어진 섭동의 의미를 이해하는데, 이러한 교수행위를 순환적인 촉진 과정으로 본다.

계보학^{Genealogy} : **담론**이 그 연구에 유용한 대상, 실천 또는 주체(**주체성**)를 구성하는 방법을 비판적으로 알아보기 위한 해석 행위.

발생적 인식론^{Genetic epistemology} : 개인의 이해가 어떻게 발달하는지에 관해 피아제가 사용한 용어. 피아제는 개인이 자신의 경험에 적응시키기 위해 자신의 이해를 계속적으로 고쳐나가는 과정을 기술하기 위해 생물학적이고 진화적인 개념을 끌어다 사용하였다.

게슈탈트심리학^{Gestalt} : 신체적인 자극을 그대로 해석한다는 것에 반대하여, 지각은 추상적인 인지적 성취로 재해석된다고 보는 20세기 초 심리학에서 나온 이론을 지칭하기 위해 사용된 용어. 게슈탈트 심리학 이론가들은 지각의 대상은 감각에 직접적으로 주어지지 않는다고 주장한다. 오히려 대상은 방대한 감각적 가능성의 바다에서 찾아져야만 하는 것이다.

헤게모니*Hegemony* : 다른 사람들에 대한 생각과 실천의 우위. 헤게모니는 정치적, 이데올로기적, **담론적**, 그리고 묘사하는 방법을 통해 얻어진다(예를 들어, 가부장제는 특별히 연결된 담론적 실천과 함께하는 헤게모니 **담론**이다).

해석학*Hermeneutics* : '우리가 믿는 것이 무엇인가?'와 '우리는 어떻게 해서 그렇게 생각하게 되었는가?'라는 두 가지 얽힌 물음을 풀어나가고자 하는 연구 양식. 해석학은 지금 하고 있는 이해와 실천의 **계보학**을 추적해 나가고자 한다.

전체론*Holism* : **원자론**과 **분석 과학**에 대한 특별한 응답으로 (하나의 분야나 흐름에 반대하여) 발생한 정서. 전체론자들은 대상과 실체를 기능적 총체로 이해하려고 노력한다. 말하자면, 부분들의 합 이상으로 보고자 한다.

언어결정론*Linguistic determinism* : 언어가 우리로 하여금 생각하거나 지각할 수 있는 것과 없는 것을 결정한다는 주장.

마르크스주의*Marxism* : (엥겔스와) 마르크스의 정치적이고 경제적인 철학. 마르크스는 계급투쟁을 통해 부르주아의 자본주의적 지배에서 계급 없는 사회주의로 필연적으로 발전해나간다는 관점에서 문명적 진화를 보았다.

은유*Metaphor* : 한 범주의 경험을 다른 것으로 사상하는 것을 포함하는 언어에 기반을 둔 해석과 추론의 방법. 사실 이성은 **근대주의**에 해당하는 것이고, 은유는 **탈근대주의**에 해당하는 것이다. 은유는 대부분의 탈근대주의 담론에서 중요한 방법인데, 은유를 통해 인간은 원초적인 신체적 경험을 통해 보다 세련되고 복잡한 이해로, 나아가 추상적인 이해로 나아가기 위해 노력한다(하나의 예가 사회적, 수학적, 그리고 다른 개념을 이해하기 위해 많이 사용하고 있는 것으로 Lakoff와 Johnson이 1999년에 제시한 '봉쇄라는 은유'이다. 그들은 이 개념이 어떤 것을 입에 집어넣는 경험에서 온 것이라고 주장한다).

자연주의*Naturalism* : 의식과 인간의 삶을 자연의 산물로 보는 이론의 범주. 17세기와 18세기에 자연주의자들은 자연 환경의 결과로 사회가 만들어졌다고 설명하고자 하기도 했다. 자연주의 철학은 인간이 그들 자신의 노력으로 스스로를 적극적으로 만들어낸 역할을 강조하는 당시의 **인본주의**에 이의를 제기하여 부분적으로 다윈의 진화론이 등장하는 발판을 마련해주었다(**인본주의** 및 **인격신론**과 비교하라).

비표상주의*Non-representationisms* : 학습은 외적인 실재를 구성하고 내적으로 표상한 것이라는 가설을 부정하는 인지이론. 비표상주의 **담론**은 인지 주체가 끊임없이 진화하는 환경 속에서 적응하고자 지속적으로 노력한다는 관점에서 인지를 규정하고자 하는 경향이 있다. 즉, 여기에 속하는 이론들은 학습과 인지가 **다원**적 과정이라는 데 동의한다.

개인이 세상을 구성하는 원인인지(**급진적 구성주의**를 보라), 아니면 세상이 개인을 구성하는 원인인지(**사회적 구성주의**를 보라) 하는 문제에 따라 비표상주의가 따로 나누어진다.

규범성^{Normativity} : (정체성의 경험을 포함하여) 특정 경험을 가장 올바르게 표현한 것이 무엇인지에 관한 기작, 절차, 학문적 행위, 측정, 위계적 체계, 그리고 통제 등의 확립. '비정상적인', 그리고 '상궤에서 일탈한' 등의 범주는 **정상적인** 것의 형태와 모양을 만들기 위해 필요한 것으로 본다. 정상적인 실천은 정상적으로 보이는 것은 '자연스럽다'는 믿음에 의해 뒷받침된다. 현재의 정상화 전략은 대부분 통계학과 통계적 방법에 의해 가능하고 적법화되는데, 이는 정상적인 (그리고 정상을 벗어난) 지능, 사회성, 정신 등을 과학적으로 분명히 측정하기 위한 사회과학에서 발전되어왔다.

현상학^{Phenomenology} : **근대주의**적 설명이나 **형이상학**적 전제에 의존하지 않고 의식적인 경험(즉, '체험$^{lived\ experience}$')을 더 잘 이해하기 위해 노력하고자 하는 담론. 즉, 현상학은 연구자가 가능한 한 적은 억측으로 공정하게 현상을 기술하고자 하는 의식의 형태에 관한 연구이다. 현상학은 객관적 실재와 주관적 경험 사이의 **이분법**에 기반을 두지 않은 연구 방법을 개발하고자 한 첫 번째 학문적 흐름 중 하나이다.

탈근대적 주체$^{Postmodern\ subject}$: **탈근대 담론**에서 인간의 경험을 이야기할 때, '주체'는 '개인' 또는 '인간'과 동의어다. **주체**라는 단어는 행위자, 행위, 그리고 정체성의 근원 등을 포함하지만, 종속과 유보를 가리키기도 하여, 인간이 자신의 정체성을 '선택하고' 또한 **담론**에 의해 인간 주체가 결정된다는 생각에 문제를 제기한다.

탈근대주의^{Postmodernism} : **근대주의**의 몇 가지 특징을 배제한다는 점을 공유하는 **담론**들을 말하는 포괄적 용어. 대부분의 경우, 이 용어는 20세기에 등장한 **담론**들에 대해 대항적으로 적용된다. 이 책의 목적을 위해 관심을 가진 탈근대주의 담론들은 **본질주의**, **이성**, 그리고 **로고센트리즘** 등 근대주의 원리를 배제한 것들이다.

후기 구조주의*Poststructuralism* : 이데올로기적, 정치적, 사회적, 문화적 또는 개인적 관점 또는 입장을 성립시킨 배타적인 절차 또는 기작에 대해 비판적 의문을 제기하는 것을 포함하는 모든 **담론**들을 말한다. 또한 후기 구조주의 담론은 그러한 입장들의 **계보학**을 만들고자 하는 노력을 포함하는 경향이 있다.

권력*Power* : 무엇이 자연스럽다거나 자연스럽지 않다는 것에 관한 집단적 믿음에 대한 영향. 권력이 행사되는 하나의 예로, 여자는 더 보호해주고 배려해주어야 한다는 확신이 지속되는 것을 든다.

실용주의*Pragmatism* : 실용주의자에게 진리는 이상적이거나 영원하거나 보편적이지 않다. 진리는 오히려 실질적이고, 임시적이며, 상황에 따라 특별하게 작동하는 것이다. 즉, 지식, 가치, 그리고 의미에서 실질적인 결과를 가장 중요한 범주로 본다.

정신분석*Psychoanalysis* : 무의식적 과정의 역할에 대한 조사를 기반으로 하여 정신을 연구하는 방법. 하나의 담론으로, 정신분석은 **주체**를 형성하며, 사회적 습성과 무의식적으로 인지한 사건의 역할을 강조하는 데 도움을 주었다. 그 많은 구성들(예를 들어, 무의식, 초자아)과 결론들(예를 들어, 주로 무의식적 인지)은 대부분의 **해석적** 담론들에 반영되고, 반드시 명시적으로는 아니더라도 영향을 미쳤다.

상대주의*Relativism* : 주장이 진리(또는 거짓)인지는 그 주장을 한 개인 또는 집단에 따라 상대적이라는 개념을 받아들인 것. 상대주의적 관점은 개인의 해석 또는 문화적 믿음을 위한 모든 증명 방식을 배제하는 것을 포함할 수도 있다. 대중적으로, 상대주의는 종종 (부적절하게) **탈근대주의**와 연결되는데, 이는 보통 탈근대주의 담론이 철학적으로 천명한 바를 잘 모르는 **근대주의**자들에 의한 것이다(주 : 상대주의 입장에 대한 **복잡성주의자**들의 응답은 다른 수준의 조직에는 다른 법칙이 적용된다는 것이다. 따라서 개인적 수준에서 어떤 문제에 대해 두 사람의 부동의가 정당화될 수 있어도, 그들이 살아온 역사가 다르기 때문에 사회적 또는 문화적 수준에서 집단의 생존을 위하여 그들 중 하나는 옳다고 여겨지고 다른 하나는 그르다고 여겨질 수 있다).

낭만주의*Romanticism* : 18세기 후반 유럽에서 시작된 예술적 지적 흐름. 낭만주의는 자연에 대한 관심을 높이 여기고 개인이 감정과 상상력을 표현하는 것을 중시하는 특징이 있다. 낭만주의자는 **합리주의**와 **경험주의** 정서에 비판적이고, **형이상학**에 뿌리를 둔 것으로 보이는 사회적 관습에 대해 반항한다.

기호학*Semiotics* : '신호*sign*'라는 의미의 그리스어 *semeion*에서 유래한 것이며, 상징과 기호에 대해 연구하는 분야이다. 학문으로서의 기호학은 급진적으로 다른 견해를 갖는 특징이 있다. 제시된 **구조주의**와 **후기 구조주의** 정서뿐 아니라 기호학에서 이루어진 연구의 상당 부분이 **형이상학**적 전제를 지향한다.

상황 학습*Situated learning* : **사회적 구성주의** 이론의 한 줄기로, 어떻게 개인들이 하위문화(전문직, 공동체 등과 같은)의 완전한 구성원이 되는가 하는 특별한 관심에 초점을 맞춘다. 상황 이론의 이론가들은 신참이나 초보자가 기존의 실천적 공동체에 어떻게 문화적으로 동화되는지에 초점을 두는 경향이 있다(**도제방식**을 보라).

사회적 구성주의*Social constructivism* : *constructionism*을 보라.

구조주의*Structuralism* : 언어, 수학, 개인의 지식 또는 사회 체계 등과 같은 현상의 구조, 즉 상호 연관 또는 내적 일관성에 관심을 갖는 연구 방법. 예를 들어, 의미는 이미 존재하는 어떤 것이라거나 개개의 단어에 관련된 것이라는 것에 반대하여, 단어 간의 상호 관계의 산물이라고 언어를 해석한다. 종종 구조주의는 내용보다는 형식에 초점을 맞춘다고 비판받는다.

주체성*Subjectivity* : 인간 주체가 자기의식에 대해 아는 것을 말한다. 널리 사용되는 바와 같이, 주체성은 서구 근대 자본주의 문화에 특이한 앎의 양식이다. 그러나 주체성의 경험은 각기 다른 형태로, 서로 다른 사회에서 만들어지며, 다른 **담론체계**와 **실천**에 의해 형성된다. **주체성**이라는 용어의 사용은 담론/주체의 관계를 고정되거나 통일된 범주로 제시하지 않으면서 개념화하는 방법을 제시한다. 주체성은 주체가 **담론**들에 의해 만들어지기도 하지만 담론도 창조한다는 가변성을 가리키는 것이다.

차이의 체계*Systems of difference* : 소쉬르에 의해 개발된 **구조주의** 개념으로, 단어의 의미나 명제는 사물이나 사건과의 그 어떤 직접적 대응이 아니라 그들 사이의 차이, 대비와 틈에서 생긴다는 주장과 연관된다.

인공지능^{Artificial intelligence} : 지적 행동을 모의실험 또는 생산하는 것과 연결된 컴퓨터 과학의 한 줄기. 1950년대에 본격적으로 시작되었고, 인공지능 연구는 일찍이 예측한 바와 극적으로 어긋났으나, 이러한 실패는 지각, 언어, 학습, 그리고 지능에 대해 깊게 뿌리박힌 문화적 가설들을 드러내게 하였다. 인공지능 연구는 몇 개의 하위 분야가 있다. 지금 가장 유망한 분야 중 하나가 로봇공학인데, 더 특별하게는 로봇에 **복잡성 행위자**의 많은 특성을 장착하는 연구 방법이 있다(학습과 지능의 **체현되고**, 상황적이며, 그리고 분산된 성질을 인지하여 물질적 세상을 탐색하는 역량과 아울러 **창발하는** 가능성을 촉진하려는 노력으로, **자율적인** 하부 행위자들을 **구조적으로 접속**하고자 하는 것을 포함하여).

자율적인^{Autonomous} : 환경으로부터 구분 가능한 - 하나의 관찰자와 하나의 관찰되는 것을 모두 수반하는 정의(**복잡성 주체/행위자/계**도 보라). 자율적이라는 단어는 문자 그대로 '스스로 - 규제하는'을 의미하는데, 실제로 **구조적으로 결정**되는 것을 의미한다. 자율적인 복잡성 행위자의 행동을 다스리는 법칙은 행위자의 **창발** 수준에서 일어난다.

자기산출적인^{Autopoietic} : **창발하는**(문자 그대로, '자기를 생산하는'). **복잡성 주체/행위자**를 보라.

파국이론^{Catastrophe theory} : (기계적, 그리고 살아 있는) 계의 진화에 초점을 맞춘 이론으로, 특별히 우연적인, 갑자기 일어나는, 그리고 극적인 '도약'에 관한 것이다. 파국이론의 평범한 사례는 눈사태의 유발, 산사태 그리고 지진 등이 있는데, 이는 이 이론이 계의 내적 구조와 이러한 계를 만들도록 하는 상황적 유발과 힘 모두에 주목한다는 것을 강조한다.

혼돈이론*Chaos theory* : 결정론적이지만 비선형적인 역학계의 안정되지 않은 행동에 대한 연구. **혼돈이론**이라는 제목은 무작위로 보이기도 하는 유체의 요동, 날씨의 형태, 포식자 - 먹이 사이클, 병의 전염, 그리고 전쟁의 발생 등 과정의 질적이고 통계적인 규칙성을 찾고자 하는 폭넓은 시도에 적용되어왔다. 혼돈으로 기술되는 계는 초기조건에 대해 극히 민감하다. 아울러 혼돈 모의실험의 행태는 보통 멀리까지 미리 예측되지 않는다. 이것이 **복잡계** 모형을 만드는 데 컴퓨터에 기반을 둔 혼돈계가 사용되는 이유 중 하나이다.

인지*Cognition* : 역동적인 환경에 대한 지속적인 적응이며, 특히 이러한 환경을 만들거나 환경에 영향을 미치는 적응. 인지 과정은 진화 과정(**자연적 부동**)과 같으며, 나아가 삶의 과정이라고 할 수 있다.

인지과학*Cognitive science* : 최근 인간의 인지 문제를 다루는 담론들을 모두 주장하기 위해 사용되는 포괄적 용어. 인지과학 담론은 **복잡성** 정서를 지향한다. 이러한 담론들은 신경심리학에서부터 **생태심리학**, 사회인공두뇌학, 생물기호학, 생태정치학, 그리고 그 외의 것 등을 망라한다(의도적으로 전통적 학문의 경계를 넘어서고 보통 자연과학과 사화과학을 가로질러 나아가는 작명 행태에 유의하라).

복잡성 주체/행위자/계*Complex subject/agent/system* : 그 자신의 역동적인 하부 행위자와 이들 상호작용의 산물로 기술될 수 있는 스스로 조직하고, 스스로 유지하고, 스스로 새롭게 하며 **구조적으로 결정**되는 **자율적인** 형태.

간단히 말해 복잡계는 '구조화되는 구조화된 구조'(Dyke, 1988)이다.

복잡성 (과학)*Complexity (science)* : 스스로 조직하며 적응하는 계에 대한 연구, 또는
더 일상적인 말로는 살아 있는 계에 대한 연구, 또는 더 교육적으로는
학습 체계에 대한 연구. **창발, 자율적인**, 그리고 **구조**를 보라. 또 복잡
성 과학과 연결된 것 중에서 연구의 중요한 네 가지 줄기인 **신과학, 인
공두뇌학, 체계이론**, 그리고 **결합설** 등을 보라.

결합설*Connectionism* : 인간의 인지를 - 경험에 의해 연결이 변화하고, 무작위적
으로 수많이 연결된 가상 뉴런들(사실상의 노드들)로 구성된 뇌의 단
순화된 모형인 - 인공적인 신경 연결망이나 신경망이라는 관점에서
설명하고자 하는 시도. 이 모형은 기존의 구조에 사실을 저장하거나
재현하기보다는 노드/행위자 간의 관계가 **창발**된다는 관점에서 학습
의 구조를 다시 만들기 때문에 **인지주의** 모형(즉, '뇌는 상징적 언어를
처리하는 컴퓨터로 보는)에 대한 대안이 될 수 있을 것이다. 뇌 모형에
기반을 둔 컴퓨터 모의실험이 안면 인식, 읽기, 그리고 단순한 문법 구
조를 감지하는 것과 같은 기술을 학습하는 능력을 제시해왔다.

그러나 창발하기는 하지만, **복잡계 행위자**의 몇 가지 중요한 면이 모
형에 결과적으로 부족한데, 그것은 살아 있는 계는 세상 속으로 나아
간다는 매우 분명한 사실이다. 복잡성 행위자의 인지는 이와 같이 내
적인 연결 이상의 문제이다. 또한 인지는 다른 행위자와 그 행위자 그
리고 환경의 다른 모습들과의 구조를 통해 엮이고 실행된다.

인공두뇌학*Cybernetics* : 복합적(기계적)인 계와 복잡성(살아 있는) 계 모두의/
안에 있는 조직, 형태, 그리고 소통의 간학문적 연구. 인공두뇌학은 계

의 물질적 구조에는 무관심한 경향이 있으며 정보의 흐름(작용의 연쇄 또는 망이라는 관점에서 이해되는)에 더 많이 초점을 맞춘다. 이러한 핵심적인 관심은 인공두뇌학의 가장 공통된 정의에 놓여 있다 : 소통과 조절의 과학.

초기의 인공두뇌학은 주로 공학과 순환적 인과관계, 환류, 그리고 (나중에) **회귀**라는 발전된 생각에 주로 초점을 맞추었다. 보다 최근에는, 원래 1950년대의 흐름을 더 정교하게 만든 1970년대의 2차 인공두뇌학이 관찰체계의 인공두뇌학으로 초점을 옮겼다(관찰된 체계의 인공두뇌학에 대해 반대하여). 간객관성으로의 이러한 움직임은 그 분야를 **체계이론**과 더욱 가깝게 만들었으며 **복잡성 과학**이 등장하는 발판을 마련해주었다.

심층 생태학*Deep ecology* : (**생태철학**으로도 알려짐) 모든 생물은 가치 있다는 주장으로 시작하는 담론. 인간과 생물권의 다른 것과의 관계는 이와 같이 관리, 지배 또는 탁월이라는 형이상학적 관점보다는 **마음 충만한 참여**와 **윤리적** 행동이라는 관점에서 이해된다. 심층 생태학은 인간 사회가 인간 이상의 세상에 주는 충격을 최소화하는 방식으로 사회를 변형할 것을 촉진하는 정치적 의제를 때때로 제기하는 하나의 사회 운동이다.

생태여성주의*Ecofeminism* : 지배적인 세계관은 인간 중심적일 뿐 아니라 남성 중심적이라고 주장하는 **생태주의** 운동.

생태학*Ecology* : '가족'이라는 그리스어 *oikos*에서 유래한 생태학은 관계에 관한 연구이다. 행위자와 환경 사이의 구분을 내포하는 것으로 보이는 용어인 '환경주의'와 종종 구별된다. 생태학은 그러한 분리를 전제하지 않으며 행위자를 그들 환경의 하나의 모습으로 이해한다.

생태심리학*Ecopsychology* : 대부분의 개인적이고 집단적인 기능장애는 자연 세계로부터 인간을 분리한 것에 뿌리를 두고 있다고 주장하는 심리학의 한 줄기.

생태철학*Ecosophy* : '생태학적 철학'의 약어로, 달리 **심층 생태학**으로 알려졌다.

생태영성*Ecospirituality* : 하나의 핵심 교의를 공유하는 운동을 말하는 데 사용되는 포괄적 용어 : 살아 있는 모든 형태와 구조적으로 얽혀 있는 인간은 우주의 모든 모습을 존경하여 행동하고 마음을 다해야 한다.

체현*Embodied/Embodiment* : 체현 개념에는 두 개의 중요한 모습이 있다(Merleau-Ponty에 의해 처음으로 다듬어진 '이중-체현'과 같은). 첫째는 인간의 **인지**가 반드시 뇌에 기반을 둔 과정이 아니라는 제안이다. 신체 동작은 단지 생각이 지시한 것이 아니라 생각의 한 모습이다. 더더군다나 가장 추상적인 생각조차도 세상에 대한 신체적 개입에 근원을 둔 것으로 설명할 수 있다(예를 들어, 속박은 분류 체계의 **은유**, 운동은 수학 연산의 은유, 힘은 논리적 논의와 사회적 관계의 은유).

체현의 두 번째 모습은 개인들은 실제로 생물학적이고 문화적인 맥락을 포함한 더 거대한 집합체의 부분이라는 제안이다. Stuart Kauffman (1995b)은 종종 인용되는, 집단은 개인들로 접혀지고 개인들로부터 펼쳐진다는 제안의 관점에서 이러한 관계를 기술하였다.

창발*Emergence* : **자율적인 복잡성 행위자들**이 그 자체가 자율적인 복잡성 행위자인 더 거대한 계로 **스스로를 조직화**하는 과정. 창발은 지도자의 지시라는 도움 없이 상향식으로 초월적 단위체가 만들어지는 현상이다. 창발적 사건은 '자유를 위한 질서'의 예이다.

발현주의*Enactivism* : 인지에 대한 관점으로, 발현주의를 제창한 주요 저자 (Francisco Varela - Varela외 1991, Varela 1999를 보라)가 두 가지 서로 얽힌 원리에 입각하여 정리하였다. (a) 새로운 지각의 가능성은 이미 만들어진 지각에 의해 가능하게 된 행위에 의해 좌우된다는 의미에서 지각은 회귀적인 정교한 과정이다. (b) 한 행위자의 (행위자의 생물학적이고 경험적인 역사에 의해 좌우되는, 행위자의 '가능성의 공간'이라고 할 수 있는) 인지구조는 세상에 대해 행위자가 반복적으로 개입하는 유형으로부터 창발된다.

인간 정체성의 수준에서 발현주의는 핵심적(본질적 또는 내적) 자아라는 전제를 거부하고 대신, 우리가 누구인지는 매 순간 우리 경험의 우연성과 맞서면서 만들어진다. 앎이 함이고 있음이라는 경구는 종종 이러한 관점을 요약할 때 사용된다. **발현주의**는 정체성과 지식은 미리 존재하는 것이 아니라 발현된다는 개념을 강조하고자 한다.

이와 같이 학습을 계속 진화하는 가능성과 (반드시 의식적이지 않은) 선택의 지형을 탐색한다는 관점에서 본다. 이러한 탐색은 지형 속에서 자신의 적응도를 적절히 유지하는 것이다. 학습은 **회귀적**으로 부지런히 만들어내는 (vs. 축적하는) 과정이다.

어려운 정의이다. **체현**이나 **복잡성 행위자**의 정의를 보면 도움이 될지 모르겠다.

윤리적 행위*Ethical action* : 바렐라의 생각으로 그의 용어를 빌리면, '진보적이고 직접적으로 실질적 자아를 알게 되는 것(1999, p.63)'을 말한다.

바렐라는 **합리주의자**의 윤리(만약 실재의 본성에 대해 신뢰할 수 있는 전제로부터 시작한다면, 이 윤리에 의한 윤리적 원리들은 논리적으로 결정된다) 개념과 **창발적** 윤리(이 윤리에 의해 윤리적인 것은 의식적으로 매개되지 않은 맥락적으로 적실한 행위라는 관점에서 이해된다)를 대비시킴으로써 이 개념을 만들었다. 그렇게 이해한다면, 윤리적 행위는 **체현된** 존재에서 유래하는 **구조적으로 결정된** 현상이다.

프랙털 기하학*Fractal geometry* : (a) **회귀적**인 과정을 통해 만들어지고 (b) 척도로부터 자유로운(즉, 모든 수준의 배율에서 세세한 울퉁불퉁한 모습이 일정하게 유지되는) (c) 일반적으로 어느 정도의 자기 유사성을 나타내는 (즉, 적당히 확대하거나 축소하였을 때 적절하게 선택된 어떤 부분은 더 크거나 더 작게 주어진 어떤 부분과 모양이 같다) 극히 불규칙적인 곡선이나 도형에 대해 연구하는 수학의 한 분야. 종종 프랙털 기하학을 '자연의 기하학'이라고 하는데, 이는 프랙털 이미지의 모양이나 만들어지는 방법이 자연의 형태를 연상시키는 경향을 보이기 때문이다.

정보과학*Information science* : 정보의 수집, 조작, 저장, 검색, 배열, 그리고 해석 등을 다루는 분야로, 정보를 **복잡계** 행위를 촉발하거나 변형시키는 잠재력을 갖고 있는 어떤 현상이라고 본다.

언어화*Languaging* : (언어의) 상징적으로 매개된 소통 이상을 포함하는 구조 접속의 양식. 언어화는 언어를 이해하기 위해 언어를 사용하는 회귀적인 세세한 과정을 말하는데, 이 과정은 우리의 지식을 만들어내는 능력에 대해서 뿐 아니라, 우리 의식의 특별한 양식에 대해서도 결정적인 것으로 보인다.

인간 언어화의 중요한 도구는 **은유**인데, 이를 통해 경험의 한 범주가 다른 것으로 사상될 수 있다.

마음*Mind* : 인간이나 몇몇 사회생활을 하는 종에서 발생하는 것으로 알려진 하나의 **창발**하는 현상으로, 복잡성이 충분한 집단의 한 부분인 복잡성이 충분한 인지 시스템을 갖춘 행위자에서 나타난다. 인간의 경우, 우리가 말하는 마음은 생물학적이고 문화적으로 만들어진 하나의 **자율적인** 인간 **구조**의 표현이다. 우리는 그렇게 해도 좋지만, 종이나 집단의 마음(예를 들어, '저 군중은 그 자신의 마음을 갖고 있다)에 대해 말하지 않는 경향이 있다. 복잡성의 관점에서, 마음은 내재적이며 창발하는 형태들을 가로지른다.

마음 충만한 실천*Mindfulness practice* : 동양적 사고에서 유래한 용어로(특히 종종 '가르침의 전통'이라는 불교와 도교), 마음 충만한 실천은 실질적 자아를 더 잘 알고자 하는 노력을 말한다. 이러한 앎은 **윤리적 노하우**를 가능케 하는 것으로 이해되며, 이어서 교사가 학생에 개입하는 방식으로 본다.

교수행위에 대한 하나의 관점으로, 마음 충만한 실천은 **발현주의, 생태학**, 그리고 **생태영성**적 정서와 통한다. 교육학적으로 말해, **불러일으키고 대화하는** 자세를 만들어낸다.

자연적 부동*Natural drift* : '자연 선택'과 대비하여 사용되는 진화의 관점으로, 대중적인 말투로는 최적의 상태와 완전함(보통 생물학에서는 무기를 든 백인 남성이나 인식론적으로는 수학과 같은 것으로 정의된다)으로 나아가는 점진적인 진화를 제시하는 것이다. 자연 선택과 대조적으로 자연적 부동은 '충분히 좋은'이라는 원리로 작동하는 것으로 기술될 수 있다. 가능하기 때문에 형태가 만들어지고, 그들이 생존하는 것은 살아남을 수 있기 때문이며, 번성하는 것은 그들이 적실하기 때문이다 (**자기조직화**와 나란히, 자연적 부동은 어떤 **복잡성 행위자**가 창발하기 위해 필요한 핵심적인 과정의 하나이다).

신경현상학*Neurophenomenology* : 의식적 경험 및 이에 대응하는 신경 패턴과 과정에 대한 두 연구 모두에서 신경과학적 방법과 현상학적인 방법을 (종종 의학적 전통을 따라) 결합한 것. 즉, 신경현상학자들은 어떻게 우리 의식적인 행위자들이 이 세상을 이해하는가라는 질문을 풀어나가고자 한다.

신과학*New science* : (또는 더 자세하게는 신생물학, 신물리학, 신경제학, 민족식물학, 사회인공두뇌학, **생태심리학**, 신경생리학 등) 최소한 두 개의 핵심적인 원리를 중심으로 조직된 광범위한 과학적 흐름. 첫째로, 설명의 유용성이라는 관점에서 진리를 이해하는 일관성과 생명력이라는 논리를 지향한다(vs. 미리 주어졌다고 전제되는 실재와 어떤 식으로 일치한다는 관점에서 진리를 이해하는 **근대주의** 대응 논리). 둘째로, 관찰자는 관찰을 만들어내는 것과 연결된 것으로 본다(vs. 근대주의는 관찰자 없는 관찰을 만들어내고자 한다).

불러일으키기*Occasioning* : 원래 '함께 떨어지다'라는 의미의 용어에서 유래한 것으로, 불러일으키기는 학습이 교수행위에 의해 결정되는 것이 아니라 의존한다는 주장을 강조하기 위해 사용되었다. 교수행위는 학습자가 그들 자신을 넘어서기 위해 필요한 조건들을 만들고자 하는 노력들로 구성된다고 본다.

몇몇 필요한 이 조건들은 중복성, 다양성, 근접 상호작용, 조직화된 무작위, 그리고 분산된 통제와 같은 것들이다.

이러한 관점의 결과, 교수행위는 특정의 의도된 결과를 지향한다고 하여도 결과물이 가장 잘 성취될 수 있는 경로를 따라 만들어질 수 없는데, 왜냐하면 복잡성 창발의 조건들이 실제로 만들어지는 경우 결과가 사전에 쉽게 알 수 없는 길로 주로 나아가, 기대를 벗어날 것이기 때문이다.

참여교육학*Participatory pedagogy* : **불러일으키기**를 보라.

금지*Proscription* : **복잡성 행위자**는 규칙의 제약을 받는 계이지만, 이 규칙은 지시하는 것이 아니라 금지하는 것이다. 즉, 가능한 행위의 공간은 그 행위자가 무엇을 하지 말아야 하는가에 따라 정해진다. 비유를 들면, 축구 경기는 금지하는 규칙들로 구성된다. 규칙은 선수들로 하여금 무엇을 해야만 한다고 말하는 것이 아니라, 무엇을 하지 말아야 하는가를 말한다. 해야만 하는 것은 경기를 통해 직접적으로 만들어진다.

회귀*Recursion* : 전 단계를 통해 생산된 **구조**를 공들여 만들어나가는 각 단계의 반복되는 과정의 한 종류. 회귀적인 과정은 **구조**의 성장을 가져오는 경향을 보인다.

산티아고 인지이론*Santiago Theory of Cognition* : **발현주의**를 보라.

자기조직화*Self-organizing* : 자연 발생적이고, 상향적인 과정으로 **자율적인** 행위자들의 함께 만들어가는co-specifying (**구조적으로 접속된**) 행위들 속에서 **복잡성 행위자**들이 만들어진다. 예를 들어, 개미들이 개미 언덕으로, 새들이 무리들로, 그리고 인간들이 다양한 사회적 집단들로 자기조직화 한다(**복잡성 행위자**가 **창발**하기 위한 다른 필수적인 과정은 **자연적 부동**이다).

구조 접속$^{Structural\ coupling}$: (공진화, 함께 만들어가기$^{co-specifying}$, 서로 만들어가기 $^{mutual\ specification}$, 행위의 공감적 협력 등으로 말하기도 한다) 복잡성 행위자들의 지속되는 역사를 서로 섞는 것. 어느 하나의 창발 행위를 다른 행위자의 것과 매우 가깝게 섞어나가는 것(**구조**를 보라)

구조^{Structure} : **복잡성 행위자**의 체현된 (그리고 지속적으로 펼쳐지는) 역사. 살아 있는 계의 구조가 생물학적으로, 그리고 경험적으로 모두 영향을 받는 것으로 보는데, 더 복잡한 계일수록 경험이 더 중요한 역할을 한다.

구조결정론$^{Structure\ determinism}$: 섭동되었을 때 **복잡성 행위자**가 반응하는 방식을 말하는데 사용된다. 반응하는 방식은 섭동에 의해 결정되는 것이 아니라, 행위자의 **구조**에 의해 결정된다. 즉, 복잡성 행위자의 반응은 환경의 영향에 의해 결정되는 것이 아니라 의존한다. 복잡성 단위체를 구성하는 요소들도 마찬가지이다. 부분을 구성하는 요소들이 계가 무엇인가에 따라 변하지 않는 비복잡계의 요소들과는 대조적으로, 복잡성 단위체를 구성하는 요소들의 특성은 그들이 속한 계에 의존한다.

체계이론$^{Systems\ theory}$: 살아 있는 계에 공통적인 특성들을 이해하고자 노력하는 과학. **인공두뇌학**과는 대조적으로, 체계이론의 중요한 관심은 물질적 조직과 계의 진화이다. 이론은 전일적이다. 즉, 살아 있는 체계는 부분들의 합이 아닌 단위체로 연구된다(체계이론을 '일반적인 체계이론'이라고도 한다).

후 주

제1장 · 교수행위의 발명: 교육 철학의 계보학적 구조

1. Dewey 1910, p.18.

2. Invent는 'upon'이라는 뜻의 라틴어 *in*-과 'to come'이라는 의미의 *venire*에서 유래하였다.

3. 대부분의 경우, 어원은 *The Oxford English Dictionary*를 참고하였다.

4. 사실 그림은 하나의 나무로 부터 다듬어진 하나의 실제 가지라고 하는 것이 적절할 것이다. 여기서 제시된 서양의 세계관은 그림의 한 조각일 뿐이다.

5. Newburg, d'Aquili, 그리고 Rause 2001을 보라.

6. 이 예들은 Hoffman 1998을 고쳐서 적용한 것이다.

7. 분지를 표시하기 위해 V를 사용한 세 번째 이유가 있다. 논리상 V는 '또는'의 표시로, 둘을 합치거나 연결하는 것이다.

ABSENCE OF COLOR: BLACK V WHITE

위의 방식처럼 나타내는 것은 'ABSENCE OF COLOR의 특성은 BLACK과 WHITE 현상 모두에 분명하다'는 설명을 나타내고자 한 것이다.

제2장 · 서양의 세계관: 형이상학 V 형이하학

1. Dennett 1995, p.18

2. 아리스토텔레스는 연구 분야를 3가지로 나누었다. (모든 **이성적인** 예술과 과학은) 논리적인 것, (모든 **이론적인** 과학은) 자연적인 것, 그리고 (모든 **실용적인** 예술과 과학은) 도덕적인 것으로. 형이상학은 수학 및 물리학과 함께 자연적인 것에 속했다.

3. 내 경험으로 보아, 플라톤의 관점은 그가 **국가**에서 전개한 동굴의 비유를 통해 가장 많이 제시되고 설명되었다. 간단히 말해 플라톤은 인간 무지의 그림을 그린 것인데, 동굴 깊숙이 가두어져 실재의 그림자 표상(실재 그 자체가 아닌)만 볼 수 있고, 그 자체가 제한된 투시임을 모른다. 개인은 좀체 동물의 제약에서 벗어날 수 없다. 길고 고된 지적 여행을 통해 더 높은 영역, 진실로 실재하는 것, 그리고 모든 사물의 근원인 선에 대한 깨달음을 발견한다.

그 비유의 핵심적 주장 중의 하나는 보이지 않는 진리가 사물의 보이는 표면 아래 존재한다는 것이다. 또 다른 주장은 계몽된 자만이 진리를 깨달을 수 있으며, 동굴의 환영으로 타락한 자는 계몽에 저항한다는 것이다. 그 절 말미에 플라톤은 교수행위는 텅 빈 마음에 지식을 들이붓는 과정이 아니라 사람들로 하여금 이미 알고 있는 것을 상기시키는 것이라는 생각을 발전시킨다. 이러한 개념은 이 책 5장에서 매우 자세히 다룬다.

4. 이러한 정서의 모습은 현대의 인간발달이론에서 지속된다. 특히 몇 가지 신체, 정신, 그리고 도덕적 발달이론들은 아동은 완전하고 완성된 어른이 되어가는 불완전하고 부분적인 존재라는 전제를 중심으로 구

성되는 경향이다.

5. 이러한 연구의 한 가지 중요한 예가 1700년대 린네가 개발한 근대적 생물 분류 체계이다. 그는 외형에 따라 종을 속으로 묶고, 속은 과로 묶어 계속해서 조직 피라미드의 정점에서 6개의 계를 만들었다. 이러한 구도의 종류가 갖는 몇 가지 개념적 곤란함에 대해서는 이 책의 후반부에서 밝히고 있다. 더 철저한 논의는 Mayr 1982/1942에 나온다.

6. 3장에서 이 주제로 돌아올 것이다. 그리스 철학과 일신교 전통의 결합에 대한 더 충분한 논의는 Armstrong 2000을 보라.

7. '보다to look'라는 의미의 라틴어 *specere*에서 유래한 단어 목록에는 *aspect, especially, expect, inspect, introspection, perspective, prospect, respect, special, spectrum, speculate,* 그리고 *suspect*가 들어간다. 이 책의 처음 몇 장에서 실제로 내가 사용한 것만 열거한 것이다.

8. 실제로 다윈은 다양성이 증가하고 번져가는 것을 설명하는 몇 개의 기작을 제시하였다. 가장 눈에 띄는 것이, 그가 시간이 지남에 따라 종들이 변화하는 것과 어떤 생태계 내에서 종들이 다양화하는 것에 대해 다른 설명을 제시했다는 것이다. 아마도 이는 두 현상을 설명할 수 있는 유전자와 유전학의 개념이 멘델(1822~1882)의 상상력을 막 자극하기 시작했을 뿐이었고, 출판되기 수십 년 전이었기 때문일 것이다. 다윈 이론의 원리에 대한 더 충분한 논의와 지난 한 세기 반에 걸쳐 그의 사상이 어떻게 진화했는지에 대해서는 Gould 2002를 보라.

9. 가능성의 경계를 넓혀나가고 채워 나가는 과정을 **적응 방산**adaptive radiation 이라고 한다. 이 현상의 최근 사례는 1990년대 후반 닷컴 벤처의 증식

이다. 인터넷이 가능성의 공간을 열어젖히고, 그리고 다양성이 만들어진다. 특히, 생물 진화처럼 대부분의 벤처가 실패한다.

10. 적절하지 않은 정서 결합의 두 번째 예가 사회적 다위니즘인데, 이는 가난하고 공적 권리가 박탈된 사람들은 선천적으로 열등하다고 본 반면, 부와 권력은 타고난 최적자의 신호로 보는, 평판이 실추된 사회학 이론이다. 한 세기 전, 사회적 다위니즘은 서양에서 인종주의와 제국주의 정책을 정당화하는 데 사용되었다.

이 이론의 영향력 있는 옹호자가 영국의 사회철학자인 스펜서(1820~1938)이다. 그가 직접적인 환경과 지속적으로 맞시는 것이라기보다는 최적 상태로 가는 필연적인 과정이라는 관점에서 적용하였지만, 그는 다윈의 이론을 인간 사회에 처음으로 적용한 사람들 중 하나였다. 사실 스펜서는 '최적자 생존'이라는 말을 만들어낸 사람이다. 그는 또한 **진화**라는 말을 널리 알리는 데 기여했고, 진화는 1830년 지질학자 Charles Lyell이 과학적 의미로 처음 사용했었고, 변화라는 말을 가리키기 전에 일반적으로 사용되었다(주6과 10장을 보라). 다윈이 제기한 주제들(생물학적, 고생물학적, 그리고 지질학적 현상의 문제를 중심으로 한)로부터 다윈이 관심을 두지 않았거나 거의 두지 않은 주제들(자연에서 인간의 위치 및 영혼과 마음에 대해 진화론이 함축하는 바를 포함하여)로 대중적 논쟁을 편향시킨 책임이 스펜서에게 많이 있다. 10장과 11장을 보라.

11. 다윈 작업의 몇몇 학문적 선구자에 대한 상세한 논의는 Gould 2002를 보라.

12. Dewey 1910, p.9를 보라.

13. Dennet 1995.

14. Ridley 1985에서 이러한 한 예를 들고 있다. 유럽에서, 재갈매기와 줄무늬노랑발갈매기는 쉽게 구분이 되고 서로 교배가 되지 않는 두 개의 종이다. 서쪽 방향인 유럽에서 북미로 재갈매기의 개체군을 탐색해보면, 그들의 모습이 조금씩 변한다는 것을 알 수 있을 것이다. 계속 서쪽으로 가서 시베리아에 이르면 이러한 변화로 갈매기의 모습이 줄무늬노랑발갈매기와 더 닮게 된다. 유럽에 이르면 그 변화가 완성된다.

제3장 · 형이상학: 그노시스 V 에피스테메

1. Blake가 Thomas Butts에게 보낸 (1802년에 쓴) 시 편지에서. 편지 전문은 Erdman 1965, p.693 등 여러 책에 출판되었다.

2. 사실 영어에서 자주 다른 형태의 앎 사이가 더 암시적인 수준에서 구별된다. 서로 상대적으로, 영어는 보통 명사 지향적이라고 하고, 불어는 동사 지향적이다. 이 문장의 영어와 불어 버전의 구문론적 차이가 이점을 나타내는 한 예이다.

> Je le connasis. / I know him.
> Je le sais. / I know that.

두 개의 다른 앎의 형태가 불어에서는 *connaître*와 *savoir*라는 동사로 표시되지만, 영어에서는 문장 속의 목적어에 의해 표시된다. – 이 경우 대명사 *him*과 *that*(두 개의 영어 문장에서 동사가 같은 것처럼, 두 개의 불어 문장에서 대명사가 같음에 유의하라). 그렇다면 요점은 영어에서는 그 차이가 없다는 것이 아니라 유럽 언어보다 덜 의식적이고 덜 명시적인 방법으로 만들어진다는 것이다.

이 구별은 프랑스 동사에서 유래한 두 개의 영어 명사에서 또한 뚜렷하다. *connaître*에서 온 **감식가** *connoisseur*, *savoir*에서 온 **학자** *savant*는 보통 두 개의 다른 전문가를 말한다. 전자는 예술이나 좋은 맛과 관련된 것이고, 후자는 논리나 실제 문제와 연관된 것이다.

3. *episteme*나 *tekhne*에 관심이 있거나 다소 논쟁적인 검토를 원하면 Heidegger 1982를 보라.

4. Cambell 1991.

5. Armstrong 2000.

6. 이 점에 대해서는 Thompson 1989에 강력하게 제시되어 있다. 그는 고대 동화 **라푼젤** *Rapunzel*에서 문자상, 구조적, 인류학적, 그리고 우주론적 등 다층적인 해석을 통해 주목되는 신화적 힘의 사례들을 제시하였다(라푼젤은 여자 마법사에 의해 탑에 갇힌 한 소녀의 이야기다. 이 소녀는 구조자가 그녀의 긴 머리를 타고 올라오는 것을 허락함으로써 구조되었다). Thompson의 분석은 식물학, 역사, 점성술, 그리고 예술을 섭렵해 나아간다.

7. Berman 1984를 보라.

8. Gadamer 1989.

9. Sloek 1996을 보라.

10. Armstrong 2000, p.xvii.

11. 가장 널리 번역된 데카르트 책의 원문 제목은, 『이성을 알맞게 사용하는 방법 및 과학에서 진리를 찾는 방법에 대한 담론 *Discourse on the Method of Rightly Conducting the Reason, and Seeking Truth in the Sciences*』이다.

12. Laplace 1951/1814.

13. 이 저작의 원문 제목은 『신논리학; 또는, 자연을 해석하기 위한 진실된 제안 *Novum Organum;or, True Suggestions for the Interpretation of Nature*』이다.

14. 두뇌를 컴퓨터로 비유하는 것에 대해서는 8장에서 논하였다. 우주를 컴퓨터에 비유하는 것에 대해서는 Wolfram 2002를 보라. Wolfram은 이 개념을 실제로 사용한 사람에 해당한다.

15. Berman 1984를 보라.

16. Berman 1984, p.28.

17. 소수는 1과 그 자신, 두 개의 약수로만 구성된 수이다. 합성수는 최소한 3개의 약수로 이루어진다. 예를 들어, 2, 3, 그리고 5는 소수이다. 반면 4(1, 2와 4가 약수)와 6(1, 2, 3, 그리고 6이 약수)은 합성수이다. 1만 한 개의 약수로 이루어져 있다.

18. 이러한 관점은 보통 고대 그리스의 피타고라스(기원전 569년경 - 기원전 475년경)에 기인한 것으로 본다. 그러나 약 2만 년 전에 소수가 발견되고 기록되었다는 증거가 있다. 물론 이러한 발견이 그 당시 개인의 정체성 개념에 어떤 영향을 주었는지 알 수 있는 방법은 없다. Barrow 1993을 보라.

제4장 · 그노시스: 신비주의 V 종교

1. Cambell 1991, p.53.

2. 이 연구는 Wilson 1999에 요약·논의된다.

3. Greeley 1987.

4. 이러한 주장은 1993년 갤럽 조사 결과에 의해 뒷받침된다. 인간의 기원과 발생에 대한 질문에서 47%의 미국인이 신이 인간을 지금의 모습으로 창조했다고 믿으며, 35%가 신이 인도하는 대로 발생했다고 믿고, 11%가 신과 관계없이 발생했다고 믿는다고 했다(7%는 의견을 말하지 않았다). 요컨대, 이 책에서 논의된 세계관의 분화라는 관점에서 보면, 82%가 형이상학적 관점에서 답한 것이고, 11%가 형이하학적 관점이다.

5. Underhill 1990/1938.

6. 아리스토텔레스는 물질이 흙, 공기, 불, 그리고 물 4개의 요소로 구성된다고 주장하였다. 다른 실체들은 이러한 요소들이 다른 비율로 구성된 것이라고 생각했다. 따라서 한 실체가 다른 실체로 변하는 것(예를 들어, 수은이 은으로)은 그 비율이 적절히 재조정되는 문제라고 하였다.

7. *Gnostic*이라는 말이 1500년대에 비로소 만들어졌고 다양한 신비주의 흐름에 대해 반발하여 적용된 것이지만, 분명 그노시스에서 유래하였다. 특히 이 용어는 공식적인 문헌이나 각 종교의 위계를 넘어 개인적인 영적 지식을 주장하는 기독교 이전의 이교도, 유대교, 그리고 초기 기독교 분파에 꼬리표를 붙이기 위해 사용되어왔다.

유대교 신비주의와 이슬람 신비주의 수피즘은 각각 유대교와 이슬람교의 중요한 신비주의 분파이다. 각각은 서로 신플라톤주의와 동방의 전통을 포함한 다양한 철학적 영적 영향의 산물이라는 관점에서 일반적으로 기술된다. 또한 종교 문헌의 자구적(대 비유적) 강독과 신을 인격화해서 이해하는 경향으로 다양하게 나아간다.

8. Armstrong 1984.

9. 나는 원형^{archetype}이라는 말을 집단적 무의식의 산물이라는 최근의 Jung의 정신분석학적 의미보다는, '전형적인 표본'이나 '지속적으로 등장하는 전형적인 이야기' 등의 역사적인 의미로 더 많이 사용했다.

10. 불교가 하나의 종교라고 의미하는 것은 아니다. Watts(1957)가 보았듯이, '선종禪宗은 근대 서구 사상의 그 어떤 공식적인 범주에도 속하지 않는 하나의 삶의 방식이며 관점이다. 그것은 종교 또는 철학이 아니다; 그것은 심리학이나 과학의 어느 한 유형도 아니다'(p.37).
   내가 말하고자 하는 요점은 구속과 보상의 이야기들은 다양한 세계관을 가로질러 공통적이라는 것뿐이다.

11. Armstrong 2000. Armstrong은 **그노시스**와 **에피스테메**보다는 **미토스**와 **로고스**라는 관점에서 그녀의 논의를 구성하였다. 이러한 용어들이 완전히 서로 교환 가능한 쌍은 아니지만, 실제 개념적으로는 잘 맞는다.

12. 같은 책.

13. 영어로 번역된 것으로 가장 일반적으로 선호되는 것은 1611년에 출간된 제임스 흠정 버전이다.

14. 누가 복음 1장, 28-38행.

15. 다니엘서 2-4장.

16. 사실 이 책의 초고를 읽은 사람 중의 하나는 이 문장을 읽고 당황하면서도 재미있어 했다. (플라톤적 정서를 덜 접한) 중앙아프리카에서 와서 영혼을 옮긴다는 이야기를 전혀 접해보지 않아, 그녀는 이 예를 도저히 이해할 수 없었다.

제5장 · 신비주의: 끌어낸다는 의미의 교수행위

1. 이 말이 진정 부처님 말씀이라고 나는 확신할지라도, 나는 이것을 Kopp 1974 제목에서 따왔다.

2. Bateson 1979.

3. **통찰**^{epiphany}의 의미는 고대 그리스 어원에서 거의 변하지 않았다. 합성어인 *epiphainesthai*는 '출현하다' 또는 '공표되다'와 같은 것을 의미한다. 접두사 *epi-*는 접근과 관계가 있고, 어간 *phainen*은 문자 그대로 '빛을 가져오다'를 의미한다. Epiphany는 어원학적으로 환상^{fantasy}, 환영^{phantom}, 티파니^{tiffany}, 그리고 현상^{phenomenon}과 연결된다.

4. **옥스퍼드 영어 사전**에 의하면 교수행위의 문제와 관련하여 가장 오래된 것으로 알려진 이 용어의 사용은 다음과 같다: *educate*, 1400년대 초;*nurture*, 1200년대; *tutor*, 1300년대. *Forster*는 고영어에서 온 것이므로 시대를 밝히지 않아도 된다.

제6장 · 종교: 주입식 교육

1. 잠언 22:6, 제임스 1세 흠정 영역 성서.

2. 신비주의 전통에서 교수행위의 동의어들과 함께, 여기서 언급한 용어의 사용으로 가장 오래된 기록은 1400년대 중반 이전이다. 실제로 *training*을 제외한 모든 것은 최소한 한 세기를 거슬러 올라간다.

3. Armstrong 2000을 보라.

4. 지식을 어떤 객체로 비유하고 전달과 운반에 비유하는 것에 대해 더 진전된 논의는 Reddy 1979와 Lakoff & Johnson 1980을 보라.

제7장 · 에피스테메: 합리주의 V 경험주의

1. 알렉산더 교황의 "뉴턴을 위한 비명"(1737년경).

2. 불가지론은 일종의 과학적 신비주의라고 할 수 있다. 신 또는 궁극적 일자ᵉᵏ는 인간의 이해를 훨씬 넘어설 것이라는 전제를 확신한다. 그러나 이러한 답은 신비주의적 실천이 아닌, 물질적 현상만을 알 수 있다는 주장에 기반을 둔 경험주의적 문제이다. 8장의 '합리주의'를 보라.

3. 이 주장은 Lyotard 1984, 그리고 Borgmann 1989 등이 근대적 사고에 대해 탁월하게 비판한 것에서 분명히 나타날 뿐 아니라, 데카르트의 우주론을 비판한 널리 알려진 많은 책에서도 중심과 선두를 이룬다 (예를 들어, Damasio 1994, Davis & Hersh 1986, 그리고 Devlin 1998 을 보라).

4. 여기서 몇 가지 어원이 유용할 것이다. Rational, rationalism, 그리고 reason은 '계산'이라는 의미의 라틴어 *ratio*에서 온 것이다. 가장 형식

적인 의미로 계산은 수들 사이의 수학적 관계이다. 분수는 비율이고 이것이 분수를 유리수rational number라고 하는 이유이다. π나 $\sqrt{2}$ 와 같이 비율로 쓸 수 없는 수는 무리수irrational라고 한다. 수학적 정서로 깊이 새겨진 서양 문화는 이러한 용어들을 통해 빛을 낸 것이다. *rational*과 *irrational*과 같은 단어들은 *sane*과 *insane*, *thoughtful*과 *thoughtless* 등과 연결되는 방식으로 이해했다.

5. 비록 이것들이 2000년 동안 많은 수학자들의 공격을 견디었다 할지라도, 유클리드의 5가지 공리는 사실 부적절하다고 밝혀졌다. 1900년대 초에 독일의 수학자인 David Hilbert는 유클리드가 몇 가지 실수를 범했다는 것을 보여주었다. 밝혀진 바와 같이, 그리고 다소 역설적으로, 데카르트가 이상적이고 몸으로부터 독립된 지식을 주장하기 위해 유클리드의 기하학적 방법을 사용했다면, 유클리드가 말한 기하학적 공리들은 우주 속에서 움직일 수 있는 몸을 가져야만 비로소 수학적으로 완전하게 보인다는 것이다. Hilbert 1988/1899를 보라.

6. 6장에서 언급한 바와 같이, *induction*이라는 단어는 특히 세뇌시키고자 하는 종교적 노력을 통해 영어가 되었다. 여기서 *induction*이라는 단어는 (원래 불러들이다'to draw in'는 의미의) 정확히 같은 라틴어 어원이며 발음이 같은 반면, 이러한 어원들로부터 독립적으로 유래된 것으로 보인다.

7. Bacon 1862/1620, p.18.

8. Bacon 1620, Book XCVIII.

9. 정상성에 관한 동시대 이해가 어떻게 만들어졌는지에 대한 더 상세한

논의는 Davis 외 2000(특히 3A장, '구별하는 능력')과 Foucault 1977을 보라.

10. 실험 수학에 대한 입문적 논의는 Borwein, Borwein, Girgensohn, & Parnes 1996을 보라.

11. 물론 이것은 이상적이다. 과학이 그 영향력을 넓혀가고, 지식이 많아짐에 따라 좁게 초점을 맞추는 것이 점점 필요하게 되었다. 전문화가 만들어낸 문화는 여러 방식으로 새로운 종합을 가로막아왔다. 실제 과잉 전문화가 된, 전문화의 많은 사례들을 의학, 교수행위, 그리고 다른 전문 분야에서 찾아볼 수 있다.

12. 최소한 데카르트 시대 이후, 학습과 사고가 분리되는 경향이었다. 다른 종들이 학습할 수 있다고 보았으나, 그들의 학습은 사고라고 하는 그 어떤 것이 결여된 기계적인 자극과 반응이라고 보았다.

제8장 · 합리주의: 교수행위는 남을 가르치는 것

1. Galileo 1623에서.

2. 제임스 1세 흠정 영역 성서의 고린도서 I 13:12에서.

3. Descartes 1641에서.

4. 심리주의 인지 모형의 모순 중 하나는 마음을 영화관으로 보는 사례를 통해 잘 알 수 있다. 이러한 이론들에 의하면, 어떤 두 번째의 내부 관찰자가 거의 늘 안에 있는데, 이 경우 머리 안에 거주하는 것으로 상상된 어떤 사람이 영화를 본다. 아마 이 관찰자도 내부에 관찰자가 있어야 하고, 계속해서 이 관찰자 내부에도 관찰자가 있어야 한다. 철학적

용어로 이러한 문제를 **계속되는 호문쿨루스들** *cascading homunculi* 이라고 한다 (호문쿨루스는 '작은 사람'이다).

5. Glasersfeld 1995.

6. 이 모든 단어들이 사용된 최초의 기록은 1300년대까지 거슬러 올라가며, 다들 종교 문제에 관한 것들이다. 그러나 이 단어들에 대한 최근의 정의는, 이 단어들이 합리주의적으로 구성된 교육과정을 중심으로 만들어진 학교에 적용된 1600년대와 1700년대에서 온 것이다.

7. 플라톤의 **소크라테스의 변론**, 38a. 기원전 395년경.

8. 예를 들어, Howson 1982를 보라.

9. 예를 들어, Anyon 1986을 보라.

제9장 · 경험주의: 훈련으로서의 교수행위

1. Locke 1693, 54.

2. Foucault 1977.

3. Charles Dickens의 1800년대 저작들이 보여주듯이, 실제로 이렇게 특권을 자연적인 질서의 일부로 전제하는 것은 수세기 동안 더 지속되었다.

4. 이러한 예를 더 자세히 보려면 Gauthier & Tardif 1995와 1996을 보라 (나중 것은 프랑스에서 발간된 편집본이다. 다루어진 교수행위 개념들은 이 책에서 논의한 개념들과 흥미로운 대조를 이룬다. 밝혀진 바와 같이 영어에서 교수행위 동의어들은 프랑스어에서의 동의어들과 단순히 일치하지 않는다. 이러한 현상은 더 대중적인 영어 단어들이

뿌리를 둔 정서들과는 전혀 다른 정서들로부터 온 것으로 보이는 최근의 대중적인 프랑스 단어들에 특히 해당된다).

5. Calvin 1996, Johnson 1997, Koyulak 1996을 보라.

6. 이러한 종류의 생득설 담론의 또 다른 흐름은 특별한 능력들이 뇌의 특수한 영역에 장착되어 있다는 가설이다. 이러한 개념은 특수한 영역이 손상되면 간단한 수학적 계산이나 얼굴 인식, 문자 해독 등의 부분적인 능력을 계속해서 잃게 된다는 연구가 보여주듯이 그대로 진실을 담고 있다. 그러나 향상된 뇌 영상 기술을 이용한 최근의 연구는 어떤 중요한 인지적 도전에 우리의 뇌가 관여할 때는 영역에 제한을 두지 않는다는 것을 보여주었다. 즉, 곤란에 처했을 때 분리되고 특별한 모듈뿐 아니라 뇌의 대부분 영역이 활성화된다. Kotulak 1997을 보라.

나아가 인간의 뇌는 영장류의 뇌와 똑같은 방식으로 조직되었다는 것이 밝혀졌다. 우리의 뇌에서 확인된 **모든** 모듈은 다른 유인원의 뇌에서도 식별되었다. 생득설에 기반을 둔 대부분의 학습과 지능에 관한 이론들은 인간에게 유일한 것으로 전제된 모듈(예를 들어, 언어, 대인관계의 기술)의 존재를 단정하는 것으로 시작하기 때문에 이러한 점은 매우 중요하다(Donald 2001, 특히 4장, '의식 클럽'을 보라).

7. 경험주의에 기반을 둔 교수행위 개념이 표명된 또 다른 경우가 '최우수사례best practice'라는 최근의 중심 문제이다. 이러한 개념은 정확한 측정가능성(즉, 하나의 사례를 다른 것과 비교하여 측정할 수 있어야 한다는)이라는 전제에 의존하는 것이고, 이어서 이는 계속해서 '과학적'(실험적 설계와 통계적 해석으로 읽어라) 연구를 새롭게 하여 강요하

는 것에 사용된다. 이러한 흐름을 극단적으로 분명히 만든 것을 보려면, 2001년 발의한 미국정부의 'No Child Left Behind' 웹사이트 (http://www.nochildleftbehind.gov/)를 보라. 10~16장에서 비판하였다.

8. Watson 1988/1924, p.104.

9. Paulos 1988.

10. Locke 1690, Book 2, chapter 1.

11. Lock 1693.

제10장 · 형이하학: 간주관성 V 간객관성

1. Mayr 1994, p.29.

2. Dewey 1910을 보라.

3. 이 점에서 그 잉여성을 나는 안다. 2장을 보라.

4. Kuhn 1962.

5. Weaver 1948. Weaver가 실제로 사용한 용어는 *simple systems, disorganized complex systems,* 그리고 *organized complex system*이다. 복잡성 과학에서 현재 사용하는 방식을 반영하여 나는 *simple, complicated,* 그리고 *complex* 를 택하였다.

6. 형이하에 근거한 이론들의 핵심 주제는 '펼치다'라는 뜻의 라틴어 *evolvere* 에서 온 진화 개념이다. 분명 다윈은 이 단어를 사용하려고 하지 않았는데, 왜냐하면 그가 저술할 때까지 완전함 또는 어떤 미리 결정된 목적을 향해 진보해나가는 의미(즉, 발전에 대한 플라톤적 관점과 일치

하는 의미)를 전달하는 방식으로 이미 사용되고 있었기 때문이다. 다윈은 그의 이론에서, 최적의 상태로 진보해 나간다는 것에 반대해서 진화는 환경에 직접적으로 적절히 반응하는 것이라는 점을 강조하기 위해 '변이의 유전$^{\text{descent with modification}}$'이라는 말을 더 선호했다(주10과 2장을 보라).

7. See Wilson 1999.

8. Marx 1947/1884.

9. '대중의 아편$^{\text{opiate of the masses}}$'이라는 구문은 마르크스가 원래 1844년에 출간된 '헤겔 법철학 비판 서설'이라는 에세이에서 사용한 구문을 번역한 것 중 하나이다. 이 구문은 '인민의 아편$^{\text{opium of the people}}$'으로 번역되기도 하였다. Padover 1974를 보라.

10. Hiley, Bohman, & Shusterman 1991을 보라.

11. Donald 2001, Norretranders 1998을 보라.

12. Rorty 1989, p.5.

13. 간객관성에 대한 더 진전된 논의로는 von Foerster 1995, Latour 1996, 그리고 Maturana 1987을 보라.

14. Berry 1997, p.22. 강조는 원 저자.

15. 이러한 생각은 1900년대 초반 Edmunt Husserl에 의해 개발되었다. 이를 Merleau-Ponty 1962가 더 발전시켰고, 그 이후 많은 인지과학에서 핵심적 원리로 채택하였다. Lakoff & Johnson 1999를 보라.

16. 이 주제에 관한 과거 50년간의 연구를 검토하려면 Norretranders 1998을 보라.

17. 11장에서 논의를 전개한 바와 같이, 후기 구조주의는 이러한 규칙의 예외이다. 이 경우의 후기 – 는 구조주의 정서를 배제하는 것이 아니라, 더 다듬어나간다는 뜻으로 사용되었다.

18. 쉽게 볼 수 있는 탈근대이론 소개서로는 Borgmann 1993과 Lyotard 1984를 보라.

19. 철학적으로 상대주의는 어느 주장이 다른 것보다 '더 진실'일 것이라고 판단할 수 있는 어떤 수단도 배제한다는 점에서, 지식에 대한 다른 관점들의 상대적 가치를 지나치게 강조하는 경향을 말한다. 상대주의를 향하는 경향은 탈근대담론에서 특별한 것은 아니다. 최근의 현상도 아니다. 견해의 차이가 있는 한, 다양한 의견들이 다 장점이 있다고 주장하는 사람들이 있다.

제11장 · 간주관성: 구조주의 V 후기 구조주의

1. Berger & Luckman 1967, p.15.

2. 이러한 기하학에 대한 간략하고 비공학적인 소개는, Mlodinow 2001을 보라.

3. Nicholas Bourbaki는 사람이 아니라 수학자 집단을 일컫는 필명이다.

4. Saussure 1959를 보라.

5. Fang 1970을 보라.

6. Glasersfeld 1995를 보라.

7. 의미심장하게도 피아제가 딱 한번 *constructivist*라는 말을 사용한 예가 있다. Davis & Sumara 2002를 보라.

8. 특히 교육학 문헌에서, 'social constructivism'이라는 구문은 construc-tionism과 동의어로 널리 쓰인다. 나는 그 구문을 사용하지 않기로 하였는데, 이는 피아제의 영감을 받은 담론들과 사회적 구성주의를 계속해서 질적으로 구분하기 위함이다.

9. 최초의 비고츠키 영어 완역본은 Vygotsky 1962이다.

10. Kuhn 1962, Lakatos 1976, Popper 1963.

11. 예를 들어, Foucault 1977을 보라.

12. 예를 들어, Frye 1957을 보라.

13. Derrida 1980.

14. Palmer 1969를 보라.

15. 예를 들어, Lakoff & Johnson 1980, Lakoff & Núñez 2000, Johnson 1987, Rorty를 보라.

제12장 · 구조주의: 촉진하는 교수행위

1. Montesorri 1995, p.7.

2. ERIC Clearinghouse on Information and Technology 중, 교육학 연구 데이터베이스에서 1970년대에 constructivist 또는 constructivism을 검색한 수는 한 자리였다. 1980년대가 되면 두 자리 수로 늘어났고, 1990년대 초에는 세 자리 수가 되었다. 2000년에는 1000을 넘었다.

3. 예를 들어, Piaget 1954를 보라.

4. Brooks 2002를 보라.

5. 이 점은 감각 상실 실험에 의해 더 이해되었다. 예외 없이, 물질적 세계

와 지속적인 감각적 피드백이 안 되는 사람은 결국 시간이 갈수록 더욱 극심해지는 환각을 경험하기 시작했다. Donald 2001, Hebb 1980을 보라.

6. 예를 들어, Glaserfeld 1995를 보라.

7. Lave & Wenger 1991. 또한 용어 해설을 보라.

8. Engenström, Miettinen, & Raiija-Leena 1999를 보라. 또한 용어 해설을 보라.

9. Lave & Wenger 1991, p.40.

10. Gopnik, Meltzoff, & Kuhl 1999를 보라.

제13장 · 후기 구조주의: 역능을 증대시키는 교수행위

1. Richard Shaull의 Freire 1971 서문, p.15.

2. Kuhn 1962.

3. 이 문헌에 대한 참고 서적으로는 예를 들어, Apple 1993, Britzman 1991, Ellsworth 1997, Grumet 1988, hooks 1996, Sumara & Davis 1999, Walkerdine 1988을 보라.

4. '익숙한 것을 이상한 것으로 만드는'이라는 구문은 Gordon 1972.

5. 이는 내 자신이 백인 남자의 지식이라는 특권에 참여하고 있다는 것을 자인하는 어떤 당황스러움과 함께하는 것이다. 저서 목록에 나오는 사상가의 거창한 주류는 결국 그 범주이다.

6. '잠재적 커리큘럼'의 개념에 대한 논의는 Anyon 1980을 보라.

7. Postman & Weingartner 1969를 보라.

8. Freire 1971, p.54.

9. '의견을 표명하는 교수행위^{teaching as giving voice}'라는 개념이 널리 알려졌다 하더라도, 몇 가지 점에서 다루기가 힘들다. 예를 들어, 이 개념은 학습자를 의견이 없는(효능 없는) 것으로, 교사는 문화 권력뿐 아니라 권력을 할당하는 권력도 갖추고 있는 것으로 만든다. 일반적으로 비판이론 중에서 '주장^{voice}'의 역동성은 더욱더 미묘하고 복잡한 것으로 이해된다.

제14장 · 간객관성: 복잡성 과학 V 생태주의

1. Abram 1996, p.22.

2. Maturana 1987.

3. Abram 1996, p.90.

4. Sapir 1949를 보라.

5. 대부분의 간주관성 담론은 생물학의 영향력을 무시할 뿐 아니라, 특히 인종, 성, 그리고 성성에 기반을 둔 사회적 편견을 극복하고자 하는 담론들을 명백하게 거부한다. 이렇게 거부하는 이유는 몇 가지 방식으로 정당화된다. 예를 들어, 차별의 시스템을 없애기 위해서는 다름에 의해 미리 주어졌다고 전제되는(즉, 생물학적인) 근거를 문제시해야 한다. 동시에 그러한 것은 특히 의과학에서 몇 가지 심각한 문제를 야기한다(예를 들어 Epstein 1995를 보라).

여기에 놓여 있는 문제는 형이상학에 근거하여 (생물학적인) 몸과 (해석학적인) 마음을 이분법적으로 나누는 것이다. 이러한 분리는 복잡성 과학과 생태주의 담론에 의해 제거되고 재구성된다.

6. 언어가 몸짓에서 시작되었다는 주장은 최근에 나온 것이 아니다. Rousseau와 Vico 모두 한 세기 전에 그러한 생각을 발전시켰다(예를 들어, Rousseau 1986/1750, 그리고 Vico 1961/1725를 보라).

7. Ong 1988.

8. Olson 1996.

9. 창세기 1:28.

10. Waldrop 1992.

11. Johnson 2001을 보라.

12. Capra 2002를 보라.

13. 이러한, 그리고 다른 역사적 사례에 대한 논의에 대해서는 Capra 1996, Johnson 2001, Kelly 1994, 그리고 Waldrop 1992를 보라.

14. 상향식의 역동성은 필요하지만 복잡계를 만들기 위한 조건으로는 충분하지 않다. 하향식으로 창발하는 성질 또한 있어야 한다. 계를 구성하는 다양한 행위자들이 창발하는 계가 도달할 수 있는 새로운 계를 '아래'로부터 만든다. 이러한 가능성의 집합이 계의 부분으로 창발하는 서로 다른 종류의 환류구조를 통해 만들어지는 분산된 전체에 의해 선택적으로 작용한다(Juarrero 1999, 특히 9장, '원인으로서의 제약'을 보라).

15. 몇 가지 예로 Johnson 2001을 보라. 학급에서 이루어지는 그러한 노력의 예로 Davis & Simmt 2003을 보라.

16. 예를 들어, Capra 2002를 보라.

17. Varela, Thompson, & Rosch 1991, Varela 1999.

18. Varela가 사용한 구문은 '구조적으로 접속된structurally coupled'이다. 용어 해설을 보라.

19. Maturana & Varela 1987에서 고쳐 씀.

20. Donald 2001을 보라.

21. 예를 들어 Lakoff & Núñez 2000을 보라.

22. 이 구절은 Kauffman 1995a에서 쓰였다.

23. Lovelock은 다른 행성에서 살고 있는 생명의 존재를 연구하는 프로젝트를 위해 NASA에 고용된 적이 있다. 일찍이 그는 화성의 대기가 새로운 게 없는 평형상태임을 주장하면서 생명체가 없음을 '증명'하였다. 대조적으로 지구의 대기는 매우 심하게 변동하는 혼합물로, 무언가가 작동하면서 화학적 평형 밖에서 균형을 유지하고 있음을 보여준다. Lovelock 1988을 보라.

24. 예를 들어, Cohen & Stewart 1994를 보라.

25. 예를 들어, Williams 1997을 보라.

26. 일반적으로 지속가능성 담론은 인구와 삶의 양식을 유지하면서 자연 세계에 대한 인간의 영향력을 줄이고자 한다.

27. 심층 생태학에 대해 더 많이 알아보려면, Berry 1990, Naess 1996을 보라.

28. Rozsak, Gomes, & Kanner 1995를 보라.

29. Warren 2000을 보라.

30. '믿음의 생물학'이라는 구절은 Newberg 외. 2001의 부제로부터 가져

온 것이다. 신비적 경험의 생리학적 기반에 대한 논의는 주로 그들의 책에 근거한 것이다.

31. 같은 책, pp.108, 130.

32. Saver & Rabin 1997을 보라.

33. Newburg 외 2001, 특히 5장, '종교 의식'을 보라.

34. 4장 초반부에 Greeley의 1987년 조사의 결과 일부를 제시하였다.

35. Lévy-Bruhl 1985/1922.

36. Dennet 1991, Norretranders 1998을 보라.

37. Donald 2001을 보라.

제15장 · 복잡성 과학: 불러일으키는 교수행위

1. Stuart Kauffman, Ruthen 1993, p.138에서 재인용.

2. Kauffman 1995b를 보라.

3. Calvin 1996을 보라.

4. Norretranders 1998을 보라.

5. Gopnick 외. 1999를 보라.

6. Donald 2001, pp.205~206을 보라.

7. Harris 1998.

8. 공교롭게도 *redundancy*라는 단어는 초과하는, 과잉의, 그리고 불필요한 반복이라는 의미와 종종 연결된다. 여기서 의도하는 의미는 그러한 것들이 아니다. 오히려 동일함, 공통성, 반복 등 중복성은 복잡계의 행위자들 사이에서 상호작용을 위해 절대적으로 필요하다. 대조적으로 기

계적 시스템에서 중복성은 통상 유용하기보다는 낭비적이다.

9. 이러한 특별한 행위의 더 상세한 묘사는 Kieren, Davis & Mason 1996 을 보라.

10. David 외. 2000, 특히 2장, '학습과 교수행위의 구조'를 보라.

11. Davis & Simmt 1993, Davis 외. 2000, Doll 1993, Fleener 2002.

12. 예를 들어, 아이들은 언어의 진화에 중요한 역할을 한다(예를 들어, Dacon 1977을 보라).

제16장 · 생태주의: 대화로서의 교수행위

1. Muir 1998/1911.

2. *right*라는 단어는 '곧바른straight'이라는 의미의 라틴어 *rectus*에서 온 것이다. 영어에서 이 단어는 인간 행위의 거의 모든 모습 속에서 나타 난다. 부록 B를 보라.

3. 의인화는 미국심리학회에 의해 지속적으로 금지되었다. 미국심리학 회 2001, 2.04항(pp.38~39)을 보라.

4. Varela 1999.

5. 여기서 의도한 *mindful*의 의미는 자아의 실제라는 원리에 뿌리를 둔 개 념인 불교의 마음 충만한 깨달음과 자주 연결되는 것이다. *participating* 이라는 단어, 특히 인간 관찰자와 관찰된 자연 세계의 간객관성에 주목 하는 다른 비서구적 세계관과 연결된다. Varela 외. 1991을 보라. 또한 교육 문제를 위한 참여적 인식론의 연관성에 대한 논의는 Heshusius 1994를 보라.

6. Ashton-Warner 1963.

7. Noddings 1984.

8. van Manen 1991.

9. Bowers 2001.

10. Davis 1996.

11. Donald 2001을 보라.

12. Norretranders 1998을 보라.

제17장 · 교수행위의 재발명: 가능성의 영역 넓히기

1. Pagels 1988.

2. 나와 Dennis Sumara와 Rebecca Luce-Kapler(Davis 외 2000)가 공저한 책에는 교수행위의 많은 모습들을 위한 새로운 구성과 용어들이 개발되어 있다.

3. 이러한 특징을 가진 목록은 � 길게 확장할 수 있다. 현재의 논의와 어느 정도 연관된 다른 단어들에는 *abduct, adduce, conductive, conduct, conduit, duct, seduce, seductive, subdue, taut, team, tie, tow, transduce,* 그리고 *wanton* 등이 있다.

4. 이러한 목록 또한 쉽게 연장할 수 있다. 몇 가지를 언급하면, *apply, application, exploit, multiply, perplex, reply, replicate,* 그리고 *splay* 등이 있다.

5. 예를 들어, Greenberg, Greenberg, Greenberg, Ransom, Sadofsky, & White 1992를 보라.

6. David 외. 2000, p.3.

부록 B·프랙털에 대한 간략한 소개

1. *A geometretos medeis eisito.*

2. Stewart 1989를 보라.

3. 다른 씨와 규칙으로 하는 실험에 관심이 있는 사람들을 위해 역동적이고 상호작용하는 많은 프랙털 웹사이트 중 몇 군데를 방문할 것을 추천한다. 구글에 fractal, interactive, 그리고 tree 등 핵심어로 검색하면, 몇 가지 가능성을 포함한 목록들이 만들어질 것이다.

4. 이 점은 10장과 14장에서 논의를 전개한 interobjectivity 개념과 특별한 연관성이 있다. 회귀와 척도 독립성 개념은 관찰된 현상의 관찰자 역할을 강조하는데 사용할 수 있다. 프랙털은 어떤 영원하고 전체적인 의미라는 방식이 아니라 주어진 순간과 주어진 척도라는 방식으로 보는 것이다.

5. Mandelbrôt 1977, 특히 2장, '영국 해안선의 길이는 얼마나 되나?'

6. Gleick 1987, Stewart 1989, Stewart 1998을 보라.

7. Mandelbrôt 1977.

참고문헌

Abram, David. 1996. *The spell of the sensuous: perception and language in a morethan-human world.* New York: Pantheon.

American Psychological Association. 2001. *Publication manual of the American Psychological Association, fifth edition.* Washington, DC: American Psychological Association.

Anyon, Jean. 1980. Social class and the hidden curriculum of work. In *Journal of Education*, vol. 162, no. 1: 67–92.

Anyon, Jean. 1986. Social class and school knowledge. In *Curriculum Inquiry*, vol. 11, no. 1: 3–42.

Apple, Michael W. 1993. *Official knowledge: democratic education in a conservative age.* New York: Routledge.

Armstrong, Karen. 1994. *The history of God: the 4,000-year quest of Judaism, Christianity and Islam.* New York: Ballantine.

Armstrong. Karen. 2000. *The battle for God: a history of fundamentalism.* New York: Ballantine.

Ashton-Warner, Sylvia. 1963. *Teacher.* New York: Simon & Schuster.

Bacon, Francis. 1620. *Novum organum.*

Bacon, Francis. 1862. Proemium to *The Great Instauration.* Reproduced in *The works of Francis Bacon.* Edited by James Spedding, R.L. Ellis, & D.D. Heath. Boston: Houghton Mifflin. Originally published 1620.

Barrow, John D. 1993. *Pi in the sky: counting, thinking and being.* New York: Little, Brown & Company.

Bateson, Gregory. 1979. *Mind and nature: a necessary unity.* New York: E.P. Dutton.

Berger, Peter L., & Thomas Luckman. 1967. *The social construction of reality.*

Harmondsworth, UK: Penguin.

Berman, Morris. 1984. *The reenchantment of the world*. Ithaca, NY: Cornell University Press.

Berry, Thomas. 1990. *The dream of the Earth*. San Francisco: Sierra Club Books.

Berry, Wendell. 1977. *The unsettling of America: culture and agriculture*. San Francisco: Sierra Club Books.

Borgmann, Albert. 1989. *Crossing the postmodern divide*. Chicago: University of Chicago Press.

Borwein, Jonathan. M., Peter B. Borwein, Roland Girgensohn, & Sheldon Parnes. 1996. Making sense of experimental mathematics. In *Mathematical Intelligencer*, vol. 18, no. 4: 12–18.

Bowers, C.A. 2001. *Educating for eco-justice and community*. Athens, GA: University of Georgia Press.

Britzman, Deborah P. 1991. *Practice makes practice: a critical study of learning to teach*. Albany, NY: State University of New York Press.

Brooks, Rodney. 2002. *Flesh and machines: how robots will change us*. New York: Pantheon Books.

Calvin, William H. 1996. *How brains think: evolving intelligence, then and now*. New York: Basic Books.

Campbell, Joseph. 1991. *The power of myth*. New York: Anchor.

Capra, Fritjof. 1996. *The web of life: a new scientific understanding of living systems*. New York: Anchor Books.

Capra, Fritjof. 2002. *The hidden connections: integrating the biological, cognitive, and social dimensions of life into a science of sustainability*. New York: Doubleday.

Cohen, Jack, & Ian Stewart. 1994. *The collapse of chaos: discovering simplicity in a complex world*. New York: Penguin.

Damasio, Antonio. 1994. *Descartes' error: emotion, reason, and the human brain*. New

York: G.P. Putnam's Sons.

Davis, Brent. 1996. *Teaching mathematics: toward a sound alternative.* New York: Garland.

Davis, Brent, & Elaine Simmt. 2003. Understanding learning systems: mathematics education and complexity science. In *Journal for Research in Mathematics Education,* vol. 34, no. 2: 137–67.

Davis, Brent, & Dennis Sumara. 2000. Curriculum forms: on the assumed shapes of knowing and knowledge. In *Journal of Curriculum Studies,* vol. 32, no. 6: 821–45.

Davis, Brent, & Dennis Sumara. 2002. Constructivist discourses and the field of education: problems and possibilities. In *Educational Theory,* vol. 52, no. 4: 409–28.

Davis, Brent, Dennis Sumara, & Rebecca Luce-Kapler. 2000. *Engaging minds: learning and teaching in a complex world.* Mahwah. NJ: Lawrence Erlbaum.

Davis, Philip J., & Reuben Hersh. 1986. *Descartes' dream: the world according to mathematics.* New York: Harcourt.

Deacon, Terrance. 1997. *The symbolic species: the co-evolution of language and the human brain.* New York: W.W. Norton.

Dennett, Daniel C. 1991. *Consciousness explained.* New York: Little, Brown & Company.

Dennett, Daniel C. 1995. *Darwin's dangerous idea: evolution and the meanings of life.* New York: Touchstone.

Derrida, Jacques. 1980. *Writing and difference.* Trans. Alan Bass. Chicago: University of Chicago Press.

Descartes, Rene. 1999. *Discourse on method and meditations on first philosophy, fourth edition.* Trans. Donald Cress. New York: Hackett. Original French versions published in 1637 and 1641.

Devlin, Keith. 1998. *Goodbye, Descartes: the end of logic and the search for a new cosmology of the mind.* New York: John Wiley & Sons.

Dewey, John. 1910. The influence of Darwin on philosophy. Chapter 1 of *The influence of Darwin on philosophy and other essay*. New York: Henry Holt: 1–9.

Doll, William, Jr. 1993. *A post-modern perspective on curriculum*. New York: Teachers College Press.

Donald, Merlin. 2001. *A mind so rare: the evolution of human consciousness*. New York: W.W. Norton.

Dyke, Charles. 1988. *The evolutionary dynamics of complex systems*. Oxford: Oxford University Press.

Ellsworth, Elizabeth. 1997. *Teaching positions: difference, pedagogy, and the power of address*. New York: Teachers College Press.

Engenstrom, Yrjv, Reijo Miettinen, & Punamaki Raiija-Leena, editors. 1999. *Perspectives on activity theory*. Cambridge, UK: Cambridge University Press.

Epstein, Julia. 1995. *Altered conditions: disease, medicine, and story-telling*. New York: Routledge.

Erdman, David V., editor. 1965. *The poetry and prose of William Blake*. Garden City, NY: Doubleday.

Fang, Joon. 1970. *Bourbaki: towards a philosophy of modern mathematics*. St. Catharines, ON: Paideia Press.

Fleener, M. Jayne. 2002. *Curriculum dynamics: recreating heart*. New York: Peter Lang.

Foucault, Michel. 1977. *Discipline and punish: the birth of the modern prison*. Trans. Alan Sheridan. New York: Pantheon.

Foucault, Michel. 1990. *The history of sexuality, an introduction*. Trans. Robert Hurley. New York: Vintage.

Freire, Paulo. 1971. *Pedagogy of the oppressed*. Trans. Myra Bergman Ramos. New York: Seaview.

Frye, Northrop. 1957. *Anatomy of criticism: four essays*. Princeton, NJ: Princeton University Press.

Gadamer, Hans-Georg. 1989. *Truth and method.* Trans. Joel Weinsheimer. New York: Continuum.

Galileo Galilei. 1623. *The Assayer.*

Gallup, George, Jr. 1993. *The Gallup Poll: public opinion 1993.* Wilmington, DE: Scholarly Resources.

Gauthier, Clerment, & Maurice Tardif. 1995. Pedagogy and the emergence of an academic order in the seventeenth century. In *JCT: Journal of Curriculum Studies,* vol. 11, no. 3: 7–1.

Gauthier, Clerment, & Maurice Tardif, editors. 1996. *La pedagogie: theories et pratiques de l'antiquite a nos jours.* Montreal: Gaetan Morin.

Glasersfeld, Ernst von. 1995. *Radical constructivism: a way of knowing and doing.* London: Falmer.

Gleick, James. 1987. *Chaos: making a new science.* New York: Viking.

Gopnik, Alison, Andrew N. Meltzoff, & Patricia K. Kuhl. 1999. *The scientist in the crib: what early learning tells us about the mind.* New York: Perennial.

Gordon, William J.J. 1972. On being explicit about the creative process. In *Journal of Creative Behavior,* vol. 6: 295–300.

Gould, Stephen J. 2002. *The structure of evolutionary theory.* Cambridge, MA: The Belknap Press of the Harvard University Press.

Greeley, Andrew. 1987. Mysticism goes mainstream. In *American Health* 6: 47–49.

Greenberg, Daniel, Hanna Greenberg, Michael Greenberg, Laura Ransom, Mimsy Sadofsky, & Alan White. 1992. *The Sudbury Valley School experience.* Framingham, MA: Sudbury Valley School Press.

Grumet, Madeleine. 1988. *Bitter milk: women and teaching.* Amherst, MA: University of Massachusetts Press.

Harris, Judith Rich. 1998. *The nurture assumption: why children turn out the way they do.* New York: The Free Press.

Hebb, Donald O. 1980. *Essay on mind*. Hillsdale, NJ: Lawrence Erlbaum.

Heidegger, Martin. 1982. *The question concerning technology and other essays*. Trans. William Lovitt. New York: Harper Trade.

Herodotus. 1954. *The histories*. Trans. Aubrey de Selincourt. Harmondsworth, UK: Penguin. Written c. 440 BCE.

Heshusius, Lous. 1994. Freeing ourselves from objectivity: managing subjectivity or turning toward a participatory mode of consciousness? In *Educational Researcher*, vol. 23, no. 3: 15–22.

Hilbert, David. 1988. *Foundations of geometry*. Trans. Leo Unger. Chicago: Open Court. Originially published 1899.

Hiley, David, James Bohman, & Richard Shusterman, editors. 1991. *The interpretive turn: philosophy, science, culture*. Ithaca, NY: Cornell University Press.

Hoffman, Donald D. 1998. *Visual intelligence: how we create what we see*. New York: W.W. Norton.

The Holy Bible.

hooks, bell. 1996. *Teaching to transgress: education and the practice of freedom*. New York: Routledge.

Howson, Geoffrey. 1982. *A history of mathematics education in England*. Cambridge, UK: Cambridge University Press.

Johnson, Mark. 1987. *The body in the mind: the bodily basis of meaning, imagination, and reason*. Chicago: The University of Chicago Press.

Johnson, Mark H. 1997. *Developmental cognitive neuroscience: an introduction*. Oxford, UK: Blackwell.

Johnson, Steven. 2001. *Emergence: the connected lives of ants, brains, cities, and software*. New York: Scribner.

Juarrero, Alicia. 1999. *Dynamics in action: intentional behavior as a complex system*. Cambridge, MA: The MIT Press.

Kauffman, Stuart. 1995a. Order for free. In *The third culture: beyond the scientific revolution*. Edited by John Brockman. New York: Simon & Schuster: 333–343.

Kauffman, Stuart. 1995b. *At home in the universe: the search for laws of self- organization and complexity*. New York: Oxford University Press.

Kelly, Kevin. 1994. *Out of control: the new biology of machines, social systems, and the economic world*. Cambridge, MA: Perseus.

Kieren, Thomas E., Brent Davis, & Ralph Mason. 1996. Fraction flags: learning from children to help children learn. In *Mathematics Teaching in the Middle School*, vol. 2, no. 1: 14–19.

Kopp, Sheldon. 1974. *Even a stone can be a teacher: learning and growing from the experience of everyday life*. Los Angeles: Jeremy P. Tarchers.

Kotulak, Ronald. 1996. *Inside the brain: revolutionary discoveries of how the mind works*. New York: Andrews and McMeel.

Kuhn, Thomas. 1962. *The structure of scientific revolutions*. Chicago: University of Chicago Press.

Lakatos, Imre. 1976. *Proofs and refutations*. Cambridge, UK: Cambridge University Press.

Lakoff, George, & Mark Johnson. 1980. *Metaphors we live by*. Chicago: University of Chicago Press.

Lakoff, George, & Mark Johnson. 1999. *Philosophy in the flesh: the embodied mind and its challenge to Western thought*. New York: Basic Books.

Lakoff, George, & Rafael Nunez. 2000. *Where mathematics comes from: how the embodied mind brings mathematics into being*. New York: Basic Books.

Laplace, Pierre Simon de. 1951. *A philosophical essay on probabilities*. Trans. F.W. Truscott & F.L. Emory. New York: Dover. Original French version published 1814.

Latour, Bruno. 1996. On interobjectivity. In *Mind, Culture, and Activity*, vol. 3, no.

4: 228–245.

Lave, Jean, & Etienne Wenger. 1991. *Situated learning: legitimate peripheral participation*. Cambridge, UK: Cambridge University Press.

Levy-Bruhl, Lucien. 1985. *How natives think*. Trans. Lilian A. Clare. Princeton, NJ: Princeton University Press. Originally published 1922.

Locke, John. 1690. *Essay concerning human understanding*.

Locke, John. 1693. *Some thoughts concerning education*.

Lovelock, James. 1988. *The ages of Gaia: a biography of the living Earth*. New York: W.W. Norton.

Lyell, Charles. 1990. *Principles of geology*. Chicago: University of Chicago Press. Originally published 1830.

Lyotard. Jean-Francois. 1984. *The postmodern condition: a report on knowledge*. Minneapolis, MN: University of Minnesota.

Mandelbrot, Benoit. 1977. *Fractal geometry of nature*. New York: W.H. Freeman.

Marx, Karl. 1947. Private property and communism. In *Essays by Karl Marx selected from the economic-philsophical manuscripts*. Trans. Ria Stone. New York: Martin Harvey. Originally published 1844.

Maturana, Humberto. 1987. Everything said is said by an observer. In *Gaia: a way of knowing*. Edited byWilliam Irwin Thompson. Hudson, NY: Lindisfarne Press: 65–82.

Maturana, Humberto, & Francisco Varela. 1987. *The tree of knowledge: the biological roots of human understanding*. Boston: Shambhala.

Mayr, Ernst. 1942/1982. *Systematics and the origin of species*. New York: Columbia University Press.

Mayr, Ernst. 1994. Population thinking and neuronal selection: metaphors or concepts? In *Selectionism and the brain*. Edited by Olaf Sporns & Giulo Tonini. New York: Academic Press: 27–39.

Merleau-Ponty, Maurice. 1962. *Phenomenology of perception.* London: Routledge and Kegan Paul.

Mlodinow, Leonard. 2001. *Euclid's window: the story of geometry from parallel lines to hyperspace.* New York: The Free Press.

Montesorri, Maria. 1995. *The absorbent mind.* New York: Henry Holt.

Muir, John. 1998. *My first summer in the Sierras.* New York: Houghton Mifflin. Originally published 1911.

Naess, Arne. 1996. *Ecology, community and lifestyle: outline of an ecosophy.* Trans. David Rothenberg. Cambridge, UK: Cambridge University Press.

Newburg, Andrew, Eugene d'Aquili, & Vince Rause. 2001. *Why God won't go away: brain science and the biology of belief.* New York: Ballantine.

Noddings, Nel. 1984. *Caring: a feminine approach to ethics and moral education.* Berkeley, CA: University of California Press.

Norretranders, Tør. 1998. *The user illusion: cutting consciousness down to size.* Trans. J. Sydenham. New York: Viking.

Olson, David R. 1996. *The world on paper: the conceptual and cognitive implications of writing and reading.* Cambridge, MA: Cambridge University Press.

Ong, Walter. 1988. *Orality and literacy: the technologizing of the word.* New York: Routledge.

The Oxford English dictionary, new edition. 1991. Oxford, UK: Clarendon Press.

Padover, Saul K. *Karl Marx on religion.* New York: McGraw-Hill.

Pagels, Heinz. 1988. *The dreams of reason.* New York: Simon & Schuster.

Palmer, Richard E. 1969. *Hermeneutics: interpretation theory in Schleiermacher, Dilthey, Heidegger, and Gadamer.* Evanston, IL: Northwestern University Press.

Paulos, John Allen. 1988. *Innumeracy.* New York: Econo-Clad Books.

Piaget, Jean. 1954. *The construction of reality in the child.* New York: Basic Books.

Plato. 1955. *The republic.* Trans. Desmond Lee. New York: Viking. Original Greek version written c. 360 BCE.

Popper, Karl. 1963. *Conjectures and refutations.* London: Routledge & Kegan Paul.

Postman, Neil, & Charles Weingartner. 1969. *Teaching as a subversive activity.* New York: Delacorte.

Reddy, Michael. 1979. The conduit metaphor: a case of frame conflict in our language about language. In *Metaphor and thought, second edition.* Edited by Andrew Ortony. New York: Cambridge University Press.

Ridley, Mark. 1985. *The problems of evolution.* Oxford, UK: Oxford University Press.

Rorty, Richard. 1989. *Contingency, irony, and solidarity.* New York: Cambridge University Press.

Rousseau, Jean-Jacques. 1986. Essay on the origin of languages. In *Jean-Jacques Rousseau and Johann Gottfried Herder on the origin of language.* Edited and trans. by John H. Moran & Alexander Gode. Chicago: University of Chicago Press. Originally published 1750.

Rozsak, Theodore, Mary E. Gomes, & Allen E. Kanner, editors. 1995. *Ecopsychology: restoring the Earth: healing the mind.* San Francisco: Sierra Club Books.

Ruthen, Russell. 1993. Trends in nonlinear dynamics: adapting to complexity. In *Scientific American,* vol. 268 (January): 130-140.

Sapir, Edward. 1949. The status of linguistics as a science. In *Selected writings of Edward Sapir.* Edited by David G. Mandelbaum. Berkeley, CA: University of California Press.

Saussure, Ferdinand de. 1959. *Course in general linguistics.* Trans. W. Baskin. New York: Philosophy Library.

Saver, Jeffery L., & John Rabin. 1997. The neural substrates of religious experience. In *Journal of Neuropsychiatry and Clinical Neurosciences,* vol. 9: 498–510.

Sloek, Johannes. 1996. *Devotional language.* Trans. Henrik Mossin. New York: Walter De Gruyter.

Stewart, Ian. 1988. *Life's other secret: the new mathematics of the living world.* New York: Wiley.

Stewart, Ian. 1989. *Does God play dice?* Cambridge, MA: Blackwell.

Sumara, Dennis, & Brent Davis. 1999. Interrupting heteronormativity: toward a queer curriculum. In *Curriculum Inquiry*, vol. 29, no. 2: 191–208.

Thompson, William Irwin. 1989. *Imaginary landscapes: making worlds of myth and science.* New York: St. Martin's Press.

Underhill, Evelyn. 1990. *Mysticism.* New York: Doubleday. Originally published 1938.

van Manen, Max. 1991. *The tact of teaching: the meaning of pedagogical thoughtfulness.* London, ON: Althouse.

Varela, Francisco. 1999. *Ethical know-how: action, wisdom, and cognition.* Stanford, CA: Stanford University Press.

Varela, Francisco, Evan Thompson, & Eleanor Rosch. 1991. *The embodied mind: cognitive science and human experience.* Cambridge, MA: The MIT Press.

Vico, Giambattista. 1961. *The new science.* Trans. Thomas G. Bergin & Max H. Fisch. Garden City, NY: Doubleday. Originally written 1725.

von Foerster, Heinz. 1995. Metaphysics of an experimental epistemologist. In *Brain processes: theories and models.* Edited by Roberto Moreno-Diaz & Jose Mira-Mina. Cambridge, MA: The MIT Press.

Vygotsky, Lev S. 1962. *Thought and language.* Trans. Alex Kozulin. Cambridge, MA: The MIT Press.

Waldrop, M. Mitchell. 1992. *Complexity: the emerging science at the edge of order and chaos.* New York: Simon & Schuster.

Walkerdine, Valerie. 1988. *The mastery of reason: cognitive development and the production of rationality.* New York: Routledge.

Warren, Karen J. 2000. *Ecofeminist philosophy.* Rowman & Littlefield.

Watson, John B. 1988. *Behaviorism*. New York: Transaction Publications. Originally published 1924.

Watts, Alan W. 1957. *The way of Zen*. New York: Pantheon.

Weaver, Warren. 1948. Science and complexity. In *American Scientist* 36: 536–544.

Williams, Christopher. 1997. *Terminus brain: the environmental threats to human intelligence*. New York: Cassell.

Wilson, E.O. 1999. *Consilience: the unity of knowledge*. New York: Vintage.

Wolfram, Stephen. 2002. *A new kind of science*. Champaign, IL: Wolfram Media.

찾아보기

저자 Brent Davis

캐나다 앨버타 대학의 '수학교육 및 학습 생태계 학회' 회장, 브리티시 컬럼비아 대학의 '수학, 과학 및 공학 교육 학회' 회장 등을 역임하였다. 수학 학습, 수학 교수법, 예비 교사 교육, 생태학, 인지과학 및 복잡성 과학 등을 연구해왔으며, 학부와 대학원에서 인지과학과 복잡성 과학을 토대로 교육에서의 발달 적합성, 교육과정 연구, 수학교육, 교육 혁신에 대한 강의를 담당해왔다. 아울러 인식론에 대한 연구와 현장개선 연구도 꾸준히 해오는 등 우리나라에 잘 알려지지는 않았지만 혁신적인 교육 연구와 실천에 많은 공헌을 하고 있는 학자이다.

현재 캐나다 캘거리 대학교 사범대학 수학교육과 교수이며 주 저서로 『Inventions of Teaching : A Genealogy』, 캘거리 대학교 사범대학 학장인 Dennis Sumara와 함께 저술한 『Complexity and Education』 등이 있다.

역자 심임섭

학력
- 서울대학교 사범대학 과학교육과 생물 전공
- 한국교원대학교 대학원 교육학과 교육사회학 석사
- 동국대학교 대학원 교육학 박사(교육과정 및 교육정책 전공)

주요 활동 경력
- (전) 대통령자문 교육혁신위원회 전문위원
- (전) 사단법인 한국교육연구소 소장
- (전) 「EBS 생방송 교육대토론 백서」 공동 발간위원, 한국교육방송공사
- (전) 서울시교육청 학교혁신추진자문단 연수분과 전문위원
- (현) 복잡성교육학회 회장

※ 복잡성교육학회(Complexity Education Research Association)
  https://www.complexityeducation.net

구성주의를 넘어선
복잡성 교육과 생태주의 교육의 계보학

초판인쇄 2014년 5월 29일
초판발행 2014년 6월 09일
초판 2쇄 2016년 3월 22일
초판 3쇄 2021년 12월 10일

저   자 브렌트 데이비스(Brent Davis)
역   자 심임섭
펴 낸 이 김성배
펴 낸 곳 도서출판 씨아이알

책임편집 이진덕
디 자 인 김진희, 임하나
제작책임 김문갑

등록번호 제2-3285호
등 록 일 2001년 3월 19일
주   소 (04626) 서울특별시 중구 필동로8길 43(예장동 1-151)
전화번호 02-2275-8603(대표)
팩스번호 02-2275-8604
홈페이지 www.circom.co.kr

I S B N 979-11-5610-050-8 93100
정   가 20,000원